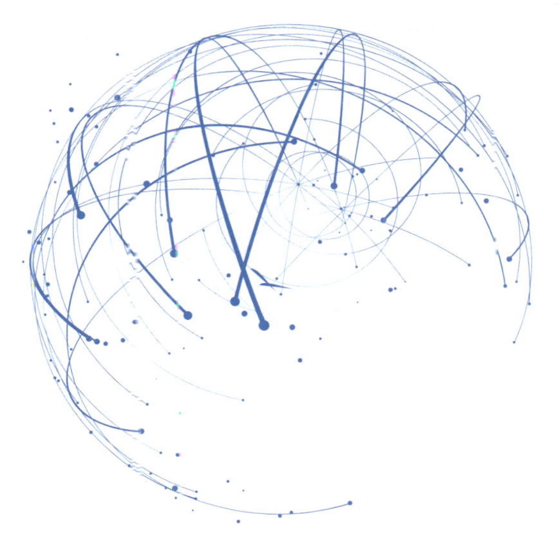

数据中心
动力系统建设

李 岑 方恒武 李 勇 周 兵 冒海飞◎编著

人民邮电出版社
北 京

图书在版编目（CIP）数据

数据中心动力系统建设 / 李岑等编著. -- 北京 : 人民邮电出版社, 2023.8
ISBN 978-7-115-61610-4

Ⅰ. ①数… Ⅱ. ①李… Ⅲ. ①数据处理中心—动力系统—建设 Ⅳ. ①G254.926

中国国家版本馆CIP数据核字(2023)第063344号

内 容 提 要

数据中心是算力的物理承载，是数字化发展的关键基础设施。本书深入浅出地介绍了数据中心动力系统建设的相关知识，贯穿数据中心动力系统建设各个环节安装作业实例，包括数据中心基本知识、施工安全技术、动力系统识图、动力系统施工技术、材料与资料管理技术、动力系统综合测试技术。本书既注重理论，又注重实践，适合数据中心规划、设计、建设、运维等相关人员阅读，也可以作为教育部 1+X 证书制度试点教学用书。

◆ 编　著　李　岑　方恒武　李　勇　周　兵　冒海飞
　责任编辑　张　迪
　责任印制　马振武
◆ 人民邮电出版社出版发行　　北京市丰台区成寿寺路 11 号
　邮编　100164　　电子邮件　315@ptpress.com.cn
　网址　https://www.ptpress.com.cn
　北京瑞禾彩色印刷有限公司印刷
◆ 开本：787×1092　1/16
　印张：16　　2023 年 8 月第 1 版
　字数：284 千字　　2023 年 8 月北京第 1 次印刷

定价：109.00 元

读者服务热线：(010)81055493　印装质量热线：(010)81055316
反盗版热线：(010)81055315
广告经营许可证：京东市监广登字 20170147 号

编委会

前言

当今世界，科技与信息技术的飞速发展正以前所未有的速度重塑我们的生活。数据中心作为新一代信息基础设施的核心部分，正在对各行各业产生深远影响。为适应数据中心行业的快速发展，满足从业者的技能需求，并培养更多具备专业素养的复合型技术技能人才，中邮建技术有限公司作为教育部 1+X 证书制度试点的职业教育培训评价组织，精心编写了《数据中心动力系统建设》。

本书内容丰富，既强调理论知识，又着重实践经验，可以为从业人员提供全面而实用的知识教育和技能培训指导。全书分为 6 章，分别涵盖以下方面。

第 1 章介绍数据中心的概念、发展现状、主设备、供配电设备，以及数据中心等级划分。第 2 章深入介绍数据中心动力系统施工过程中的安全作业基础知识、安全生产操作规程、文明施工与成品保护、安全生产事故的处理，确保施工现场安全。第 3 章解读动力系统设计图纸，包括图纸识别基本知识、电气系统图的识别，能够帮助读者掌握基本的识图技巧和图纸分析方法。第 4 章深入解析动力系统建设过程中的关键技术，包括高压和低压配电柜施工技术、干式变压器施工技术、柴油发电机施工技术、母线槽施工技术、UPS/HVDC 系统施工技术、桥架施工技术等。第 5 章介绍数据中心动力系统施工中的仓库管理、材料管理和资料管理方法，确保工程质量和进度。第 6 章介绍数据中心动力系统的单机测试和综合测试方法，为系统稳定、高效运行提供保障。

本书适合数据中心规划、设计、建设、运维等相关人员阅读。无论是刚刚踏入这一行业的新人，还是具有丰富经验的专业人士，相信都能从本书中获得启示。

此外，我们还希望本书能为教育部 1+X 证书制度试点院校提供有益的实践指导，为培养数据中心动力系统建设领域的专业人才提供有力支持。我们期待通过这本书能够促进数据中心行业的持续发展，提高相关从业人员的专业素养，为推动数据中心行业的创新与发展贡献力量。

在此，我们要感谢所有参与本书编写的专家，正是他们的辛勤付出才使这本书得以呈现在大家面前。同时，数据中心技术日新月异，由于编者水平有限，对于某些技术的理解可能有所偏差，加之时间仓促，书中难免有错误与不足之处，我们也诚挚地期待读者提出宝贵的意见和建议，以便我们在未来的修订中不断完善和丰富本书的内容。

愿本书能成为您在数据中心动力系统建设领域的得力助手，共同迈向更加美好的未来，为数据中心动力系统建设事业做出积极的贡献！

2023 年 3 月于南京

目 录

第1章

数据中心基本知识

1.1 数据中心简介

1.1.1 数据中心概念

数据中心是指用于安置计算机系统及相关部件的设施。随着社会的发展，数据资源成为社会资源的重要组成部分，数据中心的建设逐渐完善。

数据中心最早出现在20世纪60年代，当时还处于大型机时代。为了存放计算机系统、存储系统和电力设备，人们修建了机房，这些机房被称为“服务器农场”。1996年，一家名为Exodus的美国公司专门从事机房设施建设和带宽服务，最早提出了“IDC[1]”这个名词。随后数据中心进入虚拟化阶段，1997年，苹果公司推出了一款名为“Virtual PC(虚拟PC)”的虚拟机软件。后来，VMWare也推出了VMWare Workstation，其标志着虚拟机时代的到来，为数据中心的演进打下基础。21世纪初，亚马逊、谷歌等公司提出了云计算，将数据中心带入云计算阶段。云计算阶段是虚拟化阶段的升级演进，它通过虚拟化技术、容器技术实现了数据中心服务器算力资源的池化。所有的中央处理器（Central Processing Unit，CPU）、内存、硬盘等资源都由更强大的虚拟化软件管理，然后分配给用户使用。

云计算提供的服务包括基础设施即服务（Infrastructure as a Service，IaaS）、平台即服务（Platform as a Service，PaaS）、软件即服务（Software as a Service，SaaS）3个层次。每个层次表示不同的服务类型。

1. IDC（Internet Data Center，互联网数据中心）。

（1）IaaS

用户可以在云服务提供商提供的基础设施上部署和运行任何软件，包括操作系统和应用软件。常见的 IaaS 有虚拟机、虚拟网络及存储。

（2）PaaS

Paas 只能控制部署在基础设施中操作系统上的应用程序，配置应用程序所托管环境下的可配置参数。常见的 PaaS 有数据库服务、Web 应用及容器服务。

（3）SaaS

SaaS 为用户提供的能力是使用在云基础架构上运行的云服务提供商的应用程序，通过轻量的客户端接口（例如，百度网盘）或程序接口从各种客户端设备访问应用程序等。

1.1.2 数据中心发展现状

当前，我国正处于各行业数字化转型的加速期，以数据中心为代表的数字基础设施应用场景仍将进一步扩大，数据中心产业将迎来更大的机遇，发展前景将更广阔。《中华人民共和国国民经济和社会发展第十四个五年规划和 2035 年远景目标纲要》中明确提出要加快构建全国一体化大数据中心体系，强化算力统筹智能调度，建设若干国家枢纽节点和大数据中心集群，建设 E 级（每秒浮点运算速度超过百亿亿次超算）和 10E 级超级计算中心。未来，我国数据中心市场仍将保持高速增长，也将不断优化数据中心产业布局及生态，可为用户提供泛在、智能、可靠的算力资源。中国信息通信研究院发布的《数据中心白皮书（2022 年）》显示，我国数据中心业务收入持续高速增长，2021 年，我国数据中心行业市场收入达到 1500 亿元左右，近 3 年年均复合增长率达到 30.69%。2021 年，全球数据中心市场规模超过 679 亿美元，比 2020 年增长 9.8%。

从全球范围分析，受全球数字经济加速发展的影响，印度、南非等新兴市场逐步加强对数据中心的政策支持和产业投入，成为拉动全球数据中心需求增长的重要增长极。

1.2 数据中心相关设备的基本知识

数据中心的设备总体分为主设备和基础设施。

主设备包括 IT 算力设备和通信设备。其中，IT 算力设备包括服务器和存储设备，通信设备包括交换机、路由器和防火墙。

基础设施包括供配电设备、散热制冷设备和管理系统。本节重点介绍供配电设备。

1.2.1　数据中心主设备

数据中心基础的主设备是服务器。服务器就是高性能计算机，其内部与台式计算机一样，配有 CPU、内存、主板、硬盘和电源等。服务器是放置在机架上的。一个标准机架的高度通常是 42U[1]。数据中心服务器机架高度将近 2m。数据中心通过集群的方式统一管理服务器和存储设备，可以通过虚拟机对外提供统一的云计算服务。服务器正面如图 1-1 所示。服务器背面如图 1-2 所示。

图 1-1　服务器正面

图 1-2　服务器背面

为服务器提供通信的交换机、路由器和防火墙等数据通信设备也放置在数据中心机架上。某数据中心机房如图 1-3 所示。

图 1-3　某数据中心机房

1.2.2　数据中心供配电设备

供电系统是指从电源线路进厂到高低压用电设备进线端的整个电路系统，包括

1. U是表示服务器外部尺寸的单位，1U等于4.445cm。

厂内的变配电所（配电室和变电所）和所有的高低压供配电线路。其中，配电室能够接受电能和分配电能，但是不能变换电压；变电所能够接受电能、变换电压和分配电能。

我国电力负荷从供电可靠性的要求、中断供电对社会和经济造成的损失或影响程度两个方面进行分级，可分为以下 3 级。

（1）一级负荷

一级负荷是指中断供电造成人身伤亡的负荷；中断供电对社会和经济造成重大损失的负荷；中断供电严重影响用电单位正常工作的负荷。一级负荷应有两个独立电源供电。一级负荷中的特别重要的负荷除了具备两个独立电源，还必须增设应急电源。

（2）二级负荷

二级负荷是指中断供电对社会和经济造成较大损失的负荷；中断供电影响重要用电单位正常工作的负荷；中断供电会造成大型影剧院、大型商场等较多人员聚集的重要公共场所秩序混乱的负荷。二级负荷应由双回电力线路供电，应有两台供电变压器，做到当电力变压器发生故障或电力线路发生常见故障时，不导致中断供电或在中断后能迅速恢复供电。

（3）三级负荷

三级负荷对供电电源没有特殊要求，一般由单回电力线路供电。

数据中心属于一级负荷，需要进行变电和配电。数据中心供配电示意如图 1-4 所示。

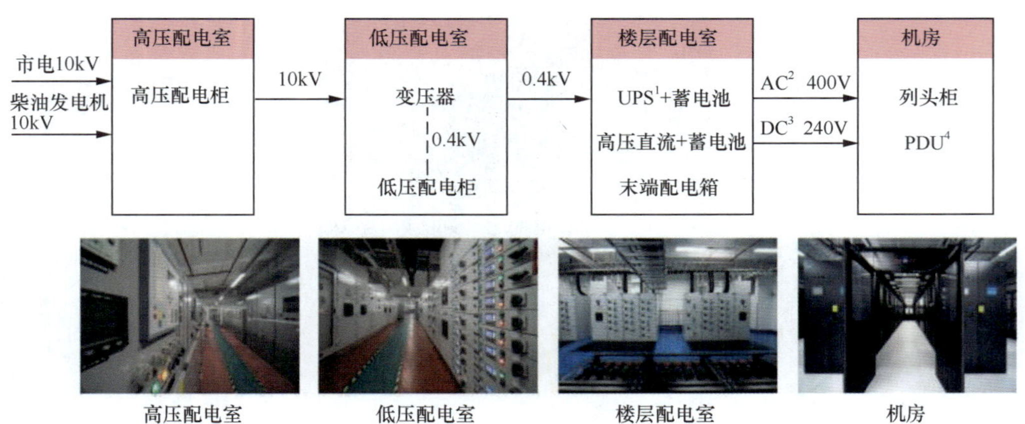

注：1. UPS（Uninterrupted Power Supply，不间断电源）。
2. AC（Alternating Current，交流）。
3. DC（Direct Current，直流）。
4. PDU（Power Distribution Unit，电源分配单元）。

图 1-4　数据中心供配电示意

数据中心从市电接入 10kV 的高压电，同时配备 10kV 的柴油发电机。两路 10kV 的高压电通过高压配电室引入低压配电室。在低压配电室中，变压器将 10kV 的电压转换为 0.4kV，然后通过低压配电柜分配给楼层配电室。楼层配电室通过 UPS 和高压直流两种方式对机房进行供电。其中，UPS 提供 400V 的交流电，高压直流提供 240V 的直流电。

1. 常用电气元件

（1）刀开关

刀开关又称闸刀，是手控电器中最简单且使用较广泛的一种低压电器。常见的刀开关有以下 3 种。

① 开启式刀开关。开启式刀开关一般在 AC 380V、DC 440V，以及额定电流至 1500A 的配电设备中作电源隔离之用，带有各种杠杆操作机构及灭弧开关，可以分断和不频繁地切断负荷电路。开启式刀开关如图 1-5 所示。

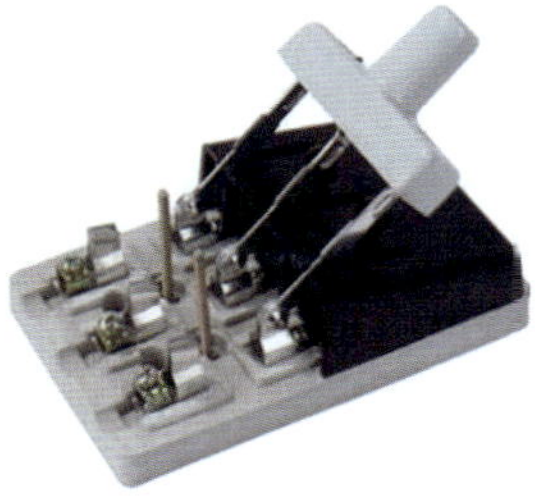

图 1-5　开启式刀开关

② 开启式负荷开关。开启式负荷开关又称瓷底胶壳刀开关，是一种结构简单、应用广泛的手动电器。常用于额定电压 AC 380/220V、额定电流至 100A 的照明配电线路的电源开关和小容量电动机非频繁启动的操作开关。开启式负荷开关如图 1-6 所示。

③ 熔断器式刀开关。熔断器式刀开关是熔断器和刀开关的组合电器，具有熔断器和刀开关的基本性能：在电路正常供电的情况下，由刀开关来接通和分断电路；当线路或设备过载或短路时，由熔断器熔断来切断故障电流。熔断器式刀开关适用于交流电频率 50Hz、额定电压 660V、约定发热电流至 1000A 的配电系统，作为电缆、导线及用电设备的过载和短路保护之用。熔断器式刀开关如图 1-7 所示。

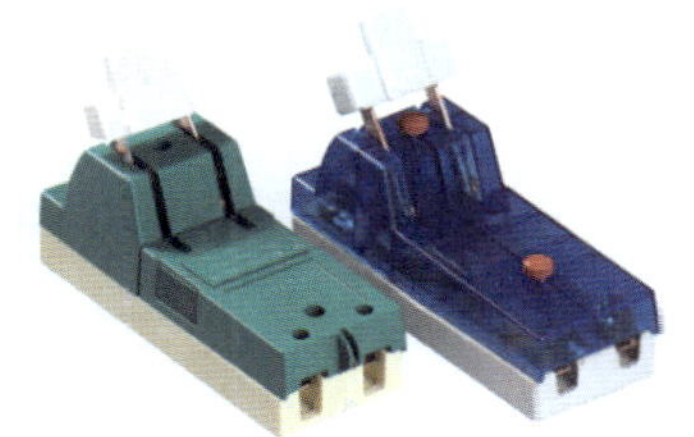

图 1-6　开启式负荷开关

图 1-7　熔断器式刀开关

（2）负荷开关

负荷开关又称铁壳开关，适用于 AC 380V、DC 440V、最大额定电流至 400A 的电路，具有手动不频繁地接通与分断负荷电路，以及短路保护作用，在一定条件下也可以起到连续过负荷保护作用，一般用于控制小容量的交流异步电动机。负荷开关价格低，多用于检修。负荷开关如图 1-8 所示。

图 1-8　负荷开关

（3）断路器

断路器又称自动空气开关，可以接通和分断正常的负荷电流、电动机工作电流和过负荷电流，还可以接通和分断短路电流。断路器主要有以下 3 种类型。

① 低压万能式（框架式）断路器。低压万能式（框架式）断路器适用于交流电频率 50/60Hz、额定工作电压 400/690V、额定电流 6300A 及以下的配电网络系统，主要起到分配电能、保护线路及设备免受过载、短路、欠电压、接地故障等危害的作用。低压万能式（框架式）断路器具有全智能、带隔离、高分断和零飞弧等特点，同时还采用了精确选择性保护和多功能的智能控制器装置，特别适合安装在需要提高供电的可靠性且有效避免不必要的停电配电系统中。低压柜的第一个总开关是低压万能式（框架式）断路器，其他超过 1000A 的分支开关也会用该断路器。低压万能式（框架式）断路器如图 1-9 所示。

图 1-9　低压万能式（框架式）断路器

② 低压塑壳式（装置式）断路器。低压塑壳式（装置式）断路器通过一个塑壳装置很好地保证了封闭性。大多数 800A 以下的电路会使用低压塑壳式（装置式）断路器。低压塑壳式（装置式）断路器如图 1-10 所示。

图 1-10　低压塑壳式（装置式）断路器

③ 模数化小型（微型）断路器。模数化小型（微型）断路器具有模数化结构和小型（微型）尺寸，被广泛应用在低压配电系统的终端。模数化小型（微型）断路器常用的型号有 EA9C45（施耐德）、DZ47SLE（德力西）等。

断路器根据脱扣电流分为 A、B、C、D 型。

A 型：2 倍额定电流，很少使用，一般用于半导体保护（一般情况下使用保险丝）。

B 型：2 ～ 3 倍额定电流，一般用于纯阻性负载和低压照明回路，常用于住户的配电箱，保护家用电器和人身安全，目前已较少使用。

C 型：5 ～ 10 倍额定电流，需在 0.1s 内脱扣，该特性的断路器最常用，常用于保护配电线路及具有较高接通电流的照明线路。

D 型：10 ～ 20 倍额定电流，主要用于电器瞬时电流较大的环境，一般家庭比较少用，适用于高感负载和较大冲击电流的系统，常用于保护具有很高冲击电流的设备，例如电动机等。

目前，常用的 DZ 系列空气开关（带漏电保护的小型断路器）的规格有 C16、C25、C32、C40、C60、C80、C100 等。其中，C 代表脱扣电流特性为 C，例如，C20 表示起跳电流为 20A，跳闸特性为 C 曲线，一般安装 3500W 的热水器要选择 C20 断路器，安装 6500W 的热水器要用 C32 断路器。DZ47SLE 系列断路器功能参数如图 1-11 所示。DZ47SLE 系列断路器内部结构如图 1-12 所示。

产品系列	DZ47SLE系列	产品名称	漏电保护器
脱扣类型	C型	产品极数	1P～4P
额定电压	230V、40V	额定电流	6～125A
分段能力	6000A	机械寿命	20000次
接线方式	压板接线	安装方式	导轨安装
环境温度	-20℃～60℃	产品功能	过载/短路保护

图 1-11　DZ47SLE 系列断路器功能参数

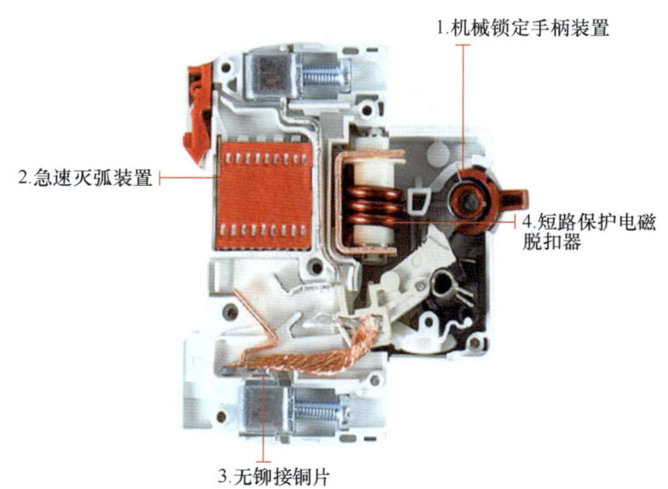

图 1-12　DZ47SLE 系列断路器内部结构

断路器内部一般由触头系统、灭弧装置、操作机构、脱扣器等构成。当出现短路时，大电流（一般 10 ～ 12 倍）产生的磁场克服反力弹簧，脱扣器拉动操作机构动作，开关瞬时跳闸。当出现过载时，电流变大，发热量加剧，双金属片变形到一定程度，会推动操作机构动作，从而使开关跳闸。电流越大，动作时间越短。

（4）隔离开关

隔离开关的主要功能是断开无负荷的电流电路，使被检修的设备与电源有明显的断开点，以保证检修人员的安全。隔离开关如图 1-13 所示。

图 1-13　隔离开关

隔离开关和断路器有明显的区别：断路器有灭弧装置，可以带负荷拉闸合闸，封闭性好，没有明显的隔离点，不可以通过短路电流；隔离开关没有灭弧装置，不可以带负荷拉闸合闸，有明显的隔离点，可以通过短路电流。设备进线先连接隔离开关，再连接断路器。在拉闸时，先断开断路器，再断开隔离开关；在合闸时，先合上隔离开关，再合上断路器。

（5）互感器

互感器的主要功能是使仪表、继电器等二次设备与主电路绝缘，保证检修人员安全方便地测量电流和电压。互感器能够将一次回路的高电压、大电流转换为二次回路的低电压、小电流。

一次设备是指直接参与生产和输、配电能的相关设备，例如，发电机、断路器、隔离开关、互感器和电力电缆等。

二次设备是对一次设备进行监视、测量、控制和保护的各类辅助设备，例如，各种继电保护装置、信号装置、测量装置和录波装置等。

互感器又分为电压互感器和电流互感器：电压互感器可把高电压按比例关系转换为 100V 或更低等级的标准二次电压；电流互感器可把数值较大的一次电流通过一定的比例关系转换为数值较小的二次电流（5A、1A）。电压互感器如图 1-14 所示。电流互感器如图 1-15 所示。

图 1-14　电压互感器

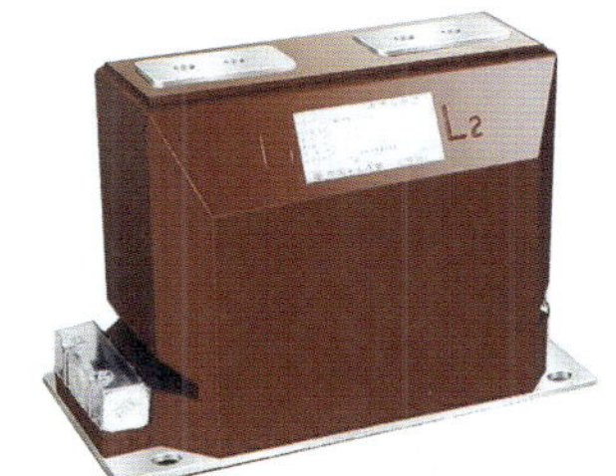

图 1-15　电流互感器

（6）继电器

继电器是一种电控制器件，是当输入量的变化达到规定要求时，在电气输出电路中使被控量发生预定的阶跃变化的一种电器。它具有控制系统（又称为输入回路）和被控制系统（又称为输出回路）之间的互动关系。继电器通常应用于自动化的控制电路中，它实际上是用小电流去控制大电流运作的一种自动开关，在电路中起到自动调节、安全保护和转换电路等作用。常见的继电器有热过载继电器、时间继电器等。继电器如图 1-16 所示。

图 1-16　继电器

继电器和断路器有很大区别。继电器属于二次设备，断路器属于一次设备。继电器是用小电流控制大电流，通常用于控制电路。断路器是空开类的开关，通常用于控制电路通断。

（7）避雷器

数据中心需要考虑雷电的影响，通过避雷器能够将雷电对数据中心的影响降到最低。雷电主要包括直击雷和感应雷：直击雷包括直接打到杆塔顶部避雷线及导线等输电线路构成部件上的雷电；感应雷包括打到线路附近的地面上而没有直接击中线路或杆塔等的雷电。常见的避雷器有以下 3 种类型。

① 管型避雷器。管型避雷器具有较高灭弧能力的保护间隙，它由两个串联间隙组成；一个间隙在大气中，被称为外部间隙，它的任务是隔离工作电压，避免产气管被流经的工频泄漏电流烧坏；另一个间隙装设在气管内，被称为内部间隙或灭弧间隙。管型避雷器的灭弧能力与工频续流的大小有关，是一种保护间隙型避雷器，大多用在供电线路上。管型避雷器如图 1-17 所示。

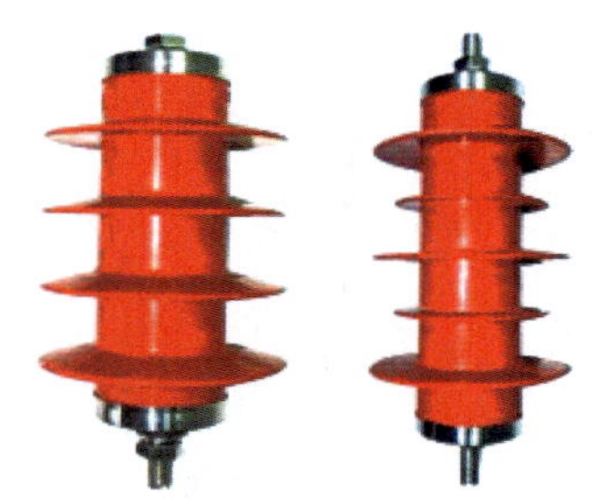

图 1-17　管型避雷器

② 阀型避雷器。阀型避雷器由火花间隙及阀片电阻组成，阀片电阻的制作材料是特种碳化硅。利用碳化硅制作的阀片电阻可以起到对雷电和高电压限制作用，从而保护设备。当有雷电产生高电压时，火花间隙被击穿，阀片电阻的电阻值下降，将雷电电流引入大地，这就保护了电缆或电气设备免受雷电的危害。在正常情况下，火花间隙是不会被击穿的，阀片电阻的电阻值较高。

③ 氧化锌避雷器。氧化锌避雷器是一种保护性能优越、质量轻、耐污秽、性能稳定的避雷设备。它主要用氧化锌良好的非线性伏安特性，使在正常工作电压下流过避雷器的电流极小（微安或毫安级）；当过电压作用时，电阻急剧下降，泄放过电压的能量，达到保护设备的效果。这种避雷器和传统避雷器的差异是它没有放电间隙，利用氧化锌的非线性特性起到泄流和开断的作用。

2. 主要电力设备

供电是数据中心正常运作的基础。数据中心的电力设备的主要作用是电能的通断、控制和保护，电力设备主要包括配电柜、变压器、UPS、蓄电池等。其中，配电柜分为高压开关柜、低压开关柜和列头柜。高压开关柜主要分配 10kV 电压等级，向上接入市电，向下接变压器。低压开关柜主要分配 400V 电压等级，对电能进行进一步的转换、分配、控制、保护和监测。数据中心的主要电力设备如图 1-18 所示。

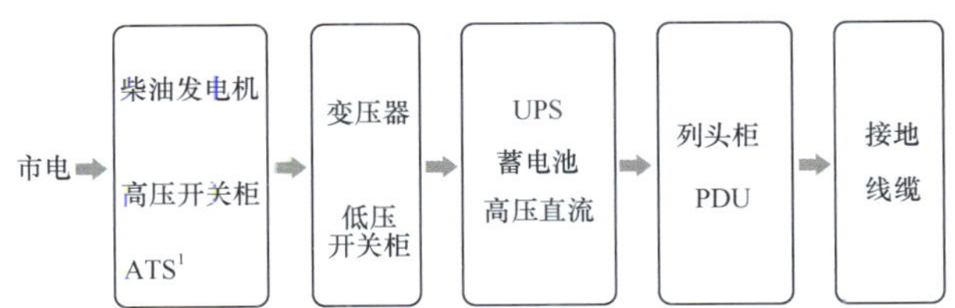

注：1. ATS（Automatic Transfer Switching Equipment，自动转换开关设备）。

图 1-18　数据中心的主要电力设备

（1）柴油发电机

柴油发电机是以柴油为主燃料的一种发电设备，以柴油发动机为原动力带动发电机发电，把动能转换成电能和热能的机械设备。柴油发电机主要由柴油发动机、发电机和控制器组成。柴油发电机如图 1-19 所示。

图 1-19　柴油发电机

柴油发电机的主要工作过程如下。

① 工作循环：内燃机中热能与机械能的转化是通过活塞在汽缸内工作，连续进行进气、压缩、膨胀、排气 4 个过程来完成。

② 上下止点：活塞在汽缸中移动时，活塞在汽缸中的最高位置被称为上止点，活塞在汽缸中的最低位置被称为下止点。

③ 活塞冲程：上、下止点的最小直线距离被称为活塞冲程（或行程）。

在商定的运行条件下并按照制造商的规定进行维护保养，柴油发电机的功率可分为以下 4 种。

① 持续功率。持续功率是指柴油发电机以恒定负荷持续运行且每年运行时间不受限制的最大功率。

② 基本功率。基本功率是指柴油发电机以可变负荷持续运行且每年运行时间不受限制的最大功率。24h 运行周期内平均运行功率输出应不超过基本功率的 70%，除非与制造商另有商定。在要求允许的平均功率输出较规定值高的应用场合，应使用持续功率。

③ 限时运行功率。限时运行功率是指柴油发电机每年运行时间可达 500h 的最大功率。按 100% 限时运行功率，每年运行的最长时间为 500h。

④ 应急备用功率。应急备用功率是指在市电一旦中断或在试验条件下，柴油发电机以可变负荷运行且每年运行时间可达 200h 的最大功率。24h 运行周期内允许的平均运行功率输出应不超过应急备用功率的 70%，除非与制造商另有商定。

（2）高压开关柜

高压开关柜通常用于电力系统发电、输电、配电和电能转换，在消耗中起通断、控制或保护等作用，高压开关柜的工作电压等级在 3.6 ～ 550kV。负责柴油发电机和市电 ATS 切换的高压开关柜如图 1-20 所示。

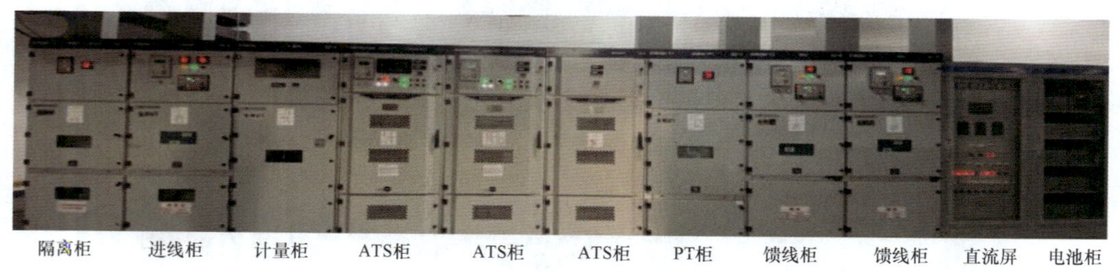

图 1-20　负责柴油发电机和市电 ATS 切换的高压开关柜

高压开关柜应满足“交流金属封闭开关设备标准”的有关要求，由柜体和断路器两个部分组成。柜体由壳体、电器元件（包括绝缘件）、二次端子及连线等组成。高压开关柜的结构如图 1-21 所示。

高压开关柜按断路器安装方式分为移开式（手车式）和固定式；按安装地点分为户内和户外；按柜体结构分为金属封闭铠装式开关柜、金属封闭间隔式开关柜、金属封闭箱式开关柜和敞开式开关柜。

高压开关柜需要满足“五防”的要求。“五防”主要包括以下内容。

① 防止带负荷分、合隔离开关（断路器、负荷开关、接触器合闸状态不能操作隔

离开关）。

② 防止误分、误合断路器、负荷开关、接触器（只有操作指令与操作设备对应才能操作被操作设备）。

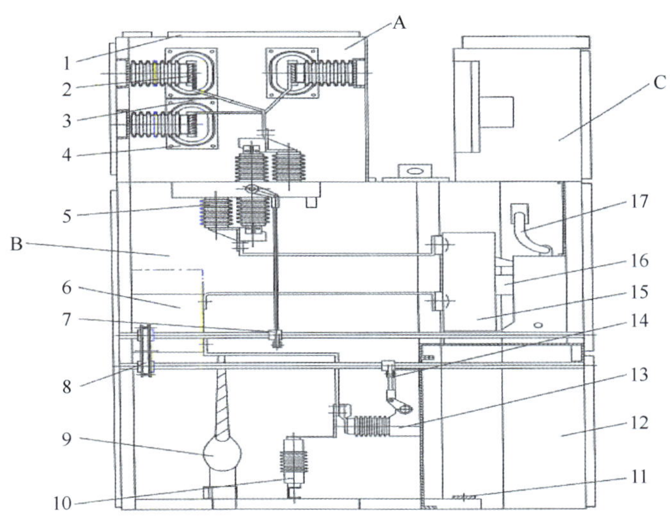

注：A. 母线室；B. 断路器室；C. 继电器仪表室；1. 泄压装置；2. 主母线；3. 分支母线；4. 母线套管；5. 隔离开关；6. 电流互感器；7. 隔离开关操作机构；8. 联锁机构；9. 电缆；10. 避雷器；11. 接地主母线；12. 控制小母线槽；13. 接地开关；14. 接地开关操作机构；15. 真空断路器；16. 加热装置；17. 二次插头。

图 1-21　高压开关柜的结构

③ 防止接地开关处于闭合位置时闭合断路器、负荷开关（只有当接地开关处于分闸状态时，才能合上隔离开关或使用手车进至工作位置，再操作断路器、负荷开关闭合）。

④ 防止在带电时误合接地开关（只有在断路器分闸状态时，才能操作隔离开关或手车从工作位置退至试验位置，合上接地开关）。

⑤ 防止误入带电室（只有隔室不带电时，才能开门进入隔室）。

（3）ATS

ATS 是由一个或多个转换开关电器和其他必需的电器组成的，用于监测电源电路，并将一个或多个负载电路从一路电源自动转换到另一路电源的电器。ATS 主要分为 CB 型和 PC 型。

CB 型 ATS 配备过电流脱扣器，其触头能接通并用于分断短路电流，由两台断路器加机械联锁机构组成，具有短路保护功能。CB 型 ATS 由断路器和相应的控制器组成。

PC 型 ATS 能够接通、承载，但不用于分断短路电流，为一体式结构（三点式），是双电源切换的专用开关，具有结构简单、体积小、自动联锁、转换速度快、安全、可靠等优点，但 PC 型 ATS 需要配备短路保护电器。

从结构及实际使用经验分析，PC 型 ATS 设备因为采用了一体化设计及相对可靠的接触器式结构，所以可靠性更高。当然，PC 型 ATS 的价格比 CB 型 ATS 的价格更高。数据中心采用较多的是 PC 型 ATS。

在数据中心中，PC 型 ATS 一般是在 UPS 前端或制冷系统供电前端外，进行市电切换或柴油发电机切换的。

PC 型 ATS 设备不具有断开短路电流的能力，因此在实际应用过程中，其上下游要合理配置相应的短路保护电器，即断路器、熔断器等。PC 型 ATS 不具备保护能力，在发生短路故障时，要在一定的时间内接受一定的短路电流通过。施耐德 PC 型 ATS 如图 1-22 所示。

图 1-22　施耐德 PC 型 ATS

（4）变压器

在电力系统中，变压器是主要设备。变压器有电源变压器、环形变压器、控制变压器等类型，主要的作用是改变电压。铁心和绕组是变压器的主要部件，被称为器身，器身放在油箱内部。绕组又可分为一次绕组和二次绕组；一次绕组是与电源相连的电阻，能够从电源接收能量；二次绕组是与负载相连的绕组，主要给负载提供能量。普通三相油浸式电力变压器结构如图 1-23 所示。

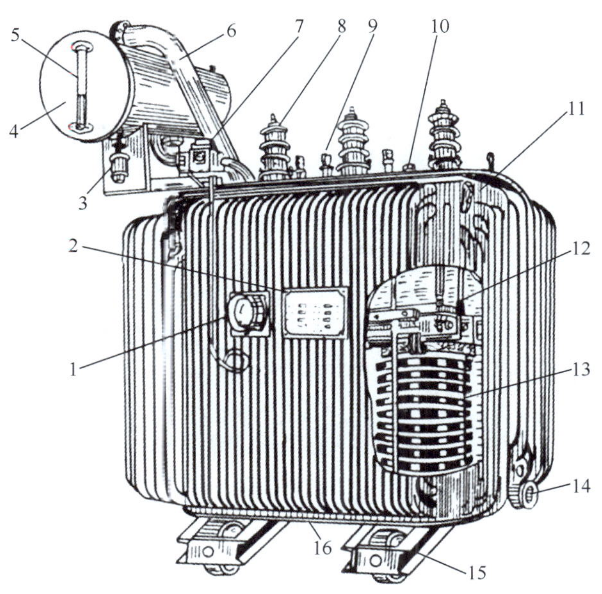

注：1. 温度计；2. 铭牌；3. 吸湿器；4. 油枕（储油柜）；5. 油位指示器（油标）；6. 防爆管；7. 瓦斯（气体燃料）继电器；8. 高压出线套管和接线端子；9. 低压出线套管和接线端子；10. 分接开关；11. 油箱及散热油管；12. 铁心；13. 绕组及绝缘；14. 放油阀；15. 小车；16. 接地端子。

图 1-23　普通三相油浸式电力变压器结构

变压器型号不同，对应的功能参数也不同。变压器型号表示的含义如图 1-24 所示。

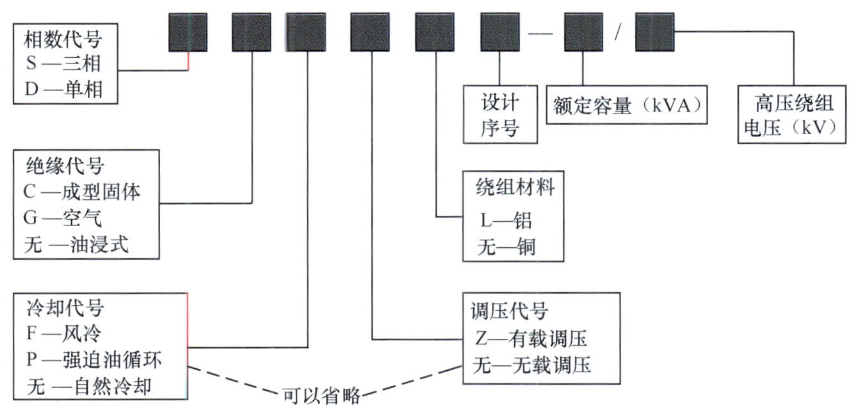

图 1-24　变压器型号表示的含义

以 SC7—1250/10 为例，其中，S 表示三相，C 表示成型固体（干式电力变压器），绕组材料为铜，设计序号为 7，额定容量为 1250kVA，一次绕组电压为 10kV。

（5）低压开关柜

低压开关柜是指一个或多个低压开关设备和与之相关的控制、测量、信号、保护、调节等设备，包括母线室、电缆出线室、功能单元室、二次设备室等。低压开关柜如图 1-25 所示。

图 1-25 低压开关柜

低压开关柜包括以下 3 种类型。

① 固定式。只能在开关柜断电的情况下才能对主电路接线或断开。

② 可移式（固定分隔式）。在主电路带电的情况下，可安全地从主电路上断开或接通，具有连接和移出位置。

③ 抽出式。主电路带电的情况下可安全地从主电路上断开或接通，具有连接、试验、分离、移出位置。低压抽出式开关柜广泛用于发电厂、冶金轧钢、石油化工、轻工纺织、工矿企业、高层建筑等行业配电系统，可作为三相交流电频率 50Hz、额定工作电压 380V 的电力系统中的配电、电动机集中控制使用的低压成套配电装置。

（6）UPS

市电经常发生波形下限、断电、瞬态尖峰、频率漂移、谐波失真、电压浪涌等问题，造成服务器、路由器、磁盘阵列等精密设备数据丢失、设备损坏、停止工作等现象。UPS 是利用电池化学能作为后备能量，在发生市电断电等电网故障时，不间断地为用户设备提供（交流）电能的一种能量转换装置。UPS 功能示意如图 1-26 所示。

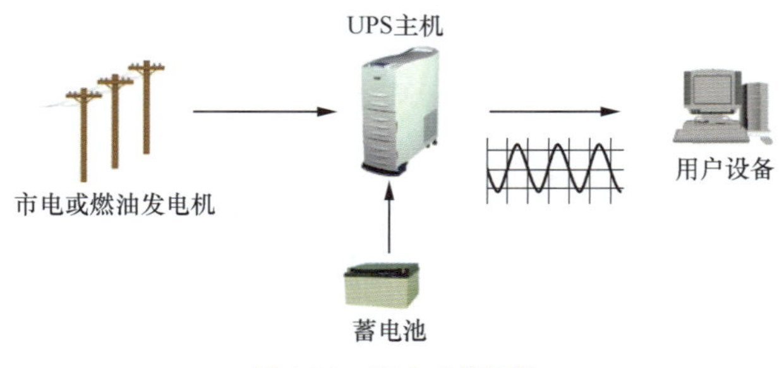

图 1-26 UPS 功能示意

UPS 以逆变器为主要元件，能够稳压稳频输出的电源，主要由整流器、蓄电池、逆变器和静态开关等组成。

整流器是一个整流装置，简单来说就是将 AC 转化为 DC 的装置。它有两个主要功能：一是将交流电变成直流电，经滤波后供给负载，或者供给逆变器；二是给蓄电池提供充电电压，因此，它同时又起到一个充电器的作用。

蓄电池是 UPS 用来储存电能的装置，它由若干个电池串联而成，其容量大小决定了维持放电（供电）的时间。蓄电池的主要功能：当市电正常时，将电能转换成化学能储存在电池内部；当市电发生故障时，蓄电池将化学能转换成电能提供给逆变器或负载。

逆变器是一种将直流电转化为交流电的装置，由逆变桥、控制逻辑和滤波电路组成。

静态开关又称静止开关，其闭合和断开由逻辑控制器控制。静态开关分为转换型和并机型两种：转换型开关主要用于两路电源供电的系统，其作用是实现从一路到另一路的自动切换；并机型开关主要用于并联逆变器与市电或多台逆变器。

UPS 机柜如图 1-27 所示。

图 1-27 UPS 机柜

UPS 按输入输出相数分为单进单出、三进单出和三进三出。UPS 按输出波形的不同分为正弦波、阶梯波、方波。UPS 按电路结构形式分为后备式、在线互动式、双变换在线式（目前广泛使用）。

在后备式 UPS 中，当市电正常时，UPS 输出等于市电输入。当市电异常时，逆变器转换电池能源为 AC，输出模拟正弦波给负载。后备式 UPS 功能示意如图 1-28 所示。

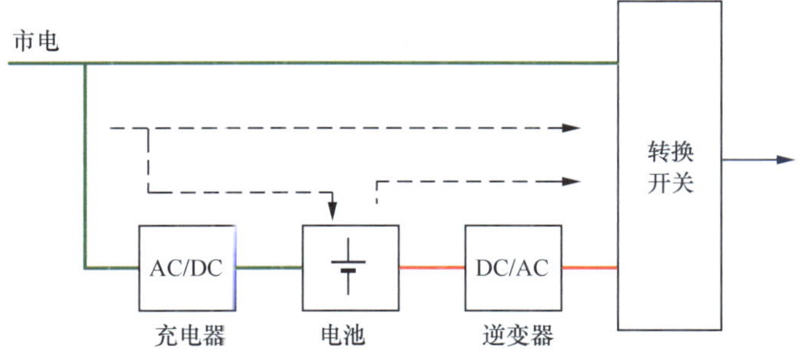

图 1-28 后备式 UPS 功能示意

在在线互动式 UPS 中，当市电正常时，UPS 输出等于市电输入，没有整流和逆变，只有调压。当市电异常时，逆变器转换电池能源为 AC，输出模拟正弦波给负载。电压过高或过低时，自动电压调节器将电压调整至合理范围，输出正弦波或模拟正弦波。在线互动式 UPS 功能示意如图 1-29 所示。

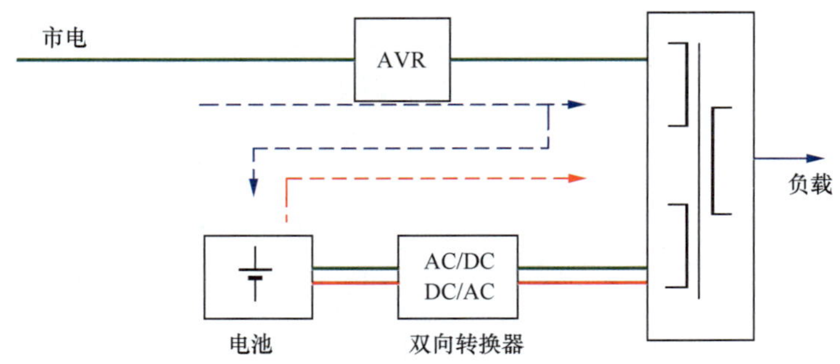

图 1-29　在线互动式 UPS 功能示意

在双变换在线式 UPS 中，当市电正常时，UPS 通过整流、逆变提供稳定的正弦波逆变器。当市电异常时，逆变器转换电池能源为 AC，输出模拟正弦波给负载。电压过高或过低时，逆变器自动调整电压至合理范围。数据中心普遍采用双变换在线式 UPS。双变换在线式 UPS 功能示意如图 1-30 所示。

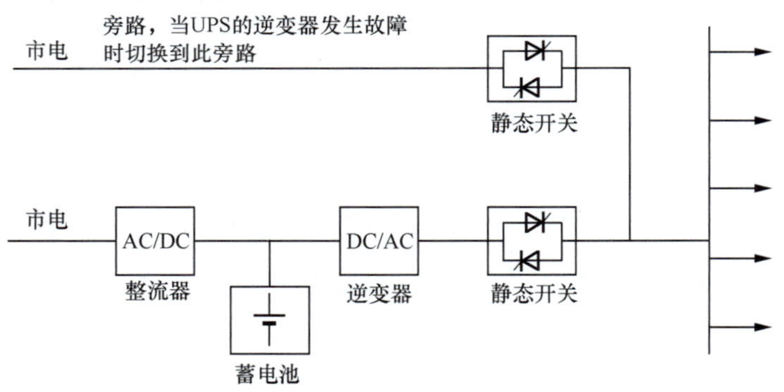

图 1-30　双变换在线式 UPS 功能示意

（7）蓄电池

蓄电池既可以作为交流不间断电源系统、直流电源系统的备用电源，又可以作为柴油发电机等启动动力电源，还可以作为高压配电系统中的直流操作及控制电源。当外部交流供电突然中断时，蓄电池作为系统供电的后备保护，将担负起对负载继续供电的任务，从而保证数据中心设备的正常工作。接下来介绍使用较多的阀控式密封铅酸蓄电池。阀控式密封铅酸蓄电池如图 1-31 所示。

图 1-31　阀控式密封铅酸蓄电池

阀控式密封铅酸蓄电池主要由正极板（PbO_2）、负极板（Pb）、电解液、隔板、电池槽和安全阀等组成，通过化学反应进行充放电。

阀控式密封铅酸蓄电池放电过程的化学反应如下。

负极：$Pb-2e^{-}+SO_4^{2-}=PbSO_4$。

正极：$PbO_2+2e^{-}+SO_4^{2-}+4H^{+}=PbSO_4+2H_2O$。

总反应：$Pb+PbO_2+2H_2SO_4=2PbSO_4+2H_2O$。

阀控式密封铅酸蓄电池放电过程如图 1-32 所示。

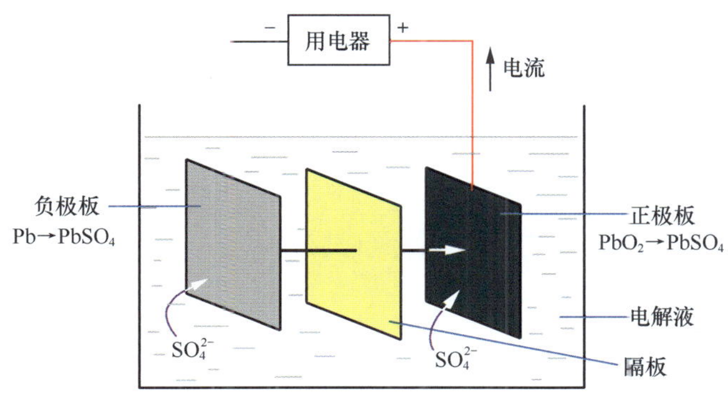

图 1-32　阀控式密封铅酸蓄电池放电过程

经化学反应式可得出，阀控式密封铅酸蓄电池在放电过程中容易产生 $PbSO_4$ 结晶。阀控式密封铅酸蓄电池长期充电不足或放电后没有及时充电，部分 $PbSO_4$ 溶解后析出并在极板结晶形成硫化。

阀控式密封铅酸蓄电池充电过程的化学反应如下。

负极：$PbSO_4+2e^{-}=Pb+SO_4^{2-}$。

正极：$PbSO_4-2e^{-}+2H_2O=PbO_2+SO_4^{2-}+4H^{+}$。

总反应：$2PbSO_4+2H_2O=Pb+PbO_2+2H_2SO_4$。

阀控式密封铅酸蓄电池充电过程如图 1-33 所示。

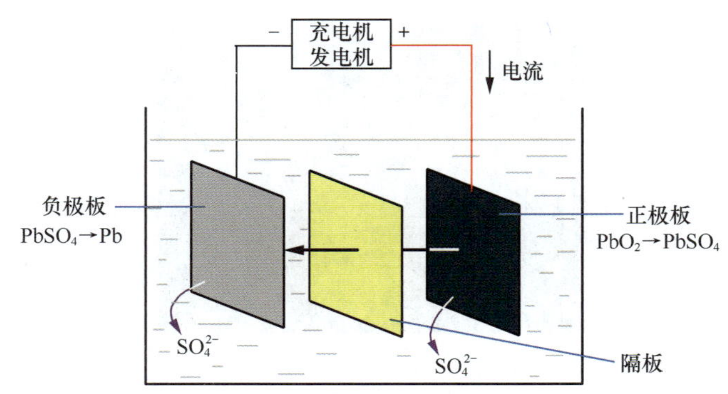

图 1-33　阀控式密封铅酸蓄电池充电过程

在电池的使用过程中，当电池的实际放电容量低于额定容量的 80% 时，认为电池失效或寿命终止。电池失水、硫酸盐化、板栅腐蚀、正极板腐蚀泥化脱落等情况会导致电池容量下降或提前失效。

阀控式密封铅酸蓄电池充完电的开口电压为 2.15V，浮充电压为 2.23V，均充电压为 2.35V，终止电压为 1.8V。

如果电池在 25℃时，以 10A 的电流放电，在放电 10h 后，电压正好下降到终止电压 1.8V，则该电池容量为 100AH，记为 C10(额定容量)。

阀控式密封铅酸蓄电池在数据中心采用串联的方式连接。电池串联提高电压，不提高容量；必须使用同种电池才能采用串联，新旧电池不能混用；整组电池容量取决于容量最低的单体；容量低的电池被称为落后电池，放电时，电压也落后。

阀控式密封铅酸蓄电池的日常维护包括以下内容：

① 灰尘清扫；

② 测量电压；

③ 检查浮充电流（<0.3%C）；

④ 端子除锈、涂防锈膏；

⑤ 紧固松动的螺栓。

（8）高压直流供电系统

从 UPS 的结构中可以看出，传统 UPS 采用 AC/DC 整流、DC/AC 逆变的双变换，从 UPS 输入末端设备，负载变换次数多，每次变换都有能量损耗，降低了系统的供电效率。另外，UPS 采用冗余设计，正常情况下，单台 UPS 负载率在 30% ～ 40%，很难达到最优的效率点，实际运行效率较低。从可靠性和成本优化的角度考虑，高压直流（High Voltage Direct Current，HVDC）供电系统应运而生。“HVDC+ 市电”的可靠性和安全性更高，供电效率强于“UPS+ 市电”，是不间断电源的主流发展趋势。数据中心的 HVDC 输出 240V 直流电，主要由进线柜、整流模块、出线模块 3 个部分组成。240V HVDC 供电系统已被数据中心行业广泛接受和使用。HVDC 进线柜 + 整流模块如图 1-34 所示。HVDC 出线模块如图 1-35 所示。

图 1-34　HVDC 进线柜 + 整流模块

图 1-35　HVDC 出线模块

随着数据中心技术的发展，以及节能减排和降低运营成本的需要，HVDC 供电系统在节能、节省投资成本、提高可靠性、提升运维便捷性等方面较传统 UPS 交流供电系统有明显的优势。HVDC 供电系统的主要优点如下。

① 系统效率较高。

② 系统扩容便捷。

③ 系统稳定性高，可维护性高。

HVDC 供电系统相较于传统 UPS 取消了 UPS 逆变换和设备内部的两级逆变换，整体效率更高。在 HVDC 供电系统中，蓄电池作为电源直接并联在输出母线上，当停电时，蓄电池直接供给负载。HVDC 供电示意如图 1-36 所示。

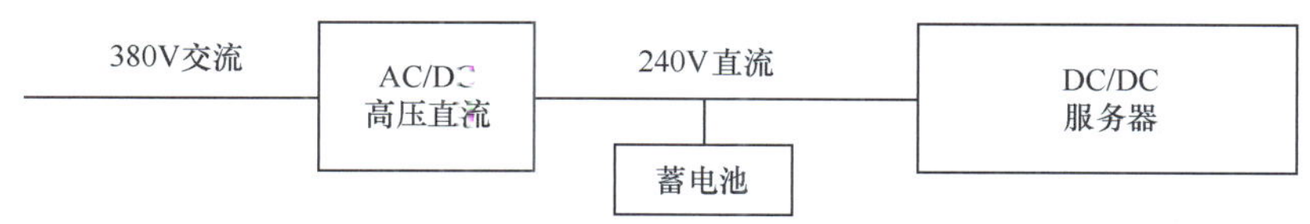

图 1-36　HVDC 供电示意

（9）列头柜

列头柜是在数据中心机房为服务器配电的设备。列头柜分为直流配电、交流配电、交直流配电。直流配电有 -48V、240V 和 336V。交流配电有 220V 和 380V。

240V、336V 直流配电系统常见于数据中心，一般由高压直流输出，需要单独配置保护地。此类列头柜需要采用直流专用断路器，输入塑壳不做要求，可以使用普通热磁脱口断路器。交流配电在机房中一般分为市电直供、UPS 供电等方式，电压为国家标准三相 380V、单相 220V。交直流一体配电柜内既有交流输入输出，也有直流输入输出，一般情况下，交流、直流完全分开。列头柜正面如图 1-37 所示。

图 1-37　列头柜正面

列头柜的接线是列头柜布局的体现，好的接线不仅美观，而且能大幅提高配电的安全性、后期的维护性及监控的精确性。接线的基本原则如下。

① 接线不交叉。配电接线中由于受空间限制且线材较多，很多地方会出现一、二次线材重合，此时应注意尽量不要出现一、二次接线交叉现象（磁场干扰问题）。

② 所有接线须有线号。配电中往往会为线材编上相应的编号，一是为了接线中不接错，二是为了品质控制（Quality Control，QC）人员检查，三是为了后期故障点定位方便。

③ 颜色区分。不同的线材颜色代表不同的含义，接线时需注意区分。黄色代表 A 相；绿色代表 B 相；红色代表 C 相；蓝色在交流中代表 N 相，在直流中代表负极；棕色在直流中代表正极；黄绿色代表地线（PE 相）；黑色一般用于二次接线（多芯多色线可用于弱电流采集）。

④ 接线顺序。在交流配电中，接线顺序为从左到右、从上到下、从远到近、从后到前，相序均为 A—B—C—N—PE。

列头柜中往往涉及一、二次接线线材的选择，列头柜一、二次接线线材的选择见表 1-1。

表1-1　列头柜一、二次接线线材的选择

序号	作用	线材大小	颜色
1	一次接线	电流 10A 以下使用 $2.5mm^2$	黄色 A 相
		电流 10 ～ 25A 使用 $4mm^2$	绿色 B 相
		电流 25 ～ 40A 使用 $6mm^2$	红色 C 相
		电流 40 ～ 63A 使用 $10mm^2$	蓝色 N 相
		电流 63 ～ 80A 使用 $16mm^2$	黄绿色 PE 相
		电流 80 ～ 100A 使用 $25mm^2$	蓝色负极
		电流 100 ～ 125A 使用 $35mm^2$	棕色正极

续表

序号	作用	线材大小	颜色
2	二次接线	主电路使用 2.5mm^2	电源线火线为黑色，零线为蓝色；其余全部为黑色；直流正极为棕色，负极为蓝色
		电源支路使用 1.5mm^2	
		信号采集线使用 0.75/0.5mm^2	
		C 级防雷器相 / 零线使用 6mm^2，地线使用 10mm^2	
		B 级防雷相 / 零线使用 10mm^2，地线使用 16mm^2	

要注意预防线材受损。列头柜在接线时往往会与钣金件直接接触，所以在过钣金件切口处时需加装护线齿或缠绕管，特别是过门的接线需要加缠绕管；扎线时需要注意钣金件接触点是否会破损；不能使用有损伤及老化的线材；应做好焊接及并接处的防护。

列头柜在接线的同时要注意规避涡流，当交流电流通过导线时，导线周围会产生交变的磁场，导体的内部会产生感应电流，因为这种感应电流在整块导体内部形成闭合回路，很像水的旋涡，所以称作涡流。涡流不仅会损耗电能，降低用电设备的效率，而且会造成用电设备（例如变压器铁芯）发热，严重时将影响设备的正常运行。因此，接线时一定要注意穿过导体的线材不能绕圈。

（10）PDU

PDU 是服务器机柜上直接给服务器供电的末端配电单元。机房配电回路一般是双路市电接入，市电首先进市电配电箱，一部分电供给 UPS，另一部分电供给空调、照明灯具和普通插座，UPS 下端再进 UPS 配电柜，分配到各个列头柜，经列头柜后接入各机柜 PDU 再到负载。PDU 实物如图 1-38 所示。

图 1-38　PDU 实物

（11）接地系统

接地是为了保护设备，将电气设备或通信设备中的接地端子通过接地装置与大地进行良好的电气连接，并将该部位的电荷注入大地，达到降低危险电压和防止电磁干扰的目的。所有接地体与接地引线组成的装置被称为接地装置，把接地装置通过接地线与设备的接地端子连接起来就构成接地系统。接地系统如图 1-39 所示。

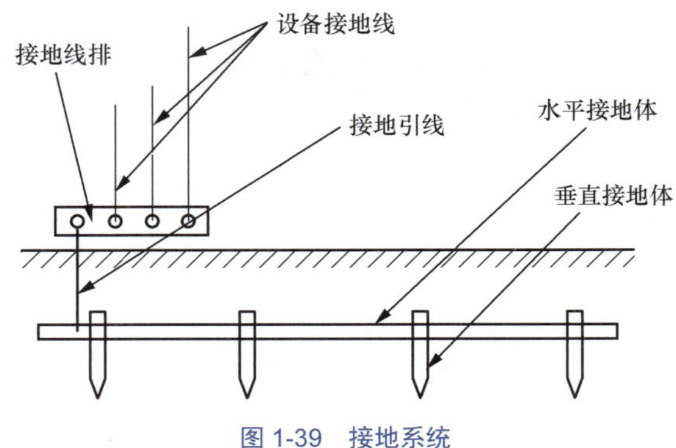

图 1-39　接地系统

接地装置的接地电阻包括接地引线电阻、接地体本身电阻、接地体与土壤的接触电阻、接地体周围呈现电流区域内的散流电阻。影响接地电阻的因素主要有接地体与土壤的接触电阻，这由土壤的湿度、松紧程度及接触面积的大小决定，土壤的湿度越大、接触越紧、接触面积越大，则接触电阻越小，反之接触电阻越大。散流电阻是电流由接地体向土壤四周扩散时所遇到的阻力。它和两个因素有关，一是接地体之间的疏密程度；二是土壤本身的电阻。衡量土壤电阻大小的物理量是土壤电阻率。

接地系统按带电性质可分为交流接地系统和直流接地系统两大类；按用途可分为工作接地系统、保护接地系统和防雷接地系统。

交流接地系统有工作接地和保护接地：工作接地是指在低压交流电网中将三相电源中的中性点直接接地；保护接地是指将用电设备在正常情况下与带电部分绝缘的金属外壳部分与接地装置做良好的电气连接。

低压供电系统可分为不接地系统（IT 系统）、接地系统（TT 系统）和接零系统（TN 系统）3 类。

TT 系统：将变压器低压侧中性点直接接地，再从接地点引出中性线 N（又称为零线）。TT 系统中，所有用电设备的金属外壳、构架均采用保护接地方式。

IT 系统：使变压器低压侧中性点不接地或经高阻抗接地。IT 系统中，所有用电设备的金属外壳、构架均采用保护接地方式。在 IT 系统中，因为变压器低压侧中性点不允许配备中性线作为 220V 单相电源供电，所以，不适用居民和一般工厂生产用电。

TN 系统：将变压器低压侧中性点直接接地，再从接地点引出中性线 N。TN 系统中，所有用电设备的金属外壳、构架均采用保护接零方式。TN 系统又分为 TN-C 系统、TN-S 系统、TN-C-S 系统。

① TN-C 系统。

TN-C 系统是三相电源中性线直接接地的系统，通常被称为三相四线制电源系统，其中性线与保护线是合一的。

② TN-S 系统。

TN-S 系统是三相五线制配电系统。其优点是一旦中性线断线，不会像 TN-C 系统那样，使断点后用电设备上外露导电的部分可能带上危险的相电压。在各相电源正常工作时，PE 线上无电流，而所有设备外露导电的部分都经各自的 PE 线接地，PE 线上无电磁干扰。

③ TN-C-S 系统。

TN-C-S 系统由 TN-C 系统和 TN-S 系统组合而成，整个系统中有一部分中性线和保护线是合一的。该系统往往用于环境条件较差的场合。

还有一种接地方式是防雷接地，包括两种装置：一种是为保护建筑物或天线不受雷击而专设的避雷针防雷接地装置，这是由建筑部门设计安装的。另一种是为了防止雷击过电压对设备造成破坏需安装避雷器而埋设的防雷接地装置，例如，高压避雷器的下接线端汇接后接到接地装置。

目前，联合接地系统是广泛采用的接地系统，由接地体、接地引入、接地汇集线、接地线组成。联合接地系统如图 1-40 所示。

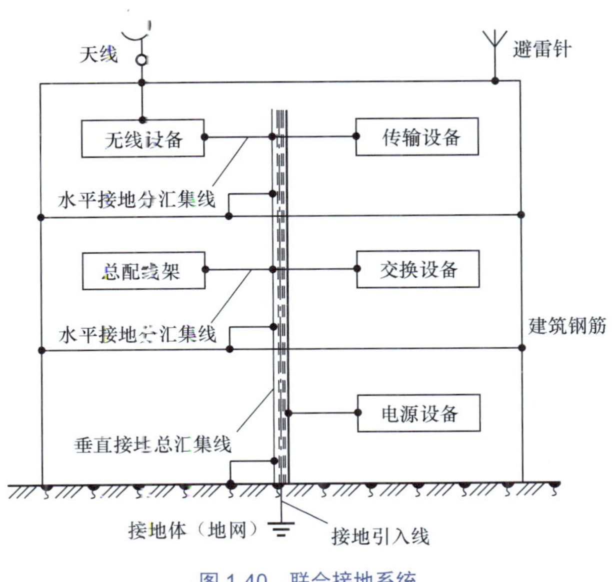

图 1-40　联合接地系统

联合接地系统的优点如下。

① 地电位均衡，同层各地线系统电位大体相等，可以消除危及设备的电位差。

② 公共接地母线为全局建立了基准零电位点。当地电位上升时，各处的地电位一齐上升，基本上在任何时候都不存在电位差。

③ 消除了地线系统的干扰。通常依据各种不同电特性设计出多种地线系统，多种地线系统彼此之间相互影响，采用接地系统后，能够消除地线系统的干扰。

④ 电磁兼容性能变好。因为强电、弱电，高频及低频电都是等电位，又采用了分屏蔽设备及分支地线等方法，所以能提高电磁兼容性能。

接地母线是在联合接地系统中，垂直接地总汇集线贯穿于建筑物各层的接地用主干线，也可在建筑物底层安装环形汇集线，然后垂直引到各机房水平接地分汇集线上，这种垂直接地总汇集线被称为接地母线。接地母线如图 1-41 所示。

联合接地系统要求建筑物混凝土内采用钢框架与钢筋互连，并连接联合地线焊接成法拉第“鼠笼罩”状的封闭体，使封闭导体的表面电位变化形成等位面（其内部场强为零），这样，在各层地点电位同时进行升高或降低的变化时，不会产生层间电位差，避免了内部电磁场强度的变化。“鼠笼罩”状的封闭体如图 1-42 所示。

图 1-41　接地母线

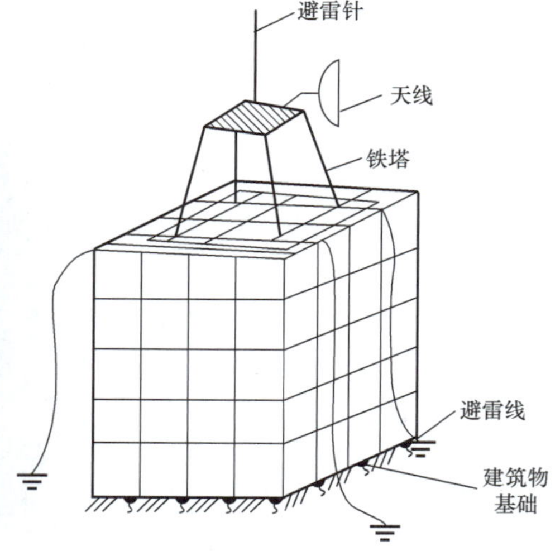

图 1-42 “鼠笼罩”状的封闭体

（12）电缆

电缆是一种特殊结构的导线，在其几根绞绕（或单根）的绝缘导电芯线外面，统包有绝缘层和保护层。保护层分为内护层和外护层。内护层用以保护绝缘层，而外护层用以防止内护层受到机械损伤和腐蚀。外护层通常为钢丝或钢带构成的钢铠，外覆麻被、沥青或塑料护套。在选择电缆缆芯材质时，一般情况下，宜按“节约用铜、以铝代铜”的原则，优先选用铝芯电缆。下列情况应采用铜芯电缆。

① 振动剧烈、有爆炸危险或对铝有腐蚀等工作环境。

② 对安全性、可靠性要求高的重要回路。

③ 耐火电缆及紧靠高温设备的电缆等。

电缆型号的含义主要由类别、导体、绝缘、内护套和特征组成。其中，有些部分是可以省略的，例如，电力电缆类别可以不用表示，导体 T 铜线可以不用表示等，具体要参照对应的电缆型号，找出其中的规律就能识别。电缆型号中字母的含义见表 1-2。

表1-2 电缆型号中字母的含义

类别	导体	绝缘	内护套	特征
K：控制电缆	T：铜线（可省）	Z：油浸纸	Q：铅套	D：不滴油
P：信号电缆	L：铝线	X：天然橡胶	L：铝套	F：分相
YT：电梯电缆		VV：聚氯乙烯	H：橡套	CY：充油
U：矿用电缆		YJ：交联聚乙烯	HF：氯丁胶	P：屏蔽
Y：移动式软缆		E：乙丙胶	V：聚氯乙烯内护套	C：滤尘用
H：市内电话线			Y：聚乙烯内护套	G：高压
UZ：电钻电缆			VF：复合物	
DC：电气化车辆用电缆			HD：耐寒橡胶	

电缆型号除了用英文字母表示，还可以加上数字，数字表示铠装电缆，带钢带铠装电缆能够起到保护电缆内部的作用，一般埋地敷设带铠装的电缆居多。例如，YJV23 电缆型号，YJ 表示交联聚乙烯绝缘，V 表示聚氯乙烯内护套，2 表示双钢带铠装，3 表示聚乙烯外护套。电缆型号中数字的含义见表 1-3。

表1-3 电缆型号中数字的含义

第一个数字		第二个数字	
代号	铠装层类型	代号	外被层类型
0	无	0	无
1	钢带	1	纤维线包
2	双钢带	2	聚氯乙烯外护套
3	细圆钢丝	3	聚乙烯外护套
4	粗圆钢丝	4	

电缆型号含义规律：特性＋电缆英文字母＋带不带铠装－额定电压－芯数＋截面积。以 ZR-YJV22-0.6/1kV-3×150+1×95 为例。

① ZR 代表阻燃型，NH 代表耐火型，WDZ 代表无卤低烟阻燃型，WDN 代表无卤低烟耐火型。

② YJV22 中，YJ 表示交联聚乙烯绝缘，V 表示聚氯乙烯内护套，前一个 2 表示双钢带铠装，后一个 2 表示聚氯乙烯外护套。

③ 0.6/1kV 表示额定电压。

④ 3×150+1×95 表示由 3 根 $150mm^2$ 和 1 根 $95mm^2$ 的铜芯合成一根 4 芯电缆。

电缆头是电缆接头（铜鼻子配套热缩套管）热缩材料。电缆头施工简便、价格低廉、性能良好，在电缆工程中得到推广应用。电缆接头如图 1-43 所示。

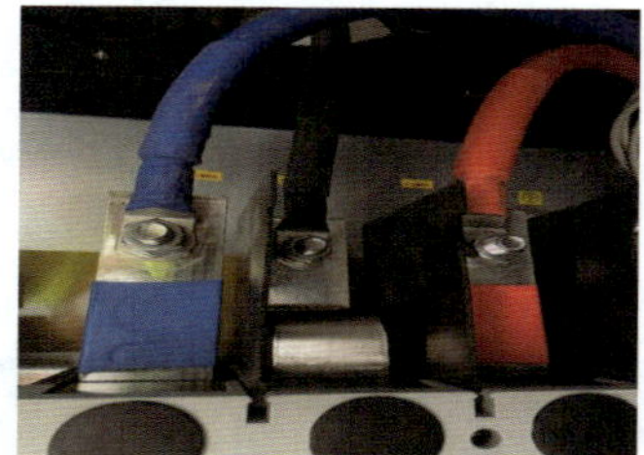

图 1-43　电缆接头

1.3　数据中心等级划分

按照 GB 50174—2008《电子信息系统机房设计规范》，数据中心可根据机房选址、建筑结构、机房环境、安全管理、机房的使用性质及场地设备故障导致电子信息系统运行中断而给社会和经济造成的损失或影响程度，分为 A、B、C 共 3 级。

A 级为容错型：在系统需要运行期间，其场地设备不应因操作失误、设备故障、外电源中断、维护和检修而造成电子信息系统运行中断。

B 级为冗余型：在系统需要运行期间，其场地设备在冗余能力范围内，不应因设备故障而造成电子信息系统运行中断。

C 级为基本型：在场地设备正常运行的情况下，应保证电子信息系统运行不中断。

国外标准 TIA-942 则按照数据中心支持的正常运行时间，将数据中心分为 4 个等级。等级不同，数据中心内的设施要求也不同，级别越高，要求越严格。

T1 数据中心：基本型，使用单一路由，没有冗余设计，可用性应达 99.671%。

T2 数据中心：部件冗余，使用单一路径，增加部件的冗余，可用性应达 99.749%。

T3 数据中心：在线维护，拥有多路路径，方便升级为 T4 机房，可用性应达 99.982%。

T4 数据中心：容错系统，拥有多路有源路径，增强容错能力，可用性应达 99.995%。

我国数据中心年耗电量在社会用电中占比约为 2%，每年有近 1000 亿千瓦时的电被数据中心消耗。数据中心在消耗电能时会产生大量热能，散热过程通常也需要消耗电能。双碳目标及可持续发展战略将长期驱动我国数据中心产业绿色低碳发展。

绿色网格（The Green Grid，TGG）组织于 2007 年在美国成立，已拥有大约 150 家企业成员及 10 家董事会成员。TGG 的主要贡献如下。

① TGG 统一了电能利用效率（Power Usage Effectiveness，PUE）度量。

② 绿色网格“能源之星”项目管理办公室为数据中心的服务器、存储设备、UPS 进行评级。

③ TGG 制定了 PUE 标准、水分利用效率标准、规范用水计量标准和鼓励提高资源利用率标准。

④ TGG 产生了极具影响力的“自然冷却”的工具和地图，帮助数据中心选址。

⑤ TGG 创建了全面的数据中心成熟度模型。

TGG 于 2015 年在全球范围内首次推出“PUE 评测”和“数据中心绿色等级评估”。“数据中心绿色等级评估”从能源效率、节能技术、绿色管理 3 个维度对数据中心进行评估和综合评分，并设置了创新性探索、绿色建筑等加分项目，由总分得到该数据中心对应的等级（1A ～ 5A）。

数据中心绿色等级评估技术方法中提供了节能技术参考，相关内容如下。

① IT 设备。对于企业自用和联合定制的数据中心，此项评估内容为 IT 设备是否采用了相关的节能技术，并取得了较好的节能效果。对于对外出租的数据中心，此项评估内容为是否支持和鼓励 IT 设备节能，例如，单机柜电流监测、提升机柜利用率、模块化接入等。

② 制冷设备。此项评估内容为制冷设备是否采用了相关的节能技术（例如，气流组织优化设计、风侧或水侧自然冷却技术、智能控制管理技术等），并取得了较好的节能效果。

③ 供配电设备。此项评估内容为供配电设备是否采用了相关的节能技术（例如，智能电力监测控制系统、高压直流供电方式、高效率模块化的 UPS、对 IT 设备与供电设备合理布局等），并取得了良好的节能效果。

④ 其他设备。此项评估内容为其他消耗电能的设备（例如，照明设备、安防设备等）是否采用了相关的节能技术，并取得了良好的节能效果。

TGG 在数据中心绿色等级评估技术方法中，对 IT 设备、制冷设备、供配电设备和其他设备提供了节能技术参考，相应的性能评价指标主要有 PUE。此外，基础设施利用效率（Infrastructure Usage Effectiveness，IUE）、水资源利用效率（Water Usage Effectiveness，WUE）等指标也是重要的参考指标。

PUE = 数据中心总能耗 /IT 设备能耗

其中，数据中心总能耗包括 IT 设备能耗和制冷设备、供配电设备及其他设备的能耗，能耗值大于 1，越接近 1 表明非 IT 设备耗能越少，即能效水平越高。

IUE= 资源消耗量 / 设计容量

TGG 于 2019 年 6 月正式发布《基础设施利用效率（IUE）白皮书》。IUE 主要涵盖电量供应、电量分配、制冷量和机架 U 位数量 4 个基础设施资源要素。IUE 旨在解决数据中心面临的两个主要问题：一是如何有效利用基础设施资源以最大限度地降低运营风险；二是最大限度地使用现有资源，避免在未充分使用昂贵资源时修建或租赁新设施。

WUE= 数据中心水资源的全年消耗量 / 数据中心 IT 设备的全年耗电量

随着超大数据中心的发展，冷水系统方案得到越来越多的应用。TGG 在 2009 年提出评价指标 WUE，单位为 L/(kW·h)。采用水冷空调系统的数据中心，耗水主要包括冷却水蒸发、冷却水排水、IT 房间加湿用水、软化水设备用水、设备维护用水，以及柴油发电机组运行及维护用水。

国际互联网头部企业积极推动绿色能源利用，促进数据中心节能减排。谷歌、苹果和 Facebook 积极公布可再生能源的利用情况，并分别于 2017 年、2018 年及 2020 年实现运营体系 100% 可再生能源利用。微软和亚马逊计划于 2025 年实现 100% 可再生能源利用目标，Facebook 在瑞典曾尝试利用当地低温环境节省数据中心的散热成本，谷歌在芬兰哈米纳曾尝试利用芬兰湾的海水为数据中心制冷。

我国互联网头部企业及第三方服务商也在积极开展节能减排技术实践，争取让运营数据中心的绿色低碳水平达到全球领先。百度云计算（阳泉）中心应用市电直供 +HVDC、自研“零功耗”置顶冷却单元及 AI 调优技术，年均 PUE 值达到 1.08。秦淮数据集团环首都数据中心利用模块化、绿电交易及资源回收等技术，年均 PUE 值达到 1.15，可再生能源利用率达到了 100%。中金数据昆山一号数据中心采用节能技术、清洁能源采购等方式，数据中心碳利用率为 0.49。

TGGC（TGG 中国）由中国通信标准化协会、TGG、中国信息通信研究院等联合发起组建，于 2015 年 6 月 30 日正式成立，是致力于绿色 IT 的非营利组织。

TGGC 的核心工作是推动建立覆盖设计、评测和技术产品等方面的绿色数据中心标准体系，完成绿色标准宣贯和配套设施衔接落地。同时，TGGC 积极与全球的第三方组织、数据中心运营商及数据中心工作者开展技术研讨与交流互动，以更好地制定全球标准，完成标准的互信互认。TGGC 研究范围包括但不限于数据中心 PUE 测试评估技术方法、微模块数据中心、数据中心用空调产品能效、数据中心绿色节能技术、数据中心 IUE 指标等研究及项目开展。2015 年，TGG 在全球范围内首次推出“PUE 评测”和“数据中心绿色等级评估”，并联合中国信息通信研究院、开放数据中心委员会等组织开展绿色数据中心的相关评估活动。“数据中心绿色等级评估”从能源效率、节能技术、绿色管理 3 个维度对数据中心进行评估和综合评分（满分 100 分），并设置了创新性探索、绿色建筑等加分项目（满分 10 分），由总分（满分 110 分）得到该数据中心对应的等级（1A ～ 5A）。对于建设不到一年 PUE 数据的数据中心，等级为“设计 1A”～“设计 5A”。该评估包含 PUE 评测，并将管理水平、技术应用能力等纳入考核指标，以更全面地体现数据中心的绿色水平。

施工安全技术

2.1 安全作业基础知识

2.1.1 安全警示标志

IDC施工需要用到的安全警示标志主要包括“正在施工 注意安全”“当心触电”“禁止合闸”“禁止靠近”“当心坠物”，以及搭设安全围栏等。安全警示标志如图2-1所示。安全围栏如图2-2所示。工程信息公示牌如图2-3所示。

图2-1 安全警示标志

图2-2 安全围栏

工程名称:		工程内容:			
工程地址:		工程造价:			
开工日期:		竣工日期:			
项目负责人:		联系电话:			
建设单位:		项目负责人:		联系电话:	
设计单位:		项目负责人:		联系电话:	
监理单位:		项目负责人:		联系电话:	
施工单位:		技术负责人:		联系电话:	

图 2-3　工程信息公示牌

2.1.2　劳动防护用品

1. 安全帽的识别及使用注意事项

安全帽是指对人头部受坠落物及其他特定因素引起的伤害起防护作用的帽子。安全帽由帽壳、帽衬、下颏带、后箍及报警器等组成。安全帽的作用主要如下。

① 防止高处坠落物造成头部伤害。

② 防止摔倒时造成头部碰撞。

③ 防止施工时头部撞击到尖锐物体造成头部损伤。

安全帽的核心部件为内部帽衬，帽衬能起到缓冲作用，减少对头部的伤害。

（1）安全帽的识别

安全帽应有“三证一标”，即生产许可证、产品合格证、安全防护证和安全标志，使用期为自生产日期起 30 个月。安全帽各部件示意如图 2-4 所示。安全帽内的“三证一标”如图 2-5 所示。

图 2-4　安全帽各部件示意

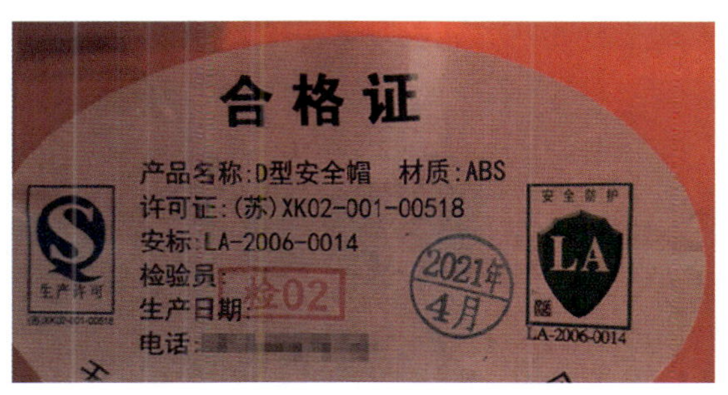

图 2-5　安全帽内的“三证一标”

（2）安全帽的使用注意事项

① 严禁在安全帽上打孔，拆卸安全帽上的部件，调整帽衬尺寸。

② 严禁将安全帽和酸、碱及其他化学物品摆放在一起，避免高温、潮湿环境，防止安全帽提前老化。

③ 帽衬与帽壳内顶应保持间距，间距在 25 ～ 50mm。

④ 严禁使用受过较大冲击后的安全帽。

⑤ 严禁将安全帽当凳子使用。

2. 安全带的识别及使用注意事项

安全带也称救命带，在工作环境中，高处作业环境最危险，不正确佩戴安全带造成的安全事故伤害也最严重。GB/T 3608—2008《高处作业分级》规定“凡在坠落高度基准面 2m 以上（含 2m）有可能坠落的高处进行作业，都称为高处作业”。高处作业人员都应正确佩戴安全带，确保登高作业的安全。

（1）安全带的识别

安全带应有“三证一标”，即生产许可证、产品合格证、安全防护证和安全标志，使用期为自生产日期起 36 ～ 60 个月。安全带示意如图 2-6 所示。安全带的“三证一标”如图 2-7 所示。

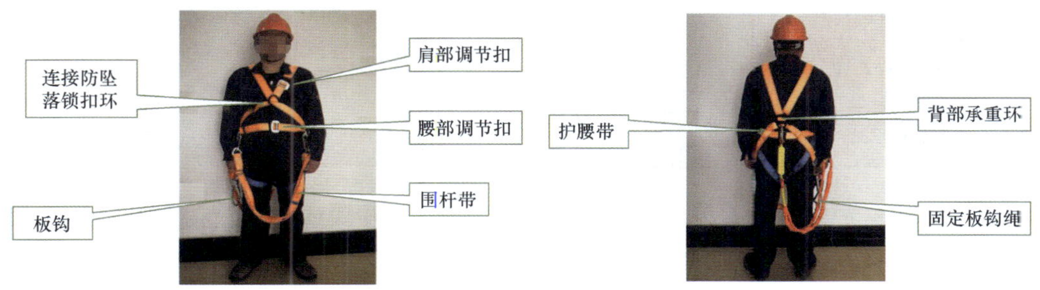

图 2-6　安全带示意

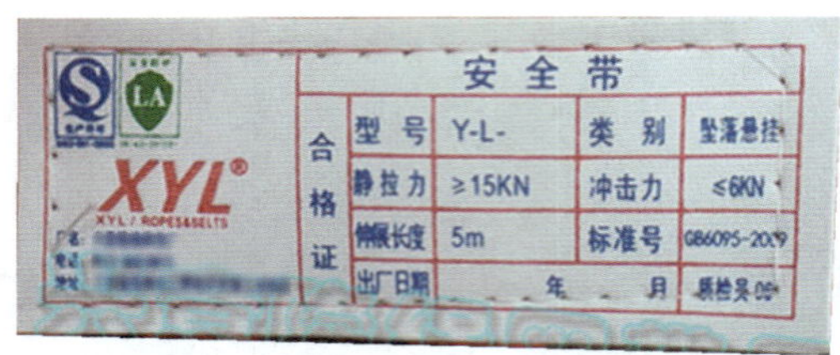

图 2-7　安全带的“三证一标”

（2）安全带的使用注意事项

① 使用前，详细检查安全带缝制部分和挂钩部分的捻线是否裂断或残损。

② 不可接触高温、明火，以及强酸、强碱化学物品或尖锐物体。

③ 不要存放在阴暗潮湿的仓库中。

④ 必须更换已腐蚀、变形、使用不灵活的金属配件。

3. 绝缘鞋的识别及使用注意事项

绝缘鞋的作用是使人体与地面绝缘，防止带电作业时电流通过人体与大地之间构成通路，对人体造成电击伤害，把触电的危险降到最低。

（1）绝缘鞋的识别

绝缘鞋应有“三证一标”，即生产许可证、产品合格证、安全防护证和安全标志，使用期为自生产日期起 18 个月。绝缘鞋的“三证一标”如图 2-8 所示。绝缘鞋的出厂日期如图 2-9 所示。绝缘鞋的耐压标识如图 2-10 所示。

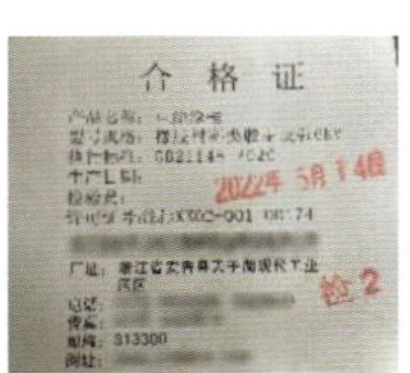

图 2-8　绝缘鞋的“三证一标”

图 2-9　绝缘鞋的出厂日期

图 2-10　绝缘鞋的耐压标识

（2）绝缘鞋的使用注意事项

① 当鞋底断裂、腐蚀、磨损超过三分之一时，要立即更换。

② 当绝缘鞋鞋底被尖锐物刺穿或鞋底防滑花纹磨平时，则不再具有绝缘性能。

③ 绝缘鞋应注意防潮。

2.1.3 特种作业要求

特种作业是指容易发生人员伤亡事故，对操作人员本人、他人的生命健康及周围设施的安全可能造成重大危害的作业。直接从事特种作业的人员被称为特种作业人员。

1. 特种作业目录

① 电工作业（低压电工作业、高压电工作业、防爆电气作业）。

② 金属焊接切割作业（熔化焊接与热切割作业、压力焊作业、钎焊作业）。

③ 起重、吊运、指挥、挂钩作业。

④ 公司内驾驶机动车辆。

⑤ 化学危险品作业。

⑥ 操作压力容器、压力管道。

⑦ 起重机械作业。

2. 特种作业人员应具备的条件

① 年满十八周岁以上。

② 工作认真负责，身体健康，无妨碍从事相应工种作业的疾病和生理缺陷。

③ 具有初中以上文化程度，具备相应工种的安全技术知识，参加国家规定的安全技术理论和实际操作考核并成绩合格。

3. 特种作业人员的要求

① 特种作业人员必须经过专门的安全技术培训并考核合格，取得《中华人民共和国特种作业操作证》后，方可上岗作业。

② 特种作业人员在独立上岗作业前，必须进行与本工种相适应的、专门的安全技术理论学习和实际操作训练，其连续从事本作业的时间（实习时间）要求：电工、焊接切割作业为两年，其他工种为半年。

③ 离开特种作业岗位达 6 个月以上的特种作业人员，应重新进行实际操作考核，经确认合格后方可上岗作业。

④ 特种作业人员应熟知本岗位及工种的安全作业技术操作规程，严格按照相关规程进行操作。

⑤ 特种作业人员必须正确使用劳动防护用品，严禁使用有缺陷的劳动防护用品。

⑥ 特种作业人员作业前须检查设备及周围环境，清除周围影响安全作业的物品，设备没有停稳的情况下，严禁进行维护、检修、焊接、清扫等违章行为。

⑦ 进行焊工作业（含明火作业）时，必须对周围的设备、设施、物品进行安全保护或隔离，严格遵守用电、动火审批程序。

⑧ 进行安装、检修、维护等作业时必须严格遵守安全作业技术操作规程，作业结束后，必须清理现场残留物，防止遗留事故隐患，因作业疏忽或违章操作而造成安全事故的，视情节按照有关规章制度追究责任人的相关责任，或移交司法机关处理。

⑨ 特种作业人员在操作期间，发觉视力障碍、反应迟缓、体力不支、血压上升等身体不适有危及安全作业的情况时，应立即停止作业，任何人严禁强行命令或指挥其进行作业。

⑩ 特种作业人员在工具缺陷、作业环境不良的生产作业环境，且无可靠的劳动防护用品和无可靠的防范措施情况下，有权拒绝作业。

⑪ 单位应加强规范化管理，对特种作业人员生产作业过程中出现的违章行为，及时进行纠正和教育。安全管理人员、安全员有权对特种作业人员违章从事特种作业的行为进行制止和处理。

2.1.4 劳动者的权利和义务

1. 劳动者的权利

① 享有工伤社会保险的权利。“生产经营单位与从业人员订立的劳动合同，应当载明有关保障从业人员劳动安全、防止职业危害的事项，以及依法为从业人员办理工伤社会保险的事项。生产经营单位严禁以任何形式与从业人员订立协议，免除或者减轻其对从业人员因生产安全事故伤亡依法应承担的责任”。

② 知情权。劳动者有权了解其作业场所和工作岗位存在的危险因素、防范措施及事故应急措施。

③ 建议权。劳动者有权对本单位的安全工作提出建议。

④ 索赔权。劳动者因安全事故受到伤害的，除了享有工伤社会保险，有权向本单位提出赔偿要求。

⑤ 批评、控告权。劳动者有权对本单位安全生产工作中存在的问题提出批评、检举和控告。

⑥ 拒绝违章权。劳动者有权拒绝违章指挥和强令冒险作业。

⑦ 停止作业权。劳动者发现直接危及人身安全的紧急情况时，有权停止作业或者在采取可能的应急措施后撤离作业场所。

2. 劳动者的义务

① 遵章守纪义务。劳动者在作业过程中，应当自觉遵守本单位的安全生产规章制度，严格执行安全作业技术操作规程，服从管理，正确佩戴和使用劳动防护用品。

② 接受培训、学习的义务。劳动者应积极参加本单位组织的安全教育培训，掌握本职工作所需的安全生产知识，全面提高安全生产技能，增强事故预防和应急处理能力。

③ 险情报告义务。劳动者发现事故隐患或者其他不安全因素应立即向现场安全管理人员或者负责人报告，且接到报告的人员应当及时予以处理。

④ 服从管理的义务。

⑤ 正确佩戴和使用劳动防护用品。

⑥ 对不服从管理，违反安全生产规章制度或者安全作业技术操作规程的劳动者，由生产经营单位给予批评教育，按照有关规章制度给予处分；构成犯罪的，依法追究刑事责任。

2.2 安全生产操作规程

2.2.1 施工安全常识

1. 施工安全一般常识

① 严禁非专业人员私自操作任何机械，施工现场的电工必须经有关部门培训，考核合格后持证上岗。

② 必须按照施工现场临时用电施工组织设计及有关电气安装技术操作规程，安装和架设现场施工所用的高压、低压设备及线路。

③ 所有绝缘检验工具，应妥善保管，严禁他用，并应定期检查检验。

④ 严禁线路带负荷接电或断电，并严禁带电操作。

⑤ 有人触电，应立即切断电源，进行急救；电气着火，应立即切断有关电源，使用干砂或干粉灭火器灭火。

⑥ 现场变配电高压设备无论是否带电，单人值班严禁超越遮栏和从事修理工作。

⑦ 在高压带电区域内部分停电工作时，作业人员与带电部分应保持安全距离，并须安排专人监护。

⑧ 电箱设置必须严格按照“三级配电两级保护”。一级漏电保护器的额定漏电动作电流为 30 ～ 100mA，额定漏电动作时间小于 0.1s ；二级漏电保护器的额定漏电动作电流应小于 30mA，额定漏电动作时间小于 0.1s ；在潮湿和有腐蚀介质场所使用的漏电保护器应采用防溅型产品，额定漏电动作电流应小于 15mA，额定漏电动作时间小于 0.1s。所有电箱均应标明其名称、用途、分路标记，并配锁。

⑨ 严禁赤脚、穿拖鞋 / 高跟鞋及不佩戴安全帽的作业人员进入施工现场作业。

⑩ 严禁在施工现场玩耍、吵闹和高空抛掷材料、工具等一切物资。

⑪ 进入施工现场必须佩戴安全帽，扣好下颏带，并正确使用劳动防护用品，安全帽应有“三证一标”，即生产许可证、产品合格证、安全防护证和安全标志。安全帽应定点统一采购，质量必须可靠。佩戴安全帽时，帽衬与帽壳内顶应保持 25 ～ 50mm 的距离，戴正安全帽，经常检查安全帽是否完好。当发现帽衬内顶带、护带、托带、拴绳、下颏带、插件损坏等异常情形时，必须停止使用，及时修复或更换配件。施工现场严禁存放已破损的或不符合安全要求的安全帽。

⑫ 高处作业人员应使用符合国家标准的安全带。安全带应定点统一采购，质量必须可靠。每次使用前必须全面检查，当发现织带和围杆绳出现磨损、折痕、破损，弹簧扣、卡子、环、钩使用不灵活或不能扣牢，出现金属配件腐蚀、变形等异常情形时，必须停止使用。安全带使用期为 36 ～ 60 个月，发现异常应提前报废。

⑬ 作业人员在 2 米以上的高处悬空作业，无安全设施的必须系好安全带，扣好保险扣。

⑭ 各种电动机械必须要用可靠有效的安全接地和防雷装置。

⑮ 工程项目开工前必须实行逐级安全技术交底制度，安全技术交底应结合项目特点，做到具体、明确、针对性强。

⑯ 为提醒或阻止作业人员的某些不安全行为，应在施工及维护现场有较大危险因素的部位、场所或设备、设施上悬挂或置放明显的安全警示标志。

⑰ 有锋刃的各种工具（例如，钻、凿、刀、锯、刨等）严禁插入腰带和衣服口袋内；

工具在工具袋内存放时要平放，不可朝上向外；使用过程中严禁放置在走线架、机架及金属梯等高处。

⑱ 各类起子、扳手等工具应做好绝缘。除了起口裸露外的金属部分，起子的其他部分都可用热缩套管或绝缘胶带绝缘完整。裸露部分不应超过 10mm，绝缘部分如有破损需及时重新绝缘。除了扳口，扳手的其他金属部分可用热缩套管或绝缘胶带绝缘完整。

⑲“三不伤害”原则是我国为减少人为事故而采取的在施工过程中作业人员互相监督的原则，具体为不伤害自己、不伤害他人、不被他人伤害。

2. 设备搬运安全常识

搬运设备时，作业人员应对所使用的杠、绳、链、撬棍、滑车、抬钩、绞车、跳板等搬运工具进行检查，保证能够承担足够的负荷。严禁使用有破损腐蚀的设备。

人工挑、抬、扛时应注意以下事项。

① 抬扛设备时，设备捆绑必须牢靠。搬运设备时，应有专人指挥，步调一致。上楼梯或拐弯时要慢行，前后的人要互相照应，多人合作时应按照身高、体力妥善安排位置，保证负重均匀。

② 手搬、肩扛设备时应搬扛设备的牢固部位，严禁抓碰布线、盒盖、零部件等不牢固、不能承重的部位。搬运蓄电池、硫酸、稀料等危险品时，必须轻拿轻放，防止摔倒或溢出的液体伤人。搬运蓄电池组时，必须使用专用的搬运带搬运。

③ 抬扛电杆或笨重物体时，应使用垫肩。抬扛时要顺肩抬，脚步一致，过坎、沟、泥泞路时，应统一听从指挥，稳步前进。必要时应有备用人员替换作业。

短距离采用滚筒等撬运、拉运重物时，应注意以下事项。

① 重物下面所垫滚筒（滚杠）应保持两根以上，如遇软土应垫木板或铁板，以免下陷。

② 撬拉点应放在重物允许的受力位置，滚移时要保持左右平衡，上下坡应注意用三角枕木等随时支垫或用绳索拉住物体缓慢移动。

③ 注意滚杠和重物移动方向，作业人员不可站在滚筒（滚杠）移动的方向，以免被压伤。

用跳板和坡度坑进行装卸时应注意以下事项。

① 坡度坑的坡度应小于 30°，坑位应选择坚实土质处，必要时上下车位置应设挡土板，以免塌方伤人。

② 普通跳板应选用坚实木板，跳板上端必须用绳固定牢固。当遇雨、冰或地滑时，

除了清除泥水，还应在地上铺垫草包、粗砂防滑。当装卸较重物品时，应在跳板中间位置加垫支撑。使用跳板前，应仔细检查有无破损、开裂、腐蚀等现象。

汽车运载行驶必须严格遵守交通规则，严禁超载。载物的长、宽、高不得违反装载规定。如果运载超限的不可解体的物品，影响交通安全，应按照相关交通管理部门指定的时间、路线、速度行驶，并悬挂明显的警示标志。

设备传递严禁抛掷，堆放设备应不妨碍交通。辅材更要随时放好，必要时应设专人看管，以免碰伤行人，影响其他车辆通行。

搬运设备时，应提前规划好路线，且搬运人员严禁手抓设备裸露的电缆、铜排等，搬运时应安排人员统一指挥。

3. 铁件安装的安全常识

（1）切割铁件

① 严禁在设备机房使用切割机切割铁件，应在机房外指定空旷工作区切割，以防铁屑损坏设备、火花点燃易燃物。确实需要在机房或楼内操作时，应征得建设单位、业主同意后划定工作区域，并进行封闭处理。

② 切割时必须将工件固定牢靠，大件工件的两端需要有人在侧面把扶，工件快要切断时，应放慢速度，扶紧工件，以防工件脱落伤人。

③ 切割完毕后，应用锉刀将切口锉平，除去毛边，以防锋利的切口和毛边伤人。

④ 手工锯工件时，应平衡用力拉锯弓，防止锯条受力不均，从而锯条折断伤人。

（2）钻孔、打洞

① 钻孔、打洞前，应检查钻头是否夹牢、夹正。钻孔时，工件下方应垫木板，且工件应固定牢靠。

② 在地面和设备上方、附近的墙面钻孔、打洞时，必须用吸尘器进行吸尘，避免铁屑、灰尘落入设备内，弄脏墙面。

③ 钻孔时，如果钻头卡住，不可使用蛮力强行操作，必须停止钻动，松开夹头，退出钻头，以防钻头折断飞出伤人。

④ 扩孔时，不可使用同一钻头旋转铣孔，应更换大号钻头扩孔。

⑤ 对墙、天花板打洞和安装吊挂时，应进行现场勘察，并向业主或客户询问和了解隔层内管线情况，必须避开梁柱钢筋和内部管线。所使用的人字梯应放置平稳，专人把扶。吊挂加固钢材必须符合要求，安装必须牢固，间距和垂直度达到规定要求，防止因材质不合格或安装不牢固造成坍塌事故。

（3）去锈、刷漆

① 去锈、油漆时，应佩戴口罩、防护眼镜和手套。

② 刷漆现场必须配有消防设备，严禁吸烟和使用明火。

③ 废漆和用于清洗的废液严禁乱倒乱丢，应集中处理。

（4）铁架（槽道、走线架）的安装

应配备足够的施工机具，超过 2m 以上作业时，应使用安全带。安装时应由专人负责抬运，统一指挥，以防铁架、器件坠落伤人或作业人员跌落受伤。所有加固连接必须牢固、可靠。

2.2.2　常用工具安全操作规程

1. 测量划线工具

测量划线工具如图 2-11 所示。

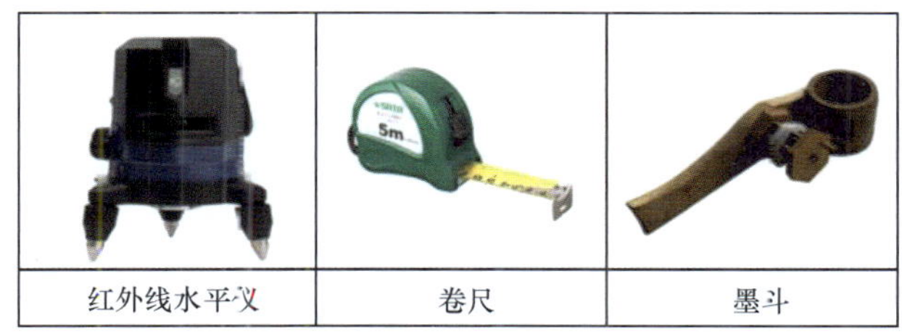

红外线水平仪	卷尺	墨斗

图 2-11　测量划线工具

（1）红外线水平仪

红外线水平仪的功能如下。

① 红外线水平仪能测量平面是否凹凸不平或刮花等。

② 输出激光垂直面和水平点。

③ 红外线水平仪有水平珠，能检测水平面是否水平。

④ 红外线水平仪有 LED 灯珠，即使在晚上也可以看清水平珠。

⑤ 红外线水平仪可加磁铁吸附功能，更实用、方便。

使用红外线水平仪时应注意以下事项。

① 使用前，认真检查工作面是否有碰伤、划痕、锈蚀，水准器是否清洁、透明及安装是否牢固；气泡移动是否平稳。

② 测量前，必须认真擦洗干净红外线水平仪的测量面，否则会影响测量结果的准确性。

③ 测量时，应尽量避免温度的影响，为降低温度的影响，可在气泡两端取数并取其平均值作为测量结果。

④ 测量时，要等气泡稳定后再在垂直于水准器的位置上读数。

⑤ 注意保护红外线水平仪的各工作面不要划碰，使用后清洗干净放入盒内，不要放在高温或容易振动的地方。在运输过程中，要在盒内外放置切碎的纸屑或棉纱，以防振动而损坏。

（2）卷尺

卷尺的尺带一般为镀铬、镍或其他涂料，要保持尺带清洁，测量时不要使其与被测表面摩擦，以防划伤。使用卷尺时，严禁用力拉出尺带，而应缓慢拉出，用完后应让尺带缓慢退回。对于制动式卷尺，应先按下制动按钮，然后缓慢拉出尺带，用毕后按下制动按钮，尺带自动收卷。尺带只能卷，不能折。不可将卷尺放在潮湿和有酸类气体的地方，以防锈蚀。为了便于夜间或无光处使用，有的卷尺的尺带的线纹面上涂有发光物质，在黑暗中能发光，使人能看清楚线纹和数字，在使用过程中应注意保护涂膜。

（3）墨斗

墨斗的功能如下。

① 做长直线（在泥、石、瓦等行业中也是不可缺少的），方法是将濡墨后的墨线一端固定，拉出墨线牵直拉紧在需要的位置，再提起中段弹下即可。

② 墨仓蓄墨，配合墨签和拐尺用以画短直线或者作记号。

③ 画竖直线（当铅锤使用）。

使用墨斗时应注意以下事项。

墨斗的原理是由墨线绕在活动的轮子上，墨线经过墨斗轮子缠绕后，端头的线拴在一个定针上。使用时，拉住定针，在活动轮的转动下，抽出的墨线经过墨斗蘸墨，拉直墨线，在木材上弹出需要加工的线。

① 打线时，先在蘸斗中倒入一定的墨汁，墨汁量的多少要以渍满棉线为准，然后用木尺量出即将打线锯刨的尺寸，用墨斗中的划尺子蘸墨点出相关标记点。

② 点完标记后，作业人员立于工作凳的左边，右手握住墨斗车身，左手将“勾权”卡于木板一端，沿标记点拉引墨线至另一端，用大拇指卡住墨线出口，并向下按压墨线，使两端绷紧，然后在墨线中央用左手拇指与食指一起向上提线，接下来全线一弹，木料就印上了一条清晰的线。

③ 如果墨汁较淡，可提弹数次，直至清晰为止。打完线后，作业人员用右手旋转

摇把将墨线回收到木轮上即可。

④ 使用墨斗弹线时，作业人员的胳膊一定要垂直提线，墨线要绷得松紧适中，否则会因墨线松弛或方向不定而造成弹线不直，影响加工。一般来讲，1 ～ 3m 长的木料一人操作就可完成，如果木料长度超出 4m，必须由两人共同完成。

墨斗如图 2-12 所示。

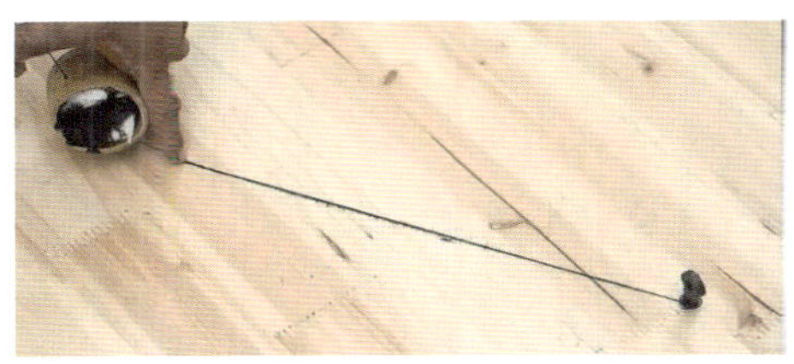

图 2-12　墨斗

2. 紧固工具

紧固工具如图 2-13 所示。

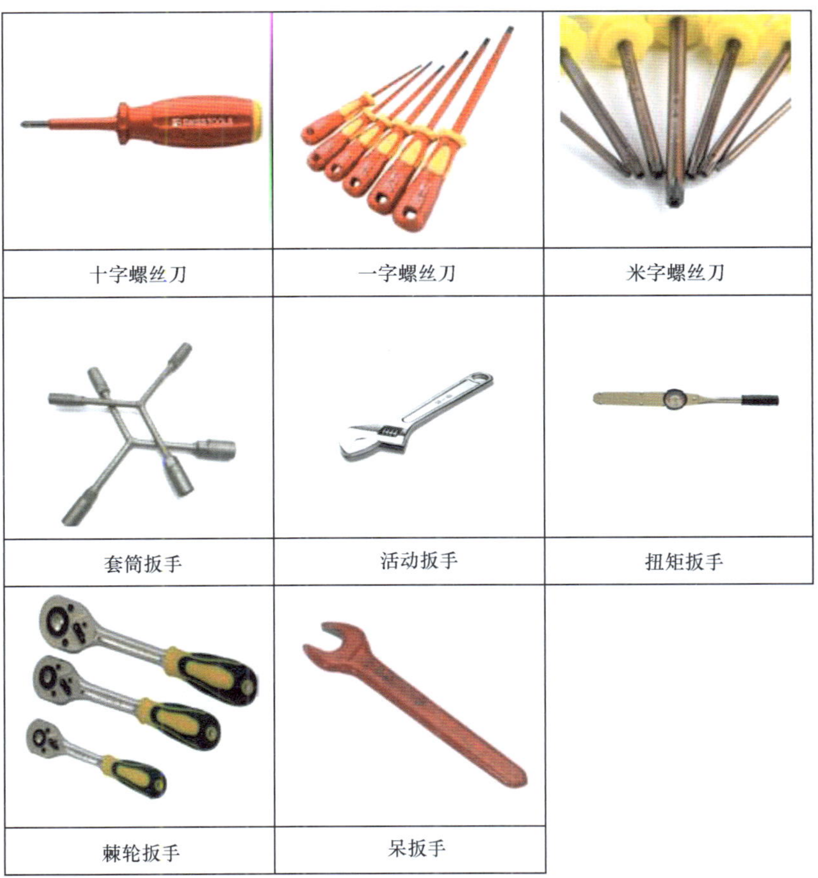

图 2-13　紧固工具

（1）螺丝刀

螺丝刀的使用方法如下。

① 以右手握持螺丝刀，手心抵住柄端。

② 让螺丝刀刀口端与螺栓或螺钉的槽口处于垂直吻合状态。

③ 用力将螺丝刀压紧后再用手腕用力扭转螺丝刀。

④ 当螺栓松动后，用手心轻压螺丝刀柄，用拇指、中指和食指快速转动螺丝刀。

螺丝刀是一种手用工具，主要用来旋动头部带一字或十字的螺钉，柄部由木材或塑料制成。使用螺丝刀时应注意以下事项。

① 电工必须使用带有绝缘手柄的螺丝刀。

② 使用螺丝刀紧固或拆卸带点的螺钉时，手严禁触及螺丝刀的金属杆，以免发生触电事故。

③ 为了防止螺丝刀的金属杆触及皮肤或触及相邻带电体，应在金属杆上套装绝缘管。

④ 使用时应注意选择与螺钉槽相同且大小规格相应的螺丝刀。

⑤ 切勿将螺丝刀当做錾子使用，以免损坏螺丝刀手柄或刀刃。

（2）套筒扳手

套筒扳手适用于拆装位置狭窄或需要一定扭矩的螺栓或螺母。

套筒扳手的使用方法如下。

① 根据被扭件选择规格，将扳手头套在被扭件上。

② 根据被扭件所在位置选择合适的手柄。

③ 扭动前必须把手柄接头安装稳定才能用力，防止打滑脱落伤人。

④ 扭动手柄时用力平稳，用力方向与被扭件的中心轴线垂直。

使用套筒扳手时应注意以下事项。

① 如果发现套筒及扳手手柄变形或有裂纹时，应停止使用。

② 使用套筒扳手时要注意选择合适的规格、型号，以防滑脱伤手。

③ 套筒必须与螺栓或螺母的形状与尺寸相适合，一般不允许使用外接加力装置。

（3）活动扳手

活动扳手主要是用于旋紧六角形、正方形螺栓和各种螺母的工具。

活动扳手的使用方法如下。

① 使用时，右手握住手柄并靠近固定钳口位置。

② 用大拇指调制涡轮将钳口调整到与螺栓或螺母的对边距离同宽，并使其贴紧。

③ 让扳手可动钳口承受推力，固定钳口承受拉力。

④ 活络扳手的扳口夹持螺母时，固定钳口在上，活动钳口在下。

使用活动扳手时应注意以下事项。

① 使用其他扳手时，最好不要使用活动扳手紧固螺栓，避免伤人和损坏螺栓。

② 使用活动扳手时不能相互敲打。

③ 不可用于拧紧力矩较大的螺栓、螺母，以防损坏扳手活动部分。

（4）扭矩扳手

扭矩扳手主要用来控制螺纹件旋紧力矩、测量旋转件的起动转矩，以检查配合、装配情况。

扭矩扳手的使用方法如下。

① 使用前，必须调整零位，旋转表盖上的旋钮（右旋时顺时针旋转，左旋时逆时针旋转），使记忆指针与主动指针指向刻度盘的零位刻线。

② 使用时，将扭矩扳手的方榫与紧固件对接，然后缓慢平稳地施加扳拧力，直至记忆指针指向所需的扭矩值。

③ 使用结束后，停止施力，主动指针自动恢复零位，记忆指针仍停留在指示的刻度上，并准确读出扭矩值。

使用扭矩扳手时应 注意以下事项。

① 应根据紧固件的扭矩值要求选用合适的型号，严禁超范围使用。

② 扭矩扳手是一种精密的扭矩计量器具，必须精心使用，严禁敲击、磕碰、扔掷等。

③ 可双向使用，但不允许用来松动紧固件，防止因过载而影响示值精度。

（5）棘轮扳手

在拆卸或组装时，可以连续不断地转动棘轮扳手，它是一种手动快速进行螺母松紧的工具。

棘轮扳手的使用方法如下。

① 根据要旋动的螺栓或螺母选择合适大小的棘轮。

② 根据旋动的方向选择合适方向的棘轮或者调整双向棘轮的方向。

③ 将棘轮套住螺栓或螺母旋动即可。

使用棘轮扳手时应注意以下事项。

① 使用前，调整正确的棘轮方向。

② 选择合适的转接杆、套筒头或块扳手，并组合使用。

③ 紧固力矩不能过大，否则会损坏棘轮扳手。

④ 使用时，棘轮要和螺栓或螺母完全吻合。

⑤ 在使用套筒的过程中，左手握紧手柄与套筒连接处，切勿摇晃，以免套筒滑出或损坏螺栓和螺母的棱角。朝向自己的方向用力，可防止滑脱，避免手部受伤。

3. 钳工工具

各类钳工工具如图 2-14 所示。

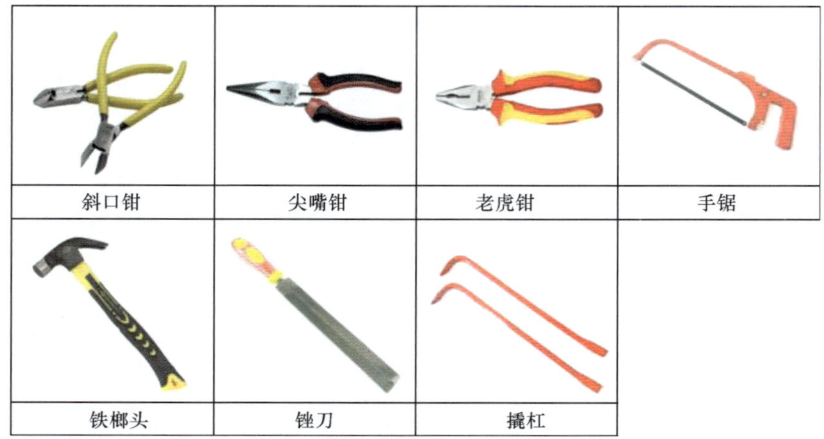

图 2-14　各类钳工工具

（1）斜口钳

斜口钳主要用于剪切导线和元件多余的引线，还常用来代替一般剪刀剪切绝缘套管、尼龙扎线卡、扎带、胶带等。

使用斜口钳时先将所要剪短的物品放入刀口内，然后用力捏紧两个剪柄，斜口钳剪扎带时要紧贴端口，以保持切口平整。

使用斜口钳时应注意以下事项。

① 斜口钳不可用于剪断较粗、较硬的物品（钢丝、钢片），以及有韧性的材料，以免弄伤刀口。

② 剪线时钳口朝下，以免伤人。

③ 剪导线扎带时要小心，以免伤到导线。

（2）尖嘴钳

尖嘴钳主要用来剪切线径较细的单股导线与多股导线，以及给单股导线接头弯圈、剥塑料绝缘层等，不带刃口的尖嘴钳只能操作夹捏性的工作，带刃口的尖嘴钳能剪切细小零件。使用时，握住尖嘴钳的两个手柄，进行夹持或剪切工作。

使用尖嘴钳时应注意以下事项。

① 使用时注意刃口不要朝向自己，以免伤害到自己。

② 不使用尖嘴钳时，要保存好，以防生锈。

（3）老虎钳

老虎钳的作用如下。

① 齿口可用来紧固或拧松螺母。

② 刀口可用来剖切软电线的橡皮或塑料绝缘层，也可用来剪切电线、铁丝。

③ 铡口可用来切断电线、钢丝等较硬的金属线。

④ 钳子的绝缘塑料管耐压 500V 以上，可以带电剪切电线。

⑤ 多用来起钉子或夹断钉子和铁丝。

老虎钳的使用方法如下。

① 用来紧固或者松动螺母时，张开钳口夹住螺母，然后捏紧钳柄，旋转钳子即可。

② 用来剪切时先把被剪部件放入刀口部分，然后用力捏紧钳柄。

③ 用来拔钉时，用钳嘴夹住钉子，捏紧钳柄，用力拔出即可。

使用老虎钳时应注意以下事项。

① 严禁用普通钳子带电作业，带电作业请使用电讯压线钳。

② 剪切紧绷的金属线时应做好防护措施，防止被剪断的金属线弹伤。

③ 禁止将钢丝钳作为敲击工具使用。

（4）手锯

手锯是用来手工切割、去除毛刺的工具。手锯的使用方法如下。

① 穿戴劳动防护用品。劳动防护用品穿戴齐全、工整。

② 准备工具。选择并检查操作时所用的工具、用具，放置到合适位置。

③ 夹持工件。将金属工件在压力钳（或台虎钳）内夹紧。

④ 量取锯割长度并划线。工件伸出钳口不应过长或过短，应根据工件形状、材质选择预留锯割位置与钳口长度。用钢卷尺或直尺量出割锯长度，并画线。

⑤ 根据管材选择合适的锯条。锯条的粗细应根据加工材料的硬度、厚度来选择。

⑥ 安装锯条。锯齿向前，松紧适度。

⑦ 锯割。

• 起锯时，采用远边起锯或近边起锯，割出锯口，起锯角度应小于 15°。锯割时应先从棱边倾斜锯割再转平面锯割，否则锯齿会被折断。

• 锯割时，右手握住锯柄，左手压在锯弓前上部，身体稍向前倾，两脚距离适当，运锯时上身移动，两脚保持不动，并不断给锯口加入机油。

• 锯条往返要走直线，并用锯条全长进行锯割。推锯时要用力，返回时不要用力。两臂、两腿和上身协调一致，两臂稍弯曲，同时用力推进。运锯速度适中。锯硬质工件时每分钟 30 ～ 40 次，锯软质工件时每分钟 50 ～ 60 次。快锯完时，压力要轻，速度要慢，并用手扶住工件。

⑧ 收拾保养工具、用具，并清理现场。将所用工具、用具收回原位并保养，恢复原状后摆放整齐，擦净工具。操作完毕。

使用手锯时应注意以下事项。

① 手锯向前推时进行切割，向后返回时不起切削作用，因此安装锯条时应将锯齿向前。锯条的松紧要适当，太紧会失去应有的弹性，锯条容易崩断；太松则会使锯条扭曲，锯缝歪斜，锯条也容易崩断。

② 工件要夹紧，工件伸出钳口不宜过长。

③ 工件较长时，尾部应用支架支撑。

④ 如果工件太小，应用三角锉或刀锉起口，然后锯割。

⑤ 更换锯条，应在重新起锯时更换，中途更换会夹锯。

⑥ 工具要轻拿轻放，避免互相敲击和碰撞；操作要平稳，规格型号要配套。

（5）铁榔头

铁榔头是敲打物体使其移动或变形的工具，常用来敲钉子，矫正或将物件敲开。

铁榔头的使用方法如下。

① 根据敲击部件的大小选择合适的榔头。

② 紧握榔头，用榔头敲击部件。

使用铁榔头时应注意以下事项。

① 榔头与手柄连接必须牢固，如果发现榔头与手柄松动、手柄有裂纹的情况，绝不能使用铁榔头。

② 为了在击打时有一定的弹性，手柄中间靠顶部的位置要比末端稍窄。

③ 使用榔头时必须注意前后、左右、上下，在榔头运动范围内严禁站人。

④ 榔头禁止淬火，不能有裂纹和毛刺，发现飞边卷刺应及时修整。

（6）锉刀

锉刀主要用来锉削加工和工件打磨。

锉刀的使用方法如下。

① 右手握住锉刀柄，左手握住锉刀的前端，一般锉削和精锉削握法略有不同。

② 锉削的姿势和锯削相同，锉削时身体应保持平稳，锉刀应保持水平，不可摇晃。往前锉削时用力，退回时不要用力。

使用锉刀时应注意以下事项。

① 禁止用新锉刀锉硬金属。

② 禁止用锉刀挫淬火材料。

③ 锉硬皮或粘砂的锻件和铸件时，须在砂轮机上将其磨掉后，才可用半锋利的锉刀锉削。

④ 新锉刀应先使用一面，在该面磨钝后，再用另一面。

4. 专用工具

动力建设常用的专用工具如图 2-15 所示。

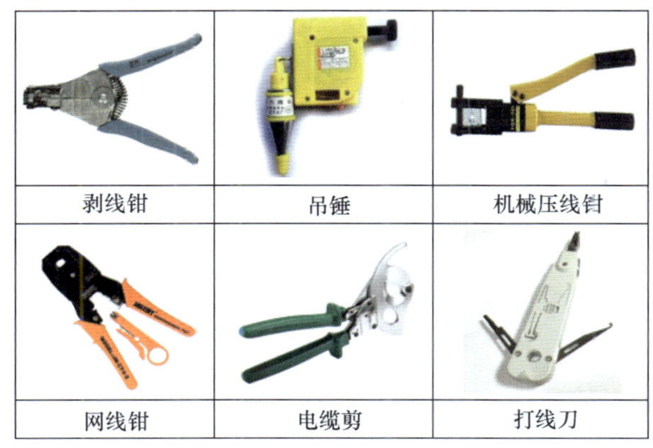

图 2-15　动力建设常用的专用工具

（1）剥线钳

剥线钳是制作细缆时的必备工具，用来剥掉细缆导线外部的两层绝缘层。

剥线钳的使用方法如下。

① 根据电缆的粗细和型号，选择相应的剥线刀口。

② 将准备好的电缆放在剥线钳的刀刃中间，选择要剥线的长度。

③ 握住剥线钳手柄，将电缆夹住，缓缓用力使电缆外表皮慢慢剥落。

④ 松开剥线钳手柄，取出电缆线，这时电缆金属整齐地露出外面，其余绝缘塑料完好无损。

使用剥线钳时应注意以下事项。

① 操作时要戴上护目镜。

② 为了断片不伤及周围的人和物，请确认断片飞溅的方向再切断。

③ 务必关闭刀刃，放置在幼儿无法伸手拿到的安全位置。

（2）吊锤

吊锤主要用于测量和测绘领域，用来检测物体是否与地面垂直，也可用于垂直取点。

吊锤的使用方法如下。

① 将垂线紧靠要检测或取点的物体。

② 竖直放下铅垂，稳住铅垂不让其左右晃动，待铅垂静止后可检测或取点。

（3）机械压线钳

机械压线钳运用液压原理产生强大的压力，从而完成很粗的钢线缆、电缆、高压电线的铆接、压接。

机械压线钳的使用方法如下。

机械压线钳将进回油开关以顺时针方向拧紧并反复摇动手柄，注视模具，当上下模具碰在一起时则表示压接完毕。如果作业人员未注意而继续摇动，则泵浦会发生咔嚓声音，表示安全保护装置打开，活塞停止前进，此时应将回油开关以逆时针方向转动，活塞回到原来位置。

注意：模具没有装上时，不能压接，以免活塞、钳口损坏。

使用机械压线钳时应注意以下事项。

① 应注意模具要与铜鼻子尺寸相匹配，且压接次数要根据铜鼻子的大小确定，一般以 3 次为宜。

② 禁止对一般压线钳开展带电作业。带电作业应使用电讯压线钳，并且钳头金属材料的一部分应与带电体保持一定的间距，作业人员的手与电讯压线钳的金属材料的一部分应保持 2cm 以上的间距。

③ 剪切绷紧的金属线时要做好防护措施，以防被剪切后的金属线弹伤。

④ 在使用机械压线钳时，切忌磕伤、损坏或烫伤绝缘摇杆，且应留意防水。

⑤ 严禁将机械压线钳作为敲打的专用工具。

⑥ 钳轴应常涂润滑油，以防止锈蚀。

⑦ 根据使用环境和应用对象，挑选适合的规格和型号的机械压线钳。

（4）网线钳

网线钳是用来压制水晶头的一种工具。

网线钳的使用方法如下。

① 先用网线钳把网线外皮剥去（注意不要切断里面的线芯）。

② 将线芯分出一条一条的线，然后按标准顺序排列好，再将线排成一排，用手指夹住并拉直。

③ 把这 8 条线插入水晶头，让每条线的线头都能接触到金属脚上，再把线连同水晶头插到网线钳上的压线口，注意不要让线脱离。

④ 用力压下网线钳。

使用网线钳时应注意以下事项。

① 在去外皮的操作过程中，避免切掉的外皮过长，内部缠绕线不宜做过多的解绕，这样会增大线间的串扰。

② 在剥双绞线外皮时，手握网线钳要适当，不要使剥线刀刃口间隙过小，以防止损伤内部线芯。即使线芯没有被完全剪断，双绞线在使用时经过多次插拔也极易被折断。

③ 在排列线序的过程中，要确保各颜色线排列顺序准确。

④ 在剪线齐头的过程中，保留的长度要准确，各颜色线的切口要整齐。过长会导致双绞线外皮无法插入 RJ-45 水晶头中，缩短双绞线的使用寿命；过短或切口不齐会导致各颜色线不能完全插入 RJ-45 水晶头中，无法保证 RJ-45 水晶头的铜片被正常地压入色线中，也就无法保证网线的连通。

（5）电缆剪

电缆剪是一种专门用于剪切电缆的剪钳，两刃交错，可以开合。

电缆剪的使用方法如下。

① 逆时针方向旋转橡胶手柄，向后拉将伸缩手柄拉出，顺时针方向旋转橡胶手柄，锁紧手柄。

② 将活动手柄向下压与止退钮碰撞，松开内部各锁紧机构，使动刀片开合自如。

③ 打开动刀片，卡住电缆后合上动刀片，连续往复抬压活动手柄，直至电缆被剪断。

④ 在剪切过程中，如果要退刀，只需将活动手柄向下压与止退钮碰撞，则可将动刀片脱开，完成退刀。

使用电缆剪时应注意以下事项。

① 在使用电缆剪前，务必先查验绝缘柄是否完好无损。

② 在使用电缆剪时，不应用电缆剪裁切超出规格和型号所允许的金属线材，严禁用电缆剪替代锤子敲打专用工具，避免损坏电缆剪。

③ 在使用电缆剪时，切忌将绝缘手柄磕伤、损坏或烫伤，且应留意电缆剪要时刻防水。

④ 为避免电缆剪锈蚀，要经常在钳轴涂油。

⑤ 进行感应起电实际操作时，作业人员的手与电缆剪的金属材料的一部分必须保持 2cm 以上的间距。

⑥ 电缆剪分为绝缘电缆剪和不绝缘电缆剪，在进行感应起电的实际操作时应留意区别，以防被强电伤害。

⑦ 严禁在持续剪切的过程中晃动电缆剪。

（6）打线刀

打线刀是一种综合布线的专业打线工具，主要用于将线缆插入网络 / 电话配线架，以及网络 / 电话模块、表面安装盒的绝缘置换连接器上。

打线刀的使用方法如下。

① 将线序排列后，把打线刀放在打线位置。

② 用力下压打线刀，并将打线刀的切线口朝外，切断多余的线缆。

③ 完成打线。

④ 连接终端设备。

打线刀的使用注意事项如下。

① 刀口务必朝外，如果刀口向内，压入线缆的同时也切断了铜线。

② 打线刀应垂直插入模块，如果未垂直插入模块，将撑开金属片，使金属片再也不具备咬合的能力，并且打线柱也会歪掉，难以修复，会直接导致模块报废。

5. 辅助工具

动力建设常用的辅助工具如图 2-16 所示。

（1）记号笔

记号笔可在纸张、木材、金属、塑料、搪瓷、陶瓷等多种材料上做标志。记号笔应使用油性记号笔。在电缆等部位使用记号笔，注意后期应能擦除，防止影响美观。

（2）美工刀

美工刀一般用作切、刻、削，在数据中心施工过程中，一般使用美工刀进行电缆破皮。

美工刀的使用方法和注意事项如下。

① 美工刀的刀身比较脆弱，在使用过程中不要把刀身伸得过长。

② 美工刀应随用随收，且严禁将刀口对着人。

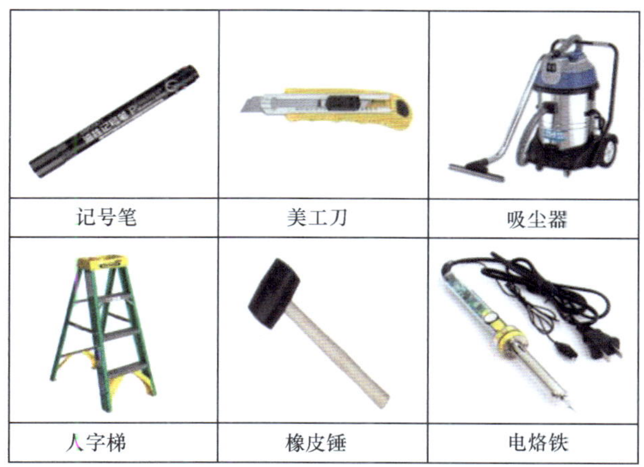

图 2-16　动力建设常用的辅助工具

（3）吸尘器

吸尘器可用来吸除灰尘，净化空气，清理角落的细小的灰尘和杂物。

吸尘器的使用方法和注意事项如下。

① 在使用前，应检查各零部件是否完好，如有破损、漏风的地方要及时修理、更换。

② 在使用吸尘器前，应将场所中较大的杂物、纸片清理干净，避免在工作时被吸入管内导致堵塞吸尘器的进风口或尘道。

③ 干式吸尘器禁止吸潮湿的泥土或污水，避免损坏吸尘器。

④ 要定期给吸尘器的电机轴承加润滑油，如果经常使用，每月至少给吸尘器加一次润滑油。

⑤ 吸尘器的电机碳刷在长期使用后会出现磨损，应定期更换新的碳刷。

⑥ 在不使用吸尘器的时候，应把吸尘器放置在干燥通风的地方。

（4）人字梯

人字梯是目前使用比较广泛的一种登高工具。

人字梯的使用方法如下。

① 使用人字梯的作业人员要经过部门登高作业安全培训。

② 作业前对作业人员进行安全交底。

③ 平时要做好人字梯的检查、维护、保养。

④ 放置人字梯的位置应平整坚固。

⑤ 上下人字梯时应面朝人字梯，要做到 3 点接触，每次只能跨一横挡板，手中严禁拿其他任何物品（包括工具、材料等），保持身体的重心在人字梯的中间位置。

⑥ 使用人字梯时，严禁超过人字梯倒数第三横挡板以上部位，必须保证始终有人把扶人字梯，作业人员上到 2m 高度时必须系挂安全带。

⑦ 在人字梯上工作时所需要的所有工具和材料应通过人字梯把扶人员以外的第三人来传递（或使用绳索上下传递），禁止上下抛、投、扔工具和材料。

使用人字梯时应注意以下事项。

① 人字梯的材质是否满足工作场所的特殊要求（例如，带电区域不允许使用金属人字梯且需要做好绝缘，酸碱腐蚀区域不允许使用易受酸碱腐蚀的铝合金材质人字梯等）。

② 人字梯严禁放在门口、通道口和通道拐弯处等。如果必须放置在上述位置，则必须确保门已上锁或不会突然有人闯入通道而撞倒人字梯。

③ 人字梯中间的拉杆必须可靠固定，人字梯顶部严禁站人。

④ 严禁两人同时使用同一个人字梯，如果需要重新安放人字梯，则必须要求作业人员从人字梯上下来。

⑤ 登高超过 2m 为高处作业，需要配备安全带。正常运行的机房内不允许使用铝合金等金属人字梯，需要使用玻璃钢材质的人字梯。

（5）橡皮锤

橡皮锤主要是用于敲击玻璃、橡胶、电缆等设备的易损部件，尽可能不损坏物体表面。

橡皮锤的使用方法和注意事项如下。

① 锤头禁止淬火，不能有裂纹和毛刺，发现飞边卷刺应及时修整。

② 锤头与把柄连接必须牢固，若发现锤头与锤柄连接松动、锤柄有劈裂和裂纹的情况，则不能使用橡皮锤。锤头与锤柄在安装孔的加楔，以金属楔最佳，楔子的长度不要大于安装孔深的 2/3。

③ 使用大锤时，在大锤运动范围内严禁站人，严禁用大锤与小锤互打。

（6）电烙铁

电烙铁是电子制作和电器维修的必备工具，主要用途是焊接元件及导线。

电烙铁的使用方法如下。

① 选用合适的焊锡丝和助焊剂。

② 使用电烙铁前要上锡，具体方法是：将电烙铁烧热，待刚刚能熔化焊锡时，涂上助焊剂，再将焊锡均匀地涂在烙铁头上，使烙铁头均匀地裹上一层锡。

③ 焊接时，把焊盘和元件的引脚用细砂纸打磨干净，涂上助焊剂。用电烙铁头沾取适量焊锡，接触焊点，待焊点上的焊锡全部熔化并浸没元件引线头后，电烙铁头沿着元器件的引脚轻轻往上一提，快速离开焊点即可完成焊接。

④ 焊接时间不宜过长，否则容易烫坏元件，必要时可用镊子夹住管脚帮助元件散热。

⑤ 焊点应呈正弦波峰形状，表面应光亮圆滑，无锡刺，锡量适中。

⑥ 焊接完成后，要用酒精把线路板上残余的助焊剂清洗干净，以防助焊剂碳化影响电路的正常工作。

⑦ 集成电路应最后焊接，电烙铁要可靠接地，或断电后利用余热焊接。也可以使用集成电路专用插座，焊好插座后再把集成电路插上去。

⑧ 电烙铁应放在烙铁架上。

电烙铁的使用注意事项如下。

① 使用电烙铁前应检查使用电压是否与电烙铁标称电压相符。

② 电烙铁通电后不能任意敲击、拆卸及安装其电热部分的零件。

③ 电烙铁应保持干燥，不宜在过分潮湿或有水的环境下使用。

④ 拆烙铁头时，要切断电源。

⑤ 切断电源后，最好利用余热在烙铁头上涂抹一层锡，以保护电烙铁头。

⑥ 当电烙铁头上出现黑色氧化层，可用细砂纸擦去，然后通电，并立即上锡。

6. 常用仪表

动力建设常用仪表工具如图 2-17 所示。

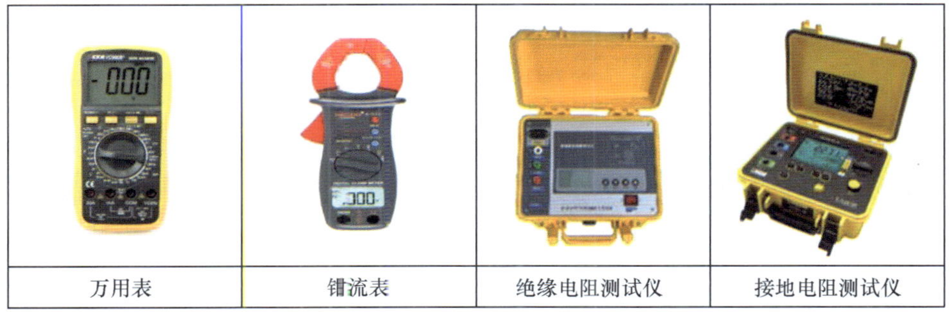

图 2-17　动力建设常用仪表工具

（1）万用表

万用表是一种多功能、多量程的测量仪表，万用表一般可以测量直流电流、直流电压、交流电流、交流电压、电阻和音频电平，还可以测量电容量、电感量及半导体的一些参数。

万用表的使用方法如下。

① 使用万用表前，应认真阅读使用说明书，熟悉刀盘、按钮、插孔的作用。

② 将刀盘拨离“OFF”位置即为开机。

③ 根据需要将刀盘拨到相应位置，将表笔插入相应的插孔。

④ 表笔端接入电路，进行测量。

使用万用表时应注意以下事项。

① 注意正确选择量程及红表笔插孔。测量未知量时，首先应把量程调到最大，然后从大向小调整，直到合适为此。若显示“1”，则表示过载，应加大量程。

② 不使用万用表时，应随手关闭电源。

③ 改变量程时，表笔应与被测点断开。

④ 测量电流时，切忌过载。

⑤ 严禁用电阻挡和电流挡测电压。

（2）钳流表

钳流表可以在不切断电路的情况下测量电流。

钳流表的使用方法如下。

① 使用高压钳流表时应注意钳流表的电压等级，严禁用低压钳流表测量高电压回路的电流。用高压钳流表测量时，应由两人配合操作，测量时应佩戴绝缘手套，站在绝缘垫上，严禁触及其他设备，以防止短路或接地。

② 当电缆有一相接地时，严禁测量。防止因电缆头的绝缘水平低，发生对地击穿爆炸而危及人身安全的情况。

③ 钳流表完成测量后应把开关拨至最大挡，以免下次使用时不慎过流，并应将其保存在干燥的室内。

④ 观测表计时，要特别注意保持头部与带电部分的安全距离，作业人员的人体任何部位与带电体的距离必须大于钳流表的整个长度。

⑤ 钳流表在高电压回路上测量时，禁止用导线从钳流表另接表计测量。用钳流表测量高压电缆各相电流时，电缆头线间距离应在 300mm 以上，且绝缘良好。

⑥ 钳流表测量低压可熔保险器或水平排列低压母线电流时，应在测量前将各相可熔保险或母线用绝缘材料保护隔离，以免引起相间短路。

使用钳流表时应注意以下事项。

① 为了防止绝缘击穿和人身触电，被测线路的电压严禁超过钳流表的额定电压，更不能测量高电压回路的电流。

② 测量前应检查钳流表指针是否在零位。如果不在零位，则应调到零位。同时应对被测电流进行粗略估计，选择适当的量程。如果无法估计被测电流，则应先将钳流表置于最高挡位，逐渐下调切换，直至指针在刻度的中间段为止。

③ 应注意钳流表的电压等级，严禁将低压钳流表用于测量高电压回路的电流，以免发生事故。

④ 用钳流表进行测量时，被测导线应置于钳口中央。钳口两个面应接合良好，如果发现振动或有碰撞声，应扳动仪表扳手，或重新开合一次。钳口有污垢时，可用汽油擦拭干净。

⑤ 用钳流表测量大电流后，如果立即测量小电流，应开合钳口数次，以消除铁心中的剩磁。

⑥ 在测量过程中严禁切换量程，以免造成二次回路瞬间开路，避免感应出高电压而击穿绝缘。必须切换量程时，应先打开钳口。

⑦ 在不适合对电流读数的场所进行测量时，可先用制动器锁住指针，然后到读数方便的地点再读数。

⑧ 如果被测导线为裸导线，则必须事先将邻近各相用绝缘板隔离，以免钳口张开时出现相间短路。

⑨ 测量小于 5A 的电流时，为获得准确的读数，可将导线多绕几圈放进钳口测量，实际的电流数值计算方式为读数除以放进钳口内的导线根数。

⑩ 测量时，如果附近有其他载流导体，所测值会受载流导体的影响而产生误差，此时应将钳口置于远离其他载流导体的一侧。

⑪ 每次测量后，应将调节电流量程的切换开关置于最高挡位，以免下次使用时因未选择量程就进行测量而损坏仪表。

⑫ 使用电压测量挡的钳流表，电流和电压严禁同时测量。

⑬ 测量时应佩戴绝缘手套，站在绝缘垫上。读数时要注意安全，切勿触及其他带电部分。

⑭ 使用钳流表时要尽量远离强磁场，以减少磁场对钳流表的影响。测量较小的电流时，如果钳流表量程较大，可将被测导线在钳流表口内绕几圈。

（3）绝缘电阻测试仪

绝缘电阻测试仪主要用来测量电气设备的绝缘电阻。

绝缘电阻测试仪的使用方法如下。

① 绝缘电阻测试仪上一般有 3 个接线柱，其中，L 接在被测物和大地绝缘的导体部分，E 接在被测物的外壳或大地（地线），G 接在被测物的屏蔽层上或接在不需要测量的部分。测量前必须切断被测设备的电源，并对地短路放电。绝不能测量带电设备。对可能感应出高电压的设备，必须消除这种可能性后，才能进行测量。

② 在使用绝缘电阻测试仪时，轻按主机电源的控制开关，指示灯开启。

③ 指示灯开启后，绝缘电阻测试仪完成整个设备的检查，这时，绝缘电阻测试仪的显示器上会出现使用指南，按照使用说明完成下一阶段的操作。

④ 按“工作电压挑选”按钮，依据所需的工作挑选电压。

⑤ 轻按“检测键”，检测系统启动。一旦检测开始，则显示灯会开启高电压状态，并伴随一秒的蜂鸣声和连续的“嘟嘟”声，说明绝缘电阻测试仪有高电压输入。

使用绝缘电阻测试仪时应注意以下事项。

① 长期不使用绝缘电阻测试仪时，应每月定期对电池进行一次充电。不使用和充电时要关闭仪器。

② 绝缘电阻测试仪要存放于干燥、无尘、无腐蚀性气体的环境中。

③ 确认接线无误（测试线禁止拖地）后开机测试，“高压输出”灯亮表示有高电压输出，此时严禁碰触高电压线。测试过程中，严禁插拔测试线或短接输出，以免危及人身安全，损坏仪器。

④ 测试大容量容性负载时，试验完要保证有足够的放电时间，放电后方可拆卸测试线（特大容性负载放电需要超过 1min）。

⑤ 使用绝缘电阻测试仪内部电池测量时，显示暗淡或无法开机，表示电池电量不足，应及时关闭仪器并充电。

（4）接地电阻测试仪

接地电阻测试仪的作用如下。

① 精确测量大型接地网的接地阻抗、接地电阻、接地电抗。

② 精确测量大型接地网场区地表电位梯度。

③ 精确测量大型接地网的接触电位差、接触电压、跨步电位差、跨步电压。

④ 精确测量大型接地网的转移电位。

⑤ 测量接地引下线的导通电阻。

⑥ 测量土壤的电阻率。

接地电阻测试仪的使用方法如下。

① 测量接地电阻。沿被测接地极 E(C2、P2)、电位探针 P1 及电流探针 C1，直线彼此相距 20m，使电位探针处于 E、C 的中间位置，按要求将探针插入大地。

使用专用导线将地阻端子 E(C2，P2)、P1、C1 与探针所在位置对应连接。开启接地电阻测试仪电源开关“ON”，选择合适挡位轻触该键，该挡指示灯亮，表头 LCD 显示的数值即为被测电阻值。

测量接地电阻如图 2-18 所示。

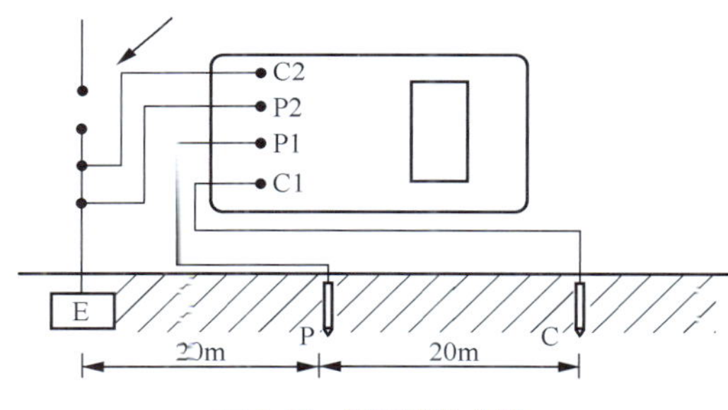

图 2-18　测量接地电阻

② 测量土壤电阻率。测量时在被测的土壤中沿直线插入 4 根探针，并使各探针间距相等，每个探针间距为 L，要求探针入地深度为 L/20cm，用导线分别从 C1、P1、P2、C2 各端子与 4 根探针相连接。若接地电阻测试仪测出的电阻值为 R，则土壤电阻率按下式计算：

$$\Phi=2\pi rL$$

式中：Φ——土壤电阻率；

r——接地电阻测试仪的读数；

L——探针之间的距离。

用此方法测得的土壤电阻率可近似为被埋入探针之间区域内的平均土壤电阻率。测地电阻、土壤电阻率所用的探针一般用直径为 25mm、长 0.5 ～ 1m 的铝合金管或圆钢。

测量土壤电阻率如图 2-19 所示。

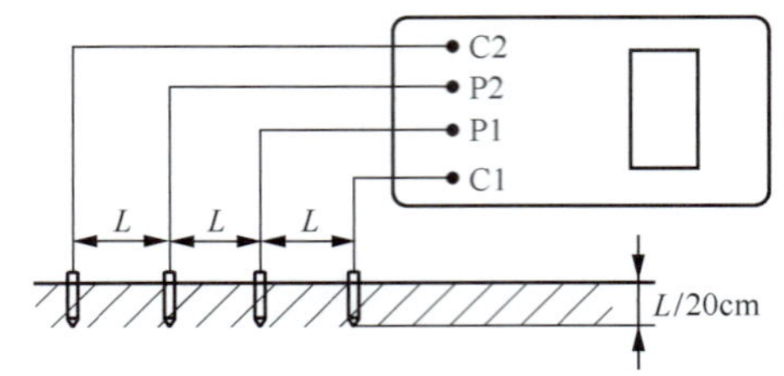

图 2-19　测量土壤电阻率

③ 测量导体电阻如图 2-20 所示。

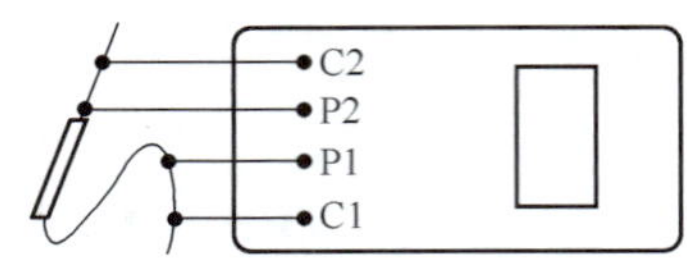

图 2-20　测量导体电阻

④ 测量地电压。测量接线如图 2-18 所示，拔掉 C1 插头，保留 E、P1 的插头，启动地电压（EV）挡，指示灯亮，读取表头数值即为 E 与 P1 间的交流地电压值。

⑤ 测量完毕按一下电源“OFF”键，接地电阻测试仪关机。

使用接地电阻测试仪时应注意以下事项。

① 接地线路要与被保护设备断开，以保证测量结果的准确性。

② 被测地极附近不能有杂散电流和已极化的土壤。

③ 下雨后，土壤吸收太多水分时，以及气候、温度、压力等急剧变化时不能测量。

④ 探针应远离地下水管、电缆、铁路等较大的金属体，其中，电流极应远离以上较大金属体 10m 以上，电压极应远离以上金属体 50m 以上，如果上述金属体与接地网没有连接时，可缩短距离 1/2 ～ 1/3。

⑤ 连接线应使用绝缘良好的导线，以免有漏电现象。

⑥ 注意电流极插入土壤的位置，应使接地棒处于零电位。

⑦ 测试宜选择土壤电阻率大的季节，例如，初冬或夏季干燥季节。

⑧ 测试现场不能有电解物质和腐烂动植物，以免造成错误测试。

⑨ 当检流计灵敏度过高时，可将电位探针电压极浅插入土壤中；当检流计灵敏度不够时，可沿探针注水使其湿润。

⑩ 随时检查仪表的准确性。

⑪ 接地电阻测试仪应在室内温度为 0℃～ 40℃的环境中保存，相对湿度不超过 80%，且空气中不能含有引起腐蚀的有害物质。

⑫ 测试仪在使用、搬运、存放时应避免强烈振动。

2.2.3　临时用电操作规程

1. 安全用电技术措施

TN-S 供电系统是把工作零线（N 线）和专用保护线（PE 线）在供电电源处严格分开的供电系统，也称三相五线制。它的优点是专用保护线上无电流，此线专门承接故障电流，确保其保护装置动作。特别指出，PE 线不能出现断线。在供电末端应将 PE 线重复接地。

（1）设置漏电保护器

① 施工现场的总配电箱和开关箱至少应设置两级漏电保护器，而且两级漏电保护器的额定漏电动作电流和额定漏电动作时间应合理配合，使其具有分级保护的功能。

② 开关箱中必须设置漏电保护器，施工现场所有的用电设备，除了做保护接零，必须在设备负荷线的首端安装漏电保护器。

③ 漏电保护器应安装在配电箱电源隔离开关的负荷侧和开关箱电源隔离开关的负荷侧。

④ 漏电保护器的选择应符合 GB/T 6829—2017《剩余电流动作保护电器（RCD）的一般要求》的要求，开关箱内的漏电保护器的额定漏电动作电流应小于 30mA，额定漏电动作时间应小于 0.1s。

⑤ 在潮湿和有腐蚀介质场所使用漏电保护器时，应采用防溅型产品。其额定漏电动作电流应小于 15mA，额定漏电动作时间应小于 0.1s。

（2）电气设备的设置要求

① 配电系统应设置室外总配电箱和分配电箱，实行分级配电。

② 动力配电箱与照明配电箱宜分别设置，例如，合置在同一配电箱内，动力线路和照明线路应分路设置，照明线路宜接在动力开关的上方。

③ 开关箱应由末级分配电箱配电。开关箱应“一机一闸一箱”，每台用电设备应有自己的开关箱，严禁用一个开关电器直接控制 2 台及以上的用电设备。

④ 总配电箱应设在靠近电源的地方，分配电箱应装设在用电设备或负荷相对集中的地方。分配电箱与开关箱的距离严禁超过 30m，开关箱与其控制的固定式用电设备的水平距离不宜超过 3m。

⑤ 配电箱、开关箱应装设在干燥、通风及常温场所。严禁装设在有严重损伤作用的烟气、蒸汽、液体及其他有害介质中，也严禁装设在易受外来固体物撞击、强烈振

动、液体浸溅及热源烘烤的场所。配电箱、开关箱周围应有可供两人同时工作的空间，其周围严禁堆放任何有碍操作、检修的物品。

⑥ 配电箱、开关箱安装应端正、牢固，移动式箱体应装设在坚固的支架上。固定式配电箱、开关箱的下皮与地面的垂直距离为 1.3 ～ 1.5m。移动式配电箱、开关箱的下皮与地面的垂直距离为 0.6 ～ 1.5m。配电箱、开关箱采用铁板或优质绝缘材料制作，铁板厚度应大于 1.5mm。

⑦ 配电箱、开关箱中导线的进线口和出线口应设在箱体底面，严禁设在箱体的顶面、侧面、后面或箱门处。

（3）电气设备的安装

① 配电箱内的电器应先安装在金属或非木质的绝缘电器安装板上，然后整体紧固在配电箱内，金属板与配电箱体应做电气连接。

② 配电箱、开关箱内的各种电器应按规定的位置紧固在安装板上，严禁出现倾斜和松动，并且电气设备之间、设备与板四周的距离应符合有关工艺标准的要求。

③ 配电箱、开关箱内的工作零线应通过接线端子板连接，并应与保护零线接线端子板分设。

④ 配电箱、开关箱内的连接线应采用绝缘导线，导线的型号及截面应严格执行临电图纸的标示截面。连接线应使用截面积不小于 2.5mm^2 的绝缘铜芯导线。导线接头严禁出现松动，严禁有外漏带电部分。

⑤ 各种箱体的金属架构、金属箱体、金属电器安装板，以及箱内电器的正常不带电的金属底座、外壳等必须做保护接零，保障零线应经过接线端子板连接。

⑥ 配电箱后面的排线需要排列整齐，绑扎成束，并用卡钉固定在盘板上，盘后引出及引入的导线应留出适当余量，以便检修。

⑦ 导线剥外皮时，不应过长，不应损伤线芯，导线压头应牢固可靠，多股导线不应盘圈压接，应加装压线端子（有压线孔者除外）。如果必须穿孔用顶丝压接时，多股线应刷锡后再压接，严禁出现减少导线股数的情况。

（4）电气设备的防护

① 在建工程严禁在高电压、低电压线路下方施工，高电压、低电压线路下方严禁搭设作业棚，建造生活设施，或堆放构件、架具、材料及其他杂物。

② 施工时，各种架具的外侧边缘与外电架空线路的边线之间必须保持安全的操作距离。当外电架空线路的电压为 1kV 以下时，其最小安全操作距离为 4m；当外电架

空线路的电压为 1 ～ 10kV 时，其最小安全操作距离为 6m；当外电架空线路的电压为 35 ～ 110kV 时，其最小安全操作距离为 8m。起重机的任何部位或被吊物边缘与 10kV 以下的架空线路边线最小水平距离必须大于 2m。

③ 施工现场的机动车道与外电架空线路交叉时，外电架空线路的最低点与路面的最小垂直距离应符合以下要求：外电架空线路电压为 1kV 以下时，最小垂直距离为 6m；外电架空线路电压为 1 ～ 35kV 时，最小垂直距离为 7m。

④ 当达不到最小安全距离时，施工现场必须采取防护措施，可以增设屏障、遮拦、围栏或保护网，并悬挂醒目的警告标志牌。在架设防护设施时，应有电气工程技术人员或专职安全人员负责监护。

⑤ 对于既达不到最小安全距离，又无法搭设防护措施的施工现场，施工单位必须与有关部门协商，采取停电、迁移外电线或改变工程位置等措施，否则严禁施工。

（5）电气设备操作与维修人员

施工现场临时用电的施工和检修必须由经过培训后取得上岗证书的专业电工完成。电工的证书等级应与工程的难易程度和技术复杂性相匹配，初级电工不允许进行中级、高级电工的作业。各类施工用电人员应满足以下要求。

① 掌握安全用电的基本知识和所用设备的性能。

② 使用设备前必须按规定穿戴和配备好相应的劳动防护用品，并检查电气装置和保护设施是否完好，严禁设备带“病”运转。

③ 停用的设备必须拉闸断电，锁好开关箱。

④ 负责保护所有设备的负荷线、保护零线和开关箱，发现问题及时报告并解决。

⑤ 如果需要移动用电设备，必须提前由电工切断电源并做妥善处理。

（6）电气设备的使用与维护

① 施工现场的所有配电箱、开关箱应每月进行一次检查和维修。检查和维修人员必须是专业电工。作业时必须穿戴绝缘用品，使用电工绝缘工具。

② 检查和维修配电箱、开关箱时，必须将其前一级相应的电源开关分闸断电，并悬挂停电标志牌，严禁带电作业。

③ 配电箱内的盘面上应标明各回路的名称、用途，同时要做出分路标记。

④ 总、分配电箱门应配锁，配电箱和开关箱应指定专人负责。施工现场停止作业 1h 以上时，应将动力开关箱上锁。

⑤ 电气箱内不允许放置任何杂物，并应保持清洁。箱内严禁挂接其他临时用电

设备。

⑥ 更换熔断器的熔体时，严禁用不符合原规格的熔体代替。

（7）施工现场的配电线路

① 施工现场的所有架空线路的导线必须采用绝缘铜线或绝缘铝线。应将导线架设在专用电线杆上。

② 架空线路的导线截面积必须大于以下截面积：当架空线路用铜芯绝缘线时，其导线截面积不小于 $10mm^2$；当架空线路用铝芯绝缘线时，其导线截面积不小于 $16mm^2$。

③ 架空线路的导线接头：每层架空线的接头数严禁超过该层导线条数的 50%，且一根导线只允许有一个接头。

④ 架空线路的排列如下。

为 TN-S 供电系统或 TN-C-S 供电系统供电时，应采用保护零线在同一横档架设时的相序排列：面向负荷从左至右依次为 L1、N、L2、L3、PE。

⑤ 架空线路的档距一般为 30m，严禁大于 35m，线间距离应大于 0.3m。

⑥ 现场内导线最大弧垂于地面距离大于 4m，跨越机动车道时距离为 6m。

⑦ 架空线路使用的电杆应为专用混凝土杆或木杆。严禁使用腐朽的木杆，其梢径应不小于 130mm。

⑧ 架空线路使用的横档、角钢及杆上的其他配件应视导线截面、杆的类型具体选用。杆的埋设、拉线的设置均应符合有关规范的规定。

（8）室内导线的敷设及照明装置

① 室内导线必须采用绝缘铜线或绝缘铝线，采用瓷瓶、瓷夹或塑料夹敷设，距地面高度必须大于 2.5m。

② 进户线在室外处要用绝缘子固定，进户线过墙应穿套管，距地面应大于 2.5m，室外要做防水弯头。

③ 室内导线所用导线截面应按图纸要求施工，但铝导线截面积必须大于 $2.5mm^2$，铜导线截面积必须大于 $1.5mm^2$。

④ 金属灯具的外壳必须做保护接零，所用配件均应使用镀锌件。

⑤ 室外灯具距地面的高度必须大于 3m，室内灯具距地面的高度必须大于 2.4m。插座接线时应符合有关规范的规定。

⑥ 螺口灯头及接线应符合以下要求：相线接在与中心触头相连的一端，零线接在与螺纹口相连的一端；灯头的绝缘外壳严禁出现损伤和漏电；各种用电设备、灯具的

相线必须经开关控制，严禁将相线直接接入灯具。

⑦ 临时设施内的照明灯具应优先选用拉线开关。拉线开关距地面高度为 2 ～ 3m，与门口的水平距离为 0.1 ～ 0.2m，拉线出口应向下。

2. 安全用电组织措施

① 建立临时用电施工组织设计和编制安全用电技术措施的制度、流程审批制度，并建立相应的技术档案。

② 建立技术交底制度。向专业电工、各类用电作业人员介绍临时用电施工组织设计和安全用电技术措施的总体意图、技术内容和注意事项，并在技术交底文字资料上履行交底人和被交底人的签字手续，并注明交底日期。

③ 建立安全检测制度。从临时用电工程竣工开始，定期对临时用电工程进行检测，主要是检测接地电阻值、电气设备绝缘电阻值、漏电保护器动作参数等，以监视临时用电工程是否安全可靠，并做好检测记录。

④ 建立电气维修制度。加强日常和定期维修工作，及时发现和消除隐患，并建立维修工作记录，记载维修时间、地点、设备、内容、技术措施、处理结果、维修人员、验收人员等内容。

⑤ 建立工程拆除制度。建筑工程竣工后，临时用电工程的拆除应有统一的组织和指挥，并规定拆除时间、人员、程序、方法、注意事项和防护措施等。

⑥ 建立安全检查和评估制度。施工管理部门和企业要按照 JGJ 59—2011《建筑施工安全检查标准》定期检查评估现场的用电安全情况。

⑦ 建立安全用电责任制。对临时用电工程各部位的操作、监护、维修分片、分块、分机落实到人，并辅以必要的奖惩。

⑧ 建立安全教育和培训制度。定期对专业电工和各类用电作业人员进行用电安全教育和培训，凡上岗人员必须持有劳动部门核发的上岗证书，严禁无证上岗。

2.2.4 电动工具操作规程

1. 角磨机的安全操作规程

角磨机如图 2-21 所示。

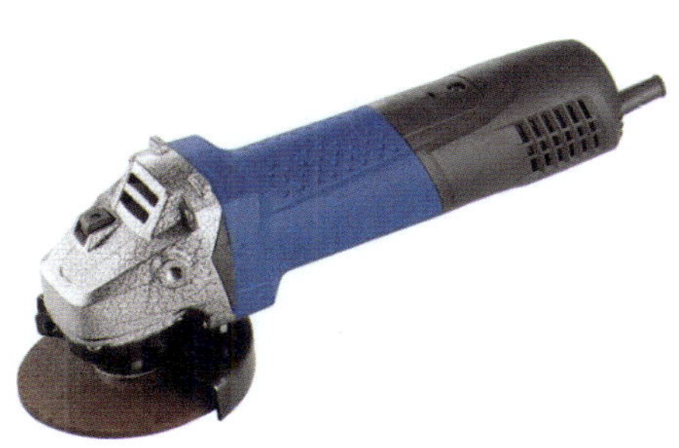

图 2-21 角磨机

角磨机的使用方法如下。

① 要佩戴保护眼罩，穿合身的工作服，不

要戴首饰或披散头发，严禁不戴手套及不扣袖口。

② 不能一只手握住小零件，另一只手用角磨机加工。

③ 用角磨机切割或打磨时要稳握角磨机手把，均匀用力。

④ 切割时不能向着人。

⑤ 严禁使用已有残缺的砂轮片，切割时应避免火星四溅，防止溅伤他人，作业时应远离易燃易爆物品。

⑥ 停电休息或离开工作场地时，应立即切断电源。

⑦ 出现不正常的声音，或有过大的振动或漏电时，应立刻停止作业并检查；维修或更换配件前必须先切断电源，并等砂轮完全停止后再操作。

⑧ 打开开关后，要等待砂轮转动稳定后再工作。

⑨ 角磨机的碳刷为消耗品，使用一段时间后要注意更换。更换时注意让其接触良好。

⑩ 在潮湿地方使用角磨机时，必须站在绝缘垫或干燥的木板上。登高或在防爆等危险区域内使用角磨机时，必须做好安全防护措施。

⑪ 完成工作后再清洁工作环境。

⑫ 刚打开角磨机时会有较大摆动，要用力握稳角磨机。

⑬ 连续工作 30min 后要停止休息 15min，待角磨机散热后再使用。长期使用后，机器应在空载速度下运行较短的时间，以便冷却发动机。

⑭ 使用前必须检查角磨机是否有防护罩，防护罩是否稳固，以及角磨机的磨片是否安装稳固。

⑮ 更换砂轮片时，根据工件材料性质选择适当粒度、硬度和规格的砂轮，认真检查砂轮片有无裂纹或缺损。更换后，作业人员及周边人应远离旋转附件的平面，并以角磨机的最大空载速度运行 1min。

2. 电锤与电钻的安全操作规程

（1）电锤

电锤与钻头如图 2-22 所示。

电锤的使用方法如下。

① 使用电锤前空转 1min，观察电锤各部分的状态，待转动灵活无障碍后，装上合适的钻头开始工作。

② 装上钻头后，最好先将钻头顶在工作面上再开钻，避免空打使锤头受冲击影响。

装钻头时，只要将杆插进锤头孔，锤头槽内圆柱自动挂住钻杆便可工作。若要更换钻头，将弹簧头轻轻往后拉，即可拔出钻头。

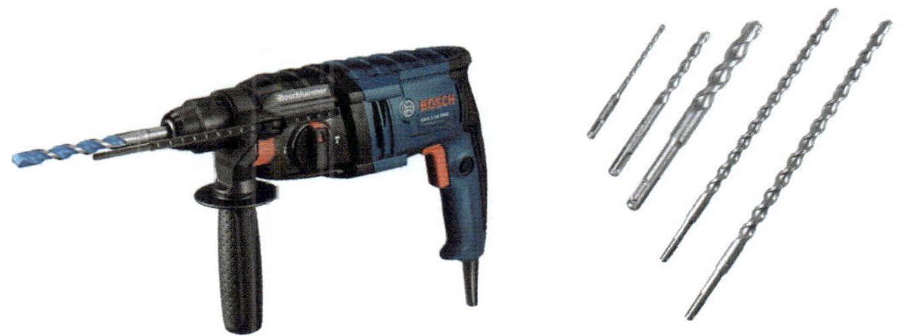

图 2-22　电锤与钻头

③ 操作前需要确定好钻孔位置；操作时，电锤需要垂直于作业面；刚开始操作时要缓慢加速，钻入后再加速；电锤往孔外抽出时，电钻也需要转动，否则电钻有可能被抽不出来。

④ 电锤可以向各个方向钻孔。向下钻孔时，只要双手紧握两个手柄，向下不需要用力。向其他方向钻孔时只要稍许用力即可。用力过大对钻头寿命等都有损伤。

⑤ 在对钻孔的深度有一定要求时，可使用辅助手柄上的定位杆。当钻孔安装膨胀螺栓时，可用定位杆来控制钻孔的深度。

⑥ 在操作过程中，如有不正常的声音和现象，应立即停机，切断电源并检查。若连续使用时间太长，电锤过热，也应停机，让其在空气中冷却后再使用，切不可用水喷浇冷却电锤。

⑦ 电锤累计工作约 70h 时，应加一次润滑脂。将润滑脂注入活塞转套内和滚轴承处，润滑脂一次使用量约 50g。

⑧ 电锤须定期检查，使换向器部件光洁完好，通风道干净畅通，清洗机械部分的每个零件。

使用电锤时应注意以下事项。

① 外壳、手柄没有裂缝、破损。

② 电缆软线及插头等部件完好无损，开关动作正常，保护接零连接正确、牢固可靠。

③ 防护罩齐全牢固，电气保护装置可靠。

④ 作业时应握住电锤手柄，打孔时先将钻头抵在异型铆钉工作表面，然后开动，用力适度，避免晃动；若转速急剧下降，应减少用力，阻止电机过载。

⑤ 钻孔时，应避开混凝土中的钢筋；对较小物件钻孔时，严禁用手持物件或使用老虎钳夹持甚至用脚踩物件。

⑥ 电锤为 40% 断续工作制，严禁长时间连续使用。

⑦ 作业孔径在 25mm 以上时，应有稳固的作业平台，周围应设护栏。

⑧ 严禁超载使用。作业中应注意音响及温度，发现异常应立即停机检查。在作业时间过长、机具温度升高超过 60℃时，应停机，自然冷却后再作业。

⑨ 机具转动时，禁止撒手不管。

⑩ 在作业过程中，如果发现电锤刀具、模具和砂轮有磨钝、破损的情况，应立即停机修整或更换，然后再作业。

⑪ 电锤完成作业后，应及时取下钻头。

（2）电钻

电钻与钻头如图 2-23 所示。

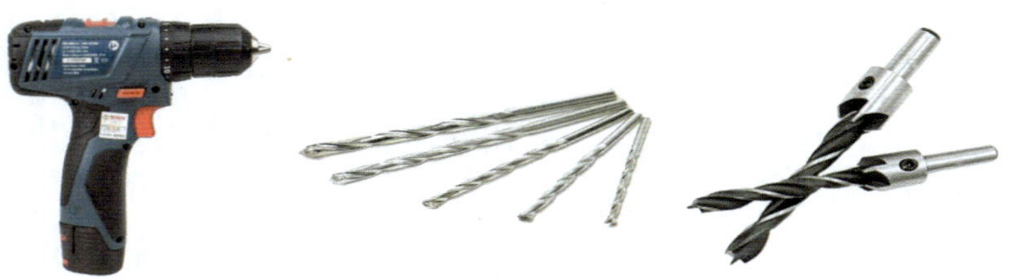

图 2-23　电钻与钻头

电钻的使用方法如下。

① 作业人员面部朝上作业时，须佩戴防护面罩。在生铁铸件上钻孔时要戴好防护眼镜，保护眼睛。

② 应妥善安装钻头夹持器。

③ 作业时，若钻头处于灼热状态，应避免灼伤肌肤。

④ 钻直径 12mm 以上的钻孔时，应使用带有侧柄的枪钻。

⑤ 站在梯子上或高处作业时，应做好预防高处坠落措施，应有地面人员把扶梯子。

⑥ 在金属材料上钻孔时应先在被钻位置打上样冲眼。

⑦ 在钻较大孔眼时，应先用小钻头钻穿，再使用大钻头钻孔。

⑧ 如果需要长时间在金属上钻孔，可采取一定的冷却措施，以保持钻头的锋利。

⑨ 严禁用手直接清理钻孔时产生的钻屑，应使用专用工具清屑。

⑩ 操作完毕后，应及时取下电钻的钻头。

使用电钻时应注意以下事项。

① 在调节工具、安装备件或附件之前，应先切断工具的电源。

② 禁止在易爆环境（例如，有易燃液体、气体或粉尘的环境下）下操作电钻。

③ 确认现场所接电源与电钻铭牌是否相符，是否接有漏电保护器。

④ 钻头与夹持器应适配，并妥善安装。

⑤ 使用前确认电钻上的开关接通锁扣，否则插头插入电源插座时电钻将会立刻转动，可能导致人员受伤。

⑥ 操作时，应按规范穿着合身的工作服，佩戴安全帽和防护眼镜等。严禁用手拿浸泡冷却液的棉纱、碎布块冷却转动的钻头，以防手被钻头转动部分绞连。

⑦ 操作时，应集中注意力，身体不要触及金属接地，以防触电。

⑧ 电钻使用力度必须恰当，严禁用力过猛，严禁利用电钻进行工具适用范围以外的工作。

3. 切割机的安全操作规程

切割机与砂轮片如图 2-24 所示。

图 2-24　切割机与砂轮片

使用切割机时应注意以下事项。

① 禁止在机房内使用切割机。使用前，必须清理切割机周围的杂物，应在切割机前方立起 1.8m 高的耐火挡板。切割机应放置平坦，不能晃动。金属外壳做好保护接零线，电源线应采用橡胶皮护套铜芯软电缆。

② 切割时，必须紧固切割件。开启切割机后，才能轻轻按下切割手柄，切割片靠近物件时的受力要均匀，严禁用力过猛。当刀片卡住时，必须立即停机，缓慢推出刀片，重新更换刀片后再切割。

③ 严禁侧面磨削砂轮片，严禁用切割机打磨切口的飞边毛刺；砂轮片外径边缘残损或剩余直径小于 250mm 时应及时更换。更换时，必须关闭电源，以防误操作。更换砂轮片时，必须将螺栓安装牢固，装好后应进行试转，以防砂轮片切割时脱落飞出伤人。

④ 使用砂轮切割机时，人应站在切割机左侧，使用右手操作。

4. 电动液压钳的安全操作规程

充电式电动液压钳如图 2-25 所示，插电式电动液压钳如图 2-26 所示。

图 2-25　充电式电动液压钳

图 2-26　插电式电动液压钳

使用电动液压钳时应注意以下事项。

① 应注意液压钳模具要与铜鼻子尺寸相匹配，且压接次数要根据铜鼻子尺寸确定，一般以压接 3 次为宜。

② 每班作业前，要查看各紧固螺钉是否松动，如有松动则必须拧紧。

③ 每次转移后，用火油或柴油清洁主钳、背钳及钳头，并向各机体内加注黄油。

④ 清洁钳头后，为颚板、颚板架、开口齿轮的轮齿涂黄油。

⑤ 如果缺乏制动力，颚板不伸出，则需要调紧制动压力，稍拧紧各带孔螺栓，但不能拧得过紧而使摩擦片过热。

⑥ 每次使用完液压钳后，查看钳体，如果有积水或油泥脏物，则必须及时铲除。

⑦ 严禁用蒸汽清洁液压钳，以防各轴承失油、进水而损坏。

⑧ 液压油温度严禁超过 65℃，液压油温度过热会使液压体系密封失效。

⑨ 要坚持用清洁液压油，坚持用滤油器正常滤油，如果油已脏，则应及时更换。

5. 气泵的安全操作规程

气泵如图 2-27 所示。

图 2-27　气泵

使用气泵时应注意以下事项。

① 使用气泵前应检查气压表、油压表、温度表、电流表是否完好，指示是否正常。指示值突然超过规定值或指示异常，应立即停机检修。

② 设置输气管时应防止急弯，打开送气阀门前，必须先通知现场作业人员。出气口处禁止作业。储气罐严禁暴晒和烘烤。

③ 开机后操作人员不准远离。使用风镐的作业人员应戴防护眼镜。

④ 停机时，应先降低设备的气压。检修时，严禁用汽油、煤油洗刷曲轴箱、滤清器或空气通路的零部件。

6. 发电机的安全操作规程

发电机如图 2-28 所示。

图 2-28　发电机

使用发电机时应注意以下事项。

① 发电机到配电箱的电源线必须接触良好，可靠接地，各接点应接实，禁止从发电机直接向用电设备送电。

② 发电机运转时，严禁人体接触带电部位。带电作业时，必须有正确的绝缘防护措施。

③ 禁止触摸发动机和消声器灼热的表面。

④ 开启发电机后，操作人员不应远离发电机，须监视发电机运转是否正常。严禁在发电机周围吸烟或使用明火。

⑤ 发电机的排气可在短时间内导致人昏迷甚至死亡，因此必须在通风良好的地方使用发电机进行施工和维护作业，严禁将发电机放在封闭的室内作业。

⑥ 在加油时，务必关闭发电机。加油时禁止在附近吸烟或使用明火。

⑦ 发电机的维护应由专业人员负责。

7. 排风扇的安全操作规程

排风扇如图 2-29 所示。

使用排风扇时应注意以下事项。

① 排风扇金属外壳及其支架必须有接地保护措施，并使用安装漏电保护器的电源接线盘。移动排风扇时应先切断电源。

② 使用排风扇前应定期检修，出现零部件破损、导线老化时，应停止使用。禁止在人孔内使用排风扇、电风扇。

图 2-29 排风扇

8. 电焊机的安全操作规程

氩弧焊机如图 2-30 所示，电焊机如图 2-31 所示。

图 2-30 氩弧焊机

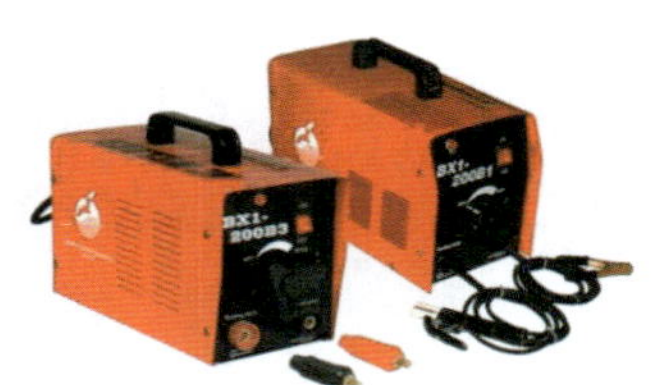

图 2-31 电焊机

氩弧焊机和电焊机的安全操作规程如下。

① 焊接操作及配合人员必须按规定穿戴劳动防护用品，必须做好防止触电、高空坠落、瓦斯中毒、火灾等事故发生的安全措施。

② 现场使用的焊机应设有防雨、防潮、防晒的机棚，并应装设相应的消防器材。

③ 焊接现场 10m 范围内，严禁堆放油类、木材、氧气瓶、乙炔发生器等易燃、易爆物品。

④ 次级抽头连接铜板应压紧，接线柱应有垫圈。合闸前，应详细检查接线螺帽、螺栓及其他部件并确认完好齐全、无松动或损坏。接线柱处均有保护罩。

⑤ 多台焊机集中使用时，应分接在三相电源网络上，使三相负载平衡。多台焊机的接地装置应分别从接地极处引接，不得串联。

⑥ 移动焊机时，应切断电源，不得用拖拉电缆的方法移动焊机。当焊接过程中突然停电时，应立即切断电源。

⑦ 使用焊机前应检查并确认气管、水管不受外压和无外漏。

⑧ 应根据材质的性能、尺寸、形状先确定极性，再确定电压、电流和氩气的流量。

⑨ 安装的氩气减压阀、管接头不得沾有油脂。安装后，应进行试验并确认无障碍和漏气。

⑩ 使用氩弧焊时，操作者应佩戴防毒面罩，打磨钍钨棒的地方应设有抽风装置，钍钨棒宜贮存在铅盒内。钨极粗细应根据焊接厚度确定，更换钨极时，必须切断电源。磨削钨极端头时，操作人员必须戴手套和口罩，应及时清除磨削下来的粉尘。

⑪ 氩气瓶与焊接地点不应靠得太近，并应直立固定放置，不得倒放。

⑫ 高空焊接或切割时，必须系好安全带，焊接周围和下方应采取防火措施，并应有专人监护。

⑬ 严禁进行焊接和切割处于承压状态的压力容器及管道、带电设备、承载结构的受力部位和装有易燃、易爆物品的容器。

⑭ 焊接铜、铝、锡等有色金属时，应保持良好的通风，焊接人员应佩戴防毒面置、呼吸滤清器或采取其他防毒措施。

⑮ 当清除焊缝时，应佩戴防护眼镜，头部应避开焊渣飞溅的方向。

⑯ 雨天不得露天进行电焊工作。在潮湿地带作业时，操作人员应站在铺有绝缘物品的地方，并应穿绝缘鞋。

⑰ 作业后应切断电源，关闭气源。焊接人员必须及时脱掉工作服，清洗外露的皮肤。

⑱ 作业结束后应立刻清理场地、灭绝火源，消除焊件余热后，切断电源，锁好闸箱，方可离开。

2.2.5　起重吊装操作规程

常用的起重吊装设备如图 2-32 所示。

1. 起重吊装通用要求

① 熟练掌握起重一般知识及安全操作规定，并通过培训教育考试，持有安全操作合格证者方可独立操作。

② 应根据不同的作业项目，按规定正确穿戴劳动防护用品，例如，安全帽、安全带、手套等，水上作业应按规定穿着救生衣。

③ 作业前应检查作业场所的环境、安全设施等，确认符合有关安全规定后方可作业。

图 2-32　常用的起重吊装设备

④ 作业前应检查所使用的工具、设备是否完好。

⑤ 检查施工生产作业场所的电气设施是否符合用电安全规定，夜间作业是否有足够的照明和安全电压工作灯。

⑥ 应尽量避开双层作业，确实无法避开时，应对下层作业采取隔离防护设施，确认安全可靠后方可在上层作业。

⑦ 在使用起重吊装设备作业时，应严格遵守有关设备的安全操作规定，司机严禁违章起吊。

⑧ 在进行钢梁或钢结构拼装遇到螺栓孔错位时，应用尖头工具校正孔位，严禁用手指在孔内探摸，以免挤伤手指。

2. 小型起重工具的安全操作规程

（1）千斤顶

① 根据起重量和施工安全要求选用千斤顶，使用前应了解其性能和操作方法，确认良好后方可使用。

② 千斤顶应安放在有足够承载能力且稳定的地面或建筑上。千斤顶的上下接触面之间应垫木板或麻袋等防滑材料。

③ 千斤顶应设置在正对被顶物件的重心位置，当同时用 2 台以上的千斤顶工作时，严禁承载重量超过允许承载能力的 80%，须使各台千斤顶受力的合力作用线与被顶物件的重心吻合，以防千斤顶负重后发生倾斜。

④ 安置好千斤顶后，应先将物件稍微顶起，确认无异常后方可继续起顶。

⑤ 千斤顶工作时，严禁超过额定高度，随着物件的升高而逐步增加支撑垫块，物件下降时，应边落边抽出支撑垫块，严禁一次抽出多块垫块。垫块每次加抽不宜超出 2 ～ 3cm，千斤顶每次起落完毕后，应立即旋紧保险箍。

⑥ 千斤顶起落时，必须缓慢进行，几台千斤顶同时起落时，必须保持同步均匀起落，速度不可时快时慢。

⑦ 当起顶又长又高的重物或构件时，应在两端交替起落，即一端垫实和两侧支撑牢靠后，再进行另一端起落，严禁两端同时起落，以防止顶翻重物或构件发生事故。

⑧ 千斤顶工作时，应有专人监测压力表的工作情况，如果发现压力突然增大，则立即停止作业，待查明原因并处理后方可继续作业。

（2）卷扬机

① 卷扬机应安装牢固、平稳、方向正确，并符合安装手册的设计图。如果采用底座螺栓或电焊连接，螺栓应拧紧，电焊质量应良好，采用地垄等方式固定卷扬机时，地垄受的拉力要符合规定的安全系数，并捆扎牢靠，方向顺直。

② 安装完卷扬机，经试运转，确认捆扎牢靠，机件、刹车、电器安装良好，且符合安全规定，运转正常后方可使用。如果该卷扬机使用时间较长，应搭好防雨棚。

③ 用手摇卷扬机起重时，每个作业人员站立的位置应合适，握紧摇把协同动作，用力一致。发现起吊物件异常时，应先打好梢，然后处理异常并取下摇把，防止摇把回转打伤人。

④ 用电动卷扬机起重时，应指定司机和信号员，他们经操作技术和安全操作培训合格后方可上岗操作，严禁随意更换司机和信号员。

⑤ 卷扬机的钢丝绳打梢时，宜使用链条或钢丝绳，应按规定打好扣或上紧夹头，打梢人员必须站在钢丝绳剩余長的外边，距卷筒 1m 以上为宜。

⑥ 卷扬机卷筒上的钢丝绳应依次靠紧排列齐整，留在卷筒上的钢丝绳严禁少于 3 圈，卷扬机卷绕钢丝绳时，严禁用手引导，严禁人员在绳旁停留或跨越正在工作的钢丝绳。

（3）手拉葫芦

① 应根据物件的重量选用倒链滑车，使用前应检查轮轴、吊钩、链条、大小滑轮等是否完整，转动部分是否灵活，确认完好后方可使用。

② 倒链滑车拴挂点应坚固，并捆扎牢靠，吊钩应封钩，起吊物件时，应先缓慢收紧吊具，待物件稍离地面经检查确认无异常后方可继续起吊。

③ 用倒链滑车起吊物件时，作业人员应站在适当的位置，严禁将脚伸入被吊物件垂直下方，严禁将头部伸入被吊物件的下方观察情况。

④ 利用倒链滑车吊钩斜拉、斜吊物件时，应有防惯性碰撞的措施。严禁利用倒链滑车起吊重量不明的物件。

3. 吊机起重作业的安全操作规程

① 起重安装作业前，应确定工作步骤、施工方法及安全措施；应清除工地及所经道路的障碍物，做到工地整洁、道路畅通、吊车腿稳固，必须严格执行相应吊机的安全使用规定。

② 使用各种起重机械前，应进行试吊。试吊前，应全面检查起重机械，确认良好后方能作业。试吊包括静载重试吊和动载重试吊：静载重试吊的重量应为标定吊重的1.25倍，每吊起重物0.1～0.3m，停留10min，检查吊机部位；动载重试吊的重量为标定吊重的1.1倍，上升到适当高度后，做扒杆转动等动作，再检查吊机各部位是否良好，经确认合格后方可继续工作。

③ 在各种吊机作业时，道路条件应良好；起重人员必须熟悉施工方法、起重设备的性能、所起重物的特点和确切重量，以及安全施工的要求。

④ 吊机指挥应由对起重作业有经验的人员担任。指挥人员应做到哨声洪亮、手势正确和旗语清楚。如果遇有妨碍司机视线的地方，应增加信号员。

⑤ 起重人员在工作时应集中精力，明确分工，服从统一指挥，起吊重物时，起重扒杆下严禁有人停留或行走。吊机停止作业时，应安装止动器，收紧吊钩和钢丝绳。

⑥ 采用扒杆起吊重物时，扒杆、吊具的材料必须符合起重量的要求，缆风绳和地垄必须牢固；明确其重心，确定应使用的吊具和捆扎的部位。采用两支点起吊时，两副吊具中间的夹角应小于60°。

⑦ 起吊重物时，吊具捆扎应牢固，应封钩防滑脱。捆扎有棱角或利口的物件时，吊具应垫以铁瓦、橡胶、麻袋等。起吊物件时，应有防止物件摆动的措施；吊钩钢丝绳应保持垂直。严禁用吊钩钢丝绳在倾斜的方向拖拉重物或斜吊。

⑧ 起吊重物转移时，应将重物高度提升超过转移过程中可能触及的物件0.5m以上。

⑨ 起重司机及起重人员在工作时严禁擅离岗位，严禁将重物起吊后离开。起重司机严禁擅自改变操作程序与方法。起重人员严禁触摸电气开关与各种控制设备。

⑩ 采用两台吊机同时起吊一件重物时，应在现场施工负责人的指导下进行。在起

吊过程中，两台吊机必须均衡起落重物，使各自分担的起重量不超过其允许起重量的80%。

⑪ 起重使用的钢丝绳应不起油、无死弯，在任何一个断面内的断丝量严禁超过此断面总根数的 5%。

⑫ 起重吊机在高压电线下或附近作业时，其扒杆与高压线应保持一定的安全距离。必要时，还应搭建隔离设施。

⑬ 在地面轨道上行驶的起重吊机应有夹轨钳，以增加其稳定性，防止被大风吹倒。

⑭ 当起重吊机在深坑旁工作时，机身（或走行轨道）与坑边应根据土质情况保持必要的安全距离。

⑮ 用电动机作为动力的起重吊机，应设有起重量限位器与卷扬限制器。

4. 装吊工的安全操作规程

装吊作业属于危大工程，需要编制专项施工方案，需要报甲方及监理审批后才能实施。吊装作业操作规程如下。

① 装吊工属于特种作业人员，应经专业培训并取得安全操作合格证后方可上岗作业。

② 作业前应检查施工生产场地的环境、安全设施，以及千斤绳、卡环和吊钩等设施，在确认正常并符合有关的安全规定后方可作业。应严格执行装吊作业的“八不吊”，确保装吊作业安全。“八不吊”具体内容如下。

- 信号不清不吊。
- 重量不明不吊。
- 歪拉斜吊不吊。
- 超载不吊。
- 重物捆绑不牢或起吊后不稳不吊。
- 夜间作业照明不够或视物不清不吊。
- 钢丝绳断股或严重磨损或已达报废标准不吊
- 六级以上大风不吊。

③ 起吊物体前，应明确所吊物体的重量。若不能确认，应经操作者或技术人员计算确定，并按确认的重量选择合适的千斤绳和卡环。

④ 拴挂吊具时应按物体的重心确定吊具的拴挂位置。当采用双支点或多支点起吊时，吊钩的千斤绳夹角不宜大于 60°。吊具拴挂应牢靠，吊钩应封钩，以防在起吊过程中千斤绳滑脱。

⑤ 起吊非匀称细长杆件时，其吊点位置应经计算确定。起吊匀称细长杆件时可按以下数据拴挂：单支点起吊 0.3×L（L 为杆件全长）；双支点起吊 0.21×L。起吊又长又大物体时应拴溜绳。

⑥ 捆绑有棱角或利口的物体时，千斤绳与物体的接触处应垫麻袋或橡胶等物品，以免损伤千斤绳。

⑦ 起吊重物时，应先将吊物提升离地面 10～20cm，经检查确认正常后方可继续提升；搁置吊物时，应缓慢下降，确认吊物放置平稳、牢靠后方可松钩，以免吊物倾翻伤人；起吊重物时，作业人员严禁在受力索具附近停留，严禁停留在受力索具内侧；起吊重物时，严禁起重臂回转区域内和重物下方站人，也严禁有人站在吊物上。起吊物体时，应有专门的信号员指挥，信号员应由责任心强、经验丰富的装吊工担任。信号应清晰、规范、准确；起吊作业时，司机应听从信号员指挥，禁止其他人与司机谈话或随意指挥。若发现起吊情况不良，应发送信号处理（紧急情况除外）；在起吊重物旋转或移动时，应将其提升到可能遇到的障碍物上方 0.5m 以上。

⑧ 在进行高处作业、水上作业时，应认真执行高处作业、水上作业的安全规定。

5. 起重司机的安全操作规程

起重司机必须经安全技术培训并通过考核合格发证后方可持证上岗，并且应独立操作起重机。

① 起重司机应经常检查制动器、吊钩、钢丝绳和各类安全防护装置的状况，发现异常现象或问题应及时修复。

② 严禁利用极限位置限制器停车。

③ 严禁在有载荷的情况下调整起升、变幅的制动器。

④ 除特殊情况，严禁利用打反车制动。

⑤ 有主副两套起重机时，主副钩不应同时开动（设计允许的除外）。

⑥ 严格遵守起重机械操作规程，认真执行交接班、维修、保养和安全管理制度。

⑦ 认真做好机械运转记录。

⑧ 起重司机应严格执行“八不吊”。

2.2.6　高处作业安全操作规程

① 凡是在坠落高度基准面 2m 以上（含 2m）有可能坠落的高处进行的作业，均

称为高处作业。高度低于 2m 的作业平台必须要有牢固的临边保护或扶手 。

② 高处作业人员应牢固树立安全意识，严禁抱有任何侥幸心理。未经班长以上领导指派和未经高处安全作业规程培训合格的人员严禁从事高处作业。

③ 在进行检修作业时，登高用具首选升降平台，如果受场地或其他客观因素限制，可考虑其他登高用具或攀登方法，但必须把安全因素放在第一位。

④ 在高处进行维护保养作业时，若无牢靠立足点或无栏杆，作业人员应挂安全带、戴安全帽。穿紧口工作服和防滑鞋，传递工具零件等物品时严禁上下抛掷。

⑤ 检修作业时的登高用具必须有专人把扶。检修升降平台必须由专人操作，遵循 2×2 的原则（即离坠落边缘 2m 以内的临边及离基准面 2m 或 2m 以上都应挂安全带）。

⑥ 用具必须坚固牢靠，靠梯梯脚与墙之间的距离大于梯长的 1/4，严禁大于梯长的 1/2，人字梯两侧之间应加拉链或拉绳。在光滑地面上使用的梯子，梯脚应加绝缘套或橡胶垫；在泥土地面上使用的梯子，梯脚应加铁尖。

⑦ 安全带是防止坠落的安全用具，必须可靠，不能用不合格的普通绳具代替。高处作业时要保证每时每刻都挂好安全带。没有防护措施的情况下不能在高处行走。禁止人员交叉作业。

⑧ 检修作业前必须切断相关电源，同时挂出警示标牌。认真检查安全用具的状况。检修作业至少有两人进行，确保现场有 1 人负责监护。检修作业人员垂直下方半径 3m 内严禁放置硬性杂物，必要时应铺设缓冲物品。

⑨ 如遇特殊情况，确实需要夜间进行检修作业，应先保证照明光线充足，且有合适的安全用具，指定专人进行现场安全指挥。如遇大雾、大雨或四级以上大风，应停止高处露天作业。

⑩ 双层作业时，上下层人员应取得联系，互相错开位置。必要时，设可靠的保护隔板或罩棚、防护网后，上下层方可同时作业。不同工程多层同时作业时，人员应加强联系，防止物体落下伤人。

⑪ 高处作业台架的搭设和使用必须符合技术要求。工作前，应仔细检查其是否牢固、可靠；安全用具和机械设备、工具等是否完好齐备，严禁使用已损坏或有严重缺陷的装备。安装修改或拆除脚手架的人员必须提供从业许可的资质证明。

⑫ 禁止将起重、牵引装置的拉线固定在临时搭设的高处作业台架上，若固定在永久性台架上（例如，立柱、构架等），应事先经过核验。在高处动火作业时，应使用防火毯接住火星和飞溅物。

⑬ 高处作业人员在各项安全措施和人身防护用品未落实前，不能作业。对各种用于高处作业的设备、设施，在投入使用前，要一一检查，确认完好后再使用。

⑭ 高处作业时，禁止乱扔物料、工具，所有工件应妥善放置，只可传递物件，不能抛掷。

⑮ 人字梯横挡板严禁缺失，严禁垫高使用，人字梯横挡板间距以 30cm 为宜。使用时，人字梯上端要扎牢，下端要防滑，必须有人在下方把扶人字梯方可攀爬。

⑯ 当在作业过程中发现设施有隐患时，应立即停止作业并及时报告；雷雨天严禁从事高处作业。

⑰ 在高处作业前，高处作业所用的防护绳、吊篮、安全帽、高处作业安全带等防护用品必须经检查可靠、有效后方可使用。

⑱ 在高处作业时，应在地面危险范围内设立危险警示的标志。

2.2.7 消防安全管理

1. 消防安全通用要求

① 在露天楼顶切割时，应有防风措施，防止火星飞溅引起火灾。风力大于 5 级时不宜露天焊接。

② 焊接或切割工作结束后，应仔细检查工作场地周围，确认没有引起火灾危险后方可离开现场。

③ 当气温过低时，严禁直接在水泥地面及楼地面切割或焊接，以防温度骤变引起飞溅而对人体造成伤害。

④ 氧气罐气体出口处如果出现冻结现象造成气体流量不均匀，严禁用明火加热，或用红热铁块烤烘，以免氧气突然大量气化造成事故。必要时可用热水或水蒸气解冻。

⑤ 雨、雪、雾天禁止露天电焊。

⑥ 要注意风向，避免吹散的铁水及熔渣伤人。

⑦ 在瓶阀、减压器冻结时应用热水解冻，严禁用火烤。

⑧ 系统打压或清洗时必须与设备断开连接，防止设备进水。

⑨ 系统打压或清洗后必须把水排净，并仔细检查系统中所有设备是否进水，确保设备不被冻坏。

⑩ 在系统管道反弯处，上加放气阀，下加泄水阀。不能在管道内存水，以防管道冻裂。

⑪ 各种机组设备试运行后，必须把水排净，以免冻裂设备。

⑫ 使用套丝机、钻床时，严禁佩戴手套操作，以免将手卷入设备中造成事故。

⑬ 冬季施工做好防火工作，取暖、生活用火须经申请同意或报安全部门批准。

⑭ 严禁用易燃液体、可燃液体生火取暖。

⑮ 易燃易爆的液化气罐、氢气瓶、乙炔瓶等应设专人监管，确保存放安全。

⑯ 对职工加强安全消防教育，对重点工程施工人员应进行冬季施工安全及消防入场教育。

⑰ 冬季施工已采取防滑措施，严禁穿硬底塑料鞋施工。

⑱ 施工时如果接触气源、热水，要防止被烫伤。

⑲ 电源开关、控制箱等要加锁，并设专人负责管理，防止其漏电造成人员触电。

2. 消防灭火器的使用

数据中心施工消防常用的灭火器有干粉灭火器与二氧化碳灭火器。

干粉灭火器与二氧化碳灭火器构造如图 2-33 所示。

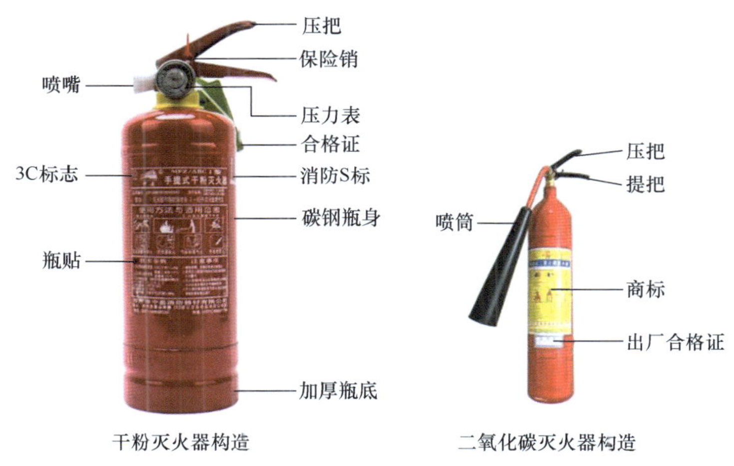

图 2-33　干粉灭火器与二氧化碳灭火器构造

（1）干粉灭火器

干粉灭火器适用于扑救各种易燃、可燃液体和易燃、可燃气体火灾，以及电气设备火灾。

干粉灭火器的使用步骤：右手托着压把，左手托着灭火器底部，轻轻取下灭火器；右手提着灭火器到现场；除掉铅封；拔掉保险销；左手握着喷管，右手提着压把；在距离火焰 2m 的地方，右手用力压下压把，左手拿着喷管左右摆动，将喷射干粉覆盖整个燃烧区。

（2）二氧化碳灭火器

二氧化碳灭火器适用于各种易燃、可燃液体和易燃、可燃气体火灾，还可扑救仪器仪表、图书档案、工艺器和低压电气设备等的初起火灾。

二氧化碳灭火器的使用步骤：用右手握着压把；用右手提着灭火器到现场；除掉铅封；拔掉保险销；站在距离火源 2m 的地方，左手拿着喷筒，右手用力压下压把；对着火源根部喷射，并不断推前，直至把火焰扑灭。

2.3 文明施工与成品保护

2.3.1 文明施工

（1）封闭管理

① 施工区与现场分开设置，现场不设置住宿区，在进门处设置铁质金属门，所有进出人员必须登记。在围墙外入口侧悬挂施工总平面效果图、公司简介宣传标语及“七牌一图”。

② 所有施工人员进入工地均需要佩戴上岗证。

③ 围墙外侧书写安全标语、展示公益广告；内侧作为安全宣传栏，及时更新信息，方便职工阅读。办公区包括业主办公室、施工办公室和会议室，在项目施工红线外租用民房作为项目部办公用房，其应与施工区有效隔离，以确保人身安全。

（2）文明施工管理

① 经常组织职工学习文明施工的有关规定，提高职工素质，遵守有关规定。

② 项目部每半个月组织有关人员检查现场文明施工情况，并及时整改。

（3）材料堆放

① 钢筋制作场、堆场，木工制作场、堆场，砂石堆场及砼搅拌区场地均浇筑砼地坪。

② 严格按施工总平面布置图分门别类整齐堆放材料、构配件，并悬挂物资标识牌，严禁超高。及时做好材料、机具的“落手清”工作。

（4）现场防火

① 建立消防责任制和管理制度，成立防火领导小组，配备足够数量的灭火器材和义务消防人员。灭火器材挂设应根据消防平面布置图执行。

② 现场动用明火必须有审批手续和动火监护人员。在施工现场安放消防管道，在

适当位置布置消防接口。

（5）施工扬尘处理

① 天晴起风时，在弃土和场地上洒水，防止扬尘。

② 弃土外运时，不准超载，车辆驶出工地前应用水将车轮的泥土冲干净。使用散装水泥桶或砂浆桶时做好防尘保护措施（用木板封闭水泥桶四周），留一个门洞方便手推车进入，拉出后立即关闭门扇，面层用彩色喷绘布，上面书写宣传创建绿色工地的标语，既控制扬尘又起到美化宣传的作用。

③ 对附近道路实行保洁制度，应及时清扫弃土及散落的建材。

（6）施工噪声处理

① 合理安排施工时间，办好夜间施工许可证，做到不扰民。

② 采用低噪声型设备或在施工机具四周设声障墙。

（7）工程不扰民、不污染措施

凡在居民区施工作业时，应防止施工噪声污染，必须控制作业时间，一般不超过晚上 10 时，特殊情况需要连续作业时，应尽量采取降声措施，报经所在地环保部门许可后，公告周围居民方可施工。

（8）生活垃圾处理措施

① 每天清理外运生活垃圾、废弃物等，垃圾放置在容器筒内，容器筒有规定的放置地点并由专人管理，以免蚊蝇滋生，保证生活区内卫生清洁。

② 加强对职工的素质教育，增强其环境卫生意识。

2.3.2　成品保护

① 将材料、成品码放在平整、无积水、宽敞的场地，码放时按系统编号，便于取放；搬运时应轻拿轻放，防止损坏成品。

② 成品保护范围包括所有地面、墙面、门窗、设备等。

③ 交叉作业时，严禁以安装好的风管作为支 / 吊 / 托架，不允许将其他支 / 吊 / 托架焊在或挂在风管法兰和风管支 / 吊架上。

④ 装重物时禁止采用已安装的管道作为吊点，也禁止踩蹬管道施放脚手板。

⑤ 室内沿桥架或托盘敷设电缆，宜在管道及空调工程基本施工完毕后进行，防止其他专业施工时损伤电缆。

⑥ 在电缆头附近用火时，应注意将电缆头保护好，防止将电缆头烧坏或烤伤。电缆头是塑料制品，应注意其不受机械损伤。

⑦ 封闭插接母线安装完毕，如果有其他工种作业时应保护封闭插接母线，以免损伤。

⑧ 安装配电柜后，严禁再次喷浆，如果必须修补，应将柜体盖好。安装配电柜后，应将门窗关好、锁好，以防止设备损坏及丢失。

⑨ 做好工序标识工作。在施工过程中，在易丢失、易破坏的成品和半成品上标识“正在施工，注意保护”字样。

⑩ 工序交接全部采用书面形式并由双方签字认可，由下道工序作业人员和成品保护负责人同时签字确认，并保存工序交接书面材料，下道工序作业人员对成品的污染、损坏或丢失负直接责任，成品保护专员对成品保护负监督、检查责任。

⑪ 施工过程中使用的重要器材、设备材料、半成品按照工期要求，可采用后安装的方法，在试车前安装到位。工程完工后，项目部和有关部门共同对工程进行检查验收，做好书面验收记录。

⑫ 施工人员在本道工序施工时，如果需要碰动其他专业的成品，必须以书面形式上报项目部，项目部与其他专业分包协调后，其他专业派人协助施工，待施工完成后，其他专业人员恢复其成品。

⑬ 作业人员必须严格遵守现场各项管理制度。例如，如果作业需要用火，必须取得用火证后方可施工，所有入户作业的人员必须接受成品保护专员的监督。

2.4 安全生产事故的处理

2.4.1 事故报告

《生产安全事故报告和调查处理条例》中关于事故报告的相关规定如下。

第四条　事故报告应当及时、准确、完整，任何单位和个人对事故不得迟报、漏报、谎报或者瞒报。

第七条　任何单位和个人不得阻挠和干涉对事故的报告和依法调查处理。

第八条　对事故报告和调查处理中的违法行为，任何单位和个人有权向安全生产监督管理部门、监察机关或者其他有关部门举报，接到举报的部门应当依法及时处理。

第九条　事故发生后，事故现场有关人员应当立即向本单位负责人报告；单位负责人接到报告后，应当于 1 小时内向事故发生地县级以上人民政府安全生产监督管理部门和负有安全生产监督管理职责的有关部门报告。情况紧急时，事故现场有关人员可以直接向事故发生地县级以上人民政府安全生产监督管理部门和负有安全生产监督管理职责的有关部门报告。

第十二条　报告事故应当包括下列内容：

（一）事故发生单位概况；

（二）事故发生的时间、地点，以及事故现场情况；

（三）事故的简要经过；

（四）事故已经造成或者可能造成的伤亡人数（包括下落不明的人数）和初步估计的直接经济损失；

（五）已经采取的措施；

（六）其他应当报告的情况。

第十六条　事故发生后，有关单位和人员应当妥善保护事故现场以及相关证据，任何单位和个人不得破坏事故现场、毁灭相关证据。

因抢救人员、防止事故扩大以及疏通交通等原因，需要移动事故现场物件的，应当做出标志，绘制现场简图并做出书面记录，妥善保存现场重要痕迹、物证。

第二十六条　事故调查组有权向有关单位和个人了解与事故有关的情况，并要求其提供相关文件、资料，有关单位和个人不得拒绝。

2.4.2　事故分类

根据生产安全事故（以下简称“事故”）造成的人员伤亡或者直接经济损失，事故一般分为以下 4 个等级。

① 特别重大事故，是指造成 30 人以上死亡，或者 100 人以上重伤（包括急性工业中毒，下同），或者造成 1 亿元以上直接经济损失的事故。

② 重大事故，是指造成 10 人以上 30 人以下死亡，或者 50 人以上 100 人以下重伤，或者造成 5000 万元以上 1 亿元以下直接经济损失的事故。

③ 较大事故，是指造成 3 人以上 10 人以下死亡，或者 10 人以上 50 人以下重伤，

或者造成 1000 万元以上 5000 万元以下直接经济损失的事故。

④ 一般事故，是指造成 3 人以下死亡，或者 10 人以下重伤，或者造成 1000 万元以下直接经济损失的事故。

2.4.3 常用急救方法

1. 常用止血方法

（1）加压包扎止血

① 加压包扎止血是最常用的止血方法，是外伤出血时应首先采用的止血方法。

② 适用范围：小静脉出血、细血管出血，动脉出血应与止血带配合使用；身体各处的伤口均可使用。

③ 操作方法：用干净、已消毒的较厚的纱布覆盖在伤口表面，如果没有纱布，可用干净的毛巾、手帕等代替。在纱布上方用绷带、三角巾紧紧缠绕住，加压包扎，即可达到止血的目的。初步清洁伤口时，应选用干净的替代品，避免伤口感染。

（2）止血带止血

如果遇到四肢大血管出血，应及时采用止血带止血的方式。

① 适用范围：多处肢体有大且深的伤口，血流速度快；多处受伤，出血量大；受伤的同时伴有开放性骨折；肢体已完全离断或部分离断；受伤部位可见到喷泉样出血；不能用于头部和躯干部出血的止血。

② 止血用品：最合适的止血带是有弹性的空心皮管或橡皮条。在紧急情况下，可就地取材，用宽布条、三角巾、毛巾、衣襟、领带和腰带等代替止血带。

③ 不合适的替代品有电线、铁丝和绳索。

④ 扎止血带的位置：扎止血带的位置应在伤口的上方，医学上称为近心端，应距离伤口越近越好，以减少缺血的区域。其中，上肢出血时，止血带应在上臂的上部和下部；下肢出血时，止血带应在大腿的上部。

⑤ 操作方法：在准备扎止血带的位置垫一层毛巾和几层纱布或直接扎在衣物上，避免皮肤被止血带勒压而坏死。将有弹性的止血带缠绕肢体 2 周，然后在外侧打结（注意别在伤口上打结）。

2. 人工呼吸操作方法

人工呼吸是用人工的方法帮助病人呼吸。一旦确定病人呼吸停止，应立即进行人工呼吸。最常见的人工呼吸方法是口对口人工呼吸。

（1）口对口人工呼吸的操作方法

① 抢救者深吸一口气，然后吹入病人的口腔，经由呼吸道到肺部，这时吹入病人口腔的气体含氧量为 18%，这种氧气浓度可以维持病人最低限度的需氧量。

② 吹气后，口唇离开，并松开捏鼻的手指，使气体呼出。

③ 观察病人的胸部有无起伏，如果吹气时胸部抬起，说明气道畅通，口对口吹气的操作是正确的。

④ 每次吹气量平均为 900ml，吹气的频率为每分钟 12 ～ 16 次。

（2）不宜做口对口人工呼吸的情况

口腔有严重外伤、牙关紧闭时不宜做口对口人工呼吸，可采用口对鼻人工呼吸。

3. 急救车的使用

如果遇到紧急情况，必须及时拨打 120 急救电话，并简要地说明待救人的基本症状，以及报救点的准确位置。

（1）必须使用急救车的情况

① 受严重撞击、高处坠落、重物挤压等意外情况造成的严重损伤和大出血。

② 各种原因引起的呕血、咳血、便血等大出血。

③ 意外灾害事故造成人员发病、伤亡的现场，尤其是出现成批伤员和群体伤害的情况。

（2）救护车到达前的急救常规

① 必须保持病人的正确体位，切勿随便推动或搬运病人，以免加重病人的病情。

② 将昏迷、呕吐病人的头侧向一边。

③ 不要抱着脑外伤、昏迷病人的头乱晃。

④ 对于高处坠落伤者，不要随便搬头抱脚移动。

⑤ 将病人移动至安全、易于救护的地方，例如把煤气中毒病人移到通风处。

⑥ 选择适合病人的体位，让病人安静卧床休息。

⑦ 保持已昏迷的病人呼吸道通畅，应将其呕吐物、分泌物掏取出来或将其头侧向一边顺位引流。

⑧ 对外伤病人给予初步止血、包扎、固定。

⑨ 待救护车到达后，应向急救人员详细地讲述病人的病情、伤情及发展过程、初步急救措施。

4. 塌方伤害急救方法

塌方伤害是指因塌方、垮塌，人体被土石方压埋导致的损伤。

急救要点如下。

① 迅速挖掘，争分夺秒救出压埋者。尽早将伤员的头部露出来，即刻清除其口腔、鼻腔内的泥土、砂石，让其呼吸道保持通畅。

② 救出伤员后，先迅速检查其心跳和呼吸，如果呼吸和心跳已停止，立即进行 2 次人工呼吸。

③ 在搬运伤员时，防止其肢体活动。不论有无骨折，都要用夹板固定，并将肢体暴露在空气中。

④ 发生塌方事故后，必须拨打 120 急救电话。

⑤ 切忌对压埋伤进行热敷或按摩。

⑥ 肢体出血时禁止使用止血带止血；使脊柱保持平行，不要弯曲扭动，以防损伤脊髓神经。

5. 高处坠落摔伤急救方法

高处坠落摔伤是指从高处坠落而导致人受伤。

急救要点如下。

① 对坠落在地的伤员，应初步检查伤情，不乱搬动摇晃，立即拨打 120 急救电话。

② 采取初步救护措施：止血、包扎、固定。

③ 伤员上下担架应由 4 人分别抱住头、胸、臀、腿，保持动作一致平稳，避免伤员脊柱弯曲扭动，加重伤情。

6. 烧伤急救方法

烧伤一般指的是热力，包括热液（水、汤、油等）、蒸汽、高温气体、火焰、炽热金属液体（例如钢水）等所引起的皮肤及组织的损害。

急救要点如下。

① 防止烧伤：若身上已经着火，可就地打滚或用厚湿的衣物覆盖压灭火苗，或者尽快脱去燃烧的衣物，如果衣物与皮肤粘连在一起，应用冷水浇湿或浸湿后，轻轻脱去或剪去。

② 对于冷却烧伤部位，应用冷水冲洗、冷敷或浸泡，降低皮肤温度。

③ 用干净纱布覆盖和包裹烧伤创面，切忌在烧伤处涂各种药水和药膏，例如紫药水、红药水等，以免掩盖伤口。

④ 为防止烧伤休克，伤员可口服糖盐水（在 500ml 开水中放入 50g 左右白糖、1.5g 左右食盐），切忌喝刚烧开的热水。

⑤ 搬运伤员时，动作要轻柔、平稳，尽量不要拖拉、滚动，以免加重皮肤损伤。

7. 触电急救方法

触电通常是指人体直接触及电源或高压电后，经过空气或其他导电介质传递的电流通过人体时引起的组织损伤和功能障碍。

急救要点如下。

① 迅速切断电源，使触电者尽快脱离电源。经抢救者确认自己无触电危险后再进行救护。

② 用绝缘物品挑开或切断触电者身上的电线、灯、插座等带电物品。绝缘物品包括干燥的竹竿、木棍、扁担、擀面杖、塑料棒等，以及带木柄的铲子、电工用绝缘钳子。抢救者应穿着绝缘鞋（例如塑料鞋、胶底鞋等）站在绝缘物体上（例如胶垫、木板等）抢救伤员。

③ 触电者脱离电源后，立即将其抬至通风较好的地方，解开触电者的衣扣和裤带。触电者在脱离电源后，若触电较轻，应就地休息 1 ～ 2h 再活动。

④ 如果触电者心跳停止，需对其进行人工呼吸和胸外心脏按压。

⑤ 立即拨打 120 急救电话，急救医生在不间断抢救的情况下护送触电者到医院。

2.4.4　事故的刑事责任

从业人员应遵守安全法律法规、规章制度，以及相关的操作规程。

1. 危险作业罪

在生产、作业中违反有关安全管理的规定，有下列情形之一，具有发生重大伤亡事故的或者其他严重后果的现实危险的，处一年以下有期徒刑、拘役或者管制。

① 关闭、破坏直接关系生产安全的监控、报警、防护、救生设备、设施，或者篡改、隐瞒、销毁其相关数据、信息的。

② 因存在重大事故隐患被依法责令停产停业，停止施工，停止使用有关设备、设施、场所或者立即采取排除危险的整改措施，而拒不执行的。

③ 涉及安全生产的事项未经依法批准或者许可，擅自从事矿山开采、金属冶炼、建筑施工，以及危险物品生产、经营、存储等高度危险的生产作业活动的。

2. 重大责任事故罪

在生产、作业中违反有关安全管理的规定，因而发生重大伤亡事故或者造成其他严重后果的，处三年以下有期徒刑或者拘役；情节特别恶劣的，处三年以上七年以下有期徒刑。

3. 强令、组织他人违章冒险作业罪

强令他人违章冒险作业或明知存在重大事故隐患而不排除，仍冒险组织作业，因而发生重大伤亡事故或者造成其他严重后果的，处五年以下有期徒刑或者拘役；情节特别恶劣的，处五年以上有期徒刑。

4. 重大劳动安全事故罪

安全生产设施或者安全生产条件不符合国家规定，因而发生重大伤亡事故或者造成其他严重后果的，对直接负责的主管人员和其他直接责任人员，处三年以下有期徒刑或者拘役；情节特别恶劣的，处三年以上七年以下有期徒刑。

5. 危险物品肇事罪

违反爆炸性、易燃性、放射性、毒害性、腐蚀性物品的管理规定，在生产、存储、运输、使用中发生重大事故，造成严重后果的，处三年以下有期徒刑或者拘役；后果特别严重的，处三年以上七年以下有期徒刑。

6. 工程重大安全事故罪

建设单位、设计单位、施工单位、工程监理单位违反国家规定，降低工程质量标准，造成重大安全事故的，对直接责任人员处五年以下有期徒刑或者拘役，并处罚金；后果特别严重的，处五年以上十年以下有期徒刑，并处罚金。

7. 消防责任事故罪

违反消防管理法规，经消防监督机构通知采取改正措施而拒绝执行，造成严重后果的，对直接责任人员处三年以下有期徒刑或者拘役；后果特别严重的，处三年以上七年以下有期徒刑。

8. 不报、谎报安全事故罪

在安全事故发生后，负有报告职责的人员不报或者谎报事故情况，贻误事故抢救，情节严重的，处三年以下有期徒刑或者拘役；情节特别严重的，处三年以上七年以下有期徒刑。

第 3 章

动力系统识图

| 3.1 图纸识别基本知识 |

3.1.1 图幅的分区

由边框线围成的图面称为图纸的幅面。幅面大小共分为 5 类——A0 ～ A4。每类分别有留装订边和不留装订边的尺寸。基本幅面尺寸见表 3-1。较长图纸的实际幅面见表 3-2。

表3-1 基本幅面尺寸

幅面代号	A0	A1	A2	A3	A4
尺寸 /mm	841×1189	594×841	420×594	297×420	210×297
留装订边边宽 /mm	10	10	10	5	5
不留装订边边宽 /mm	20	20	10	10	10
装订册边宽 /mm	25				

表3-2 较长图纸的实际幅面

幅面代号	A3×3	A3×4	A4×3	A4×4	A4×5
尺寸 /mm	420×891	420×1189	297×630	297×841	297×1051

为了确定图纸内容的位置及其他用途，可在一些幅面较大、内容较复杂的电气图上进行分区。图幅分区的方法是对图纸相互垂直的两边加以等分。分区数应为偶数，每个分区的长度为 25 ～ 75mm。每个分区内竖边方向用大写拉丁字母编号，横边方向用阿拉伯数字编号。

留装订边的 A3 图框如图 3-1 所示，不留装订边的 A3 图框如图 3-2 所示。

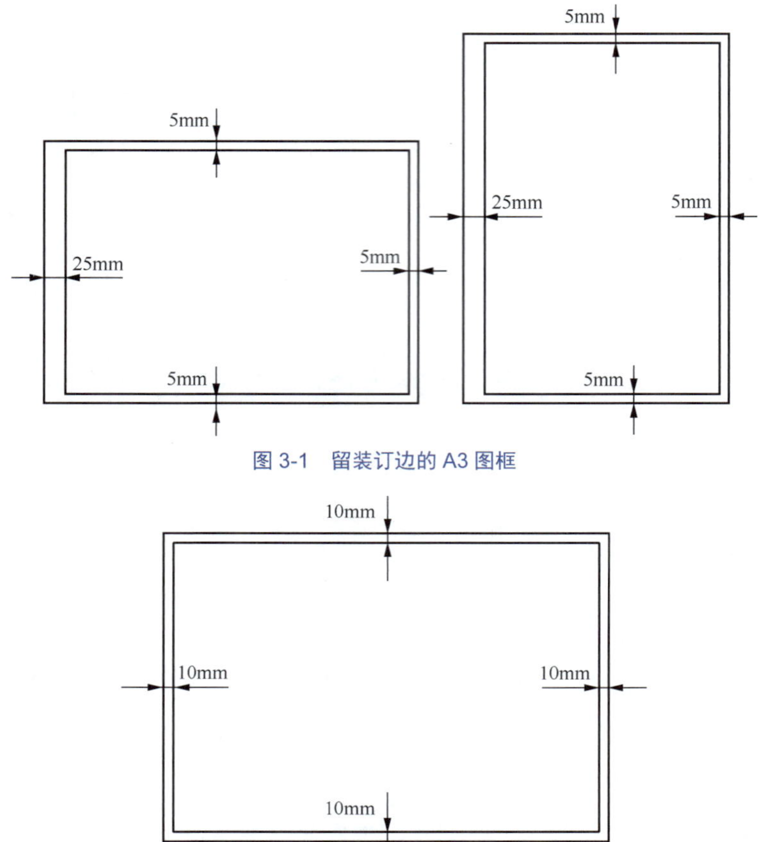

图 3-1　留装订边的 A3 图框

图 3-2　不留装订边的 A3 图框

图幅分区后相当于建立了一个坐标，分区代号用该区域的拉丁字母和阿拉伯数字表示，图幅分区示意如图 3-3 所示。在图 3-3 中，继电器线圈 K 的区号为 B5，电阻 R 的区号为 C5。

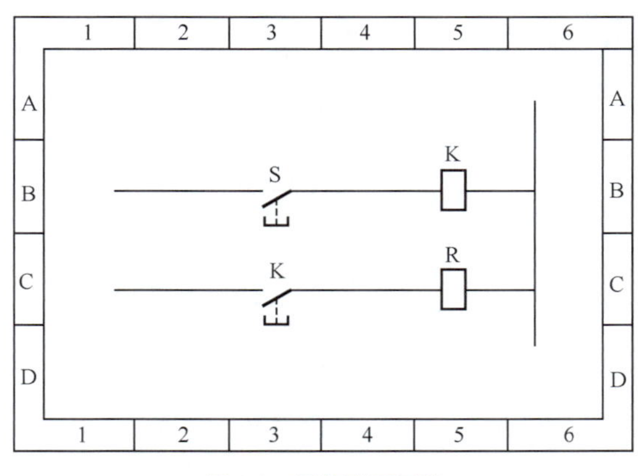

图 3-3　图幅分区示意

3.1.2　图纸的布局

图纸的合理布局会给正确、快速读图带来很大的影响。图纸合理布局的原则是便于绘制、易于识读、突出重点、均匀对称、清晰美观。

布局要点是：从总体到局部，从一次接线到二次接线，从主到次，从左到右，从上到下，从图形到文字。

元件一般按因果关系、动作顺序从左到右或从上到下布置。图纸的布局示例如图 3-4 所示。S、Q、K3 闭合后，K1 动作；K1 的动合触点闭合后，K2 动作。如果不按这一顺序阅读图纸则很难读懂。

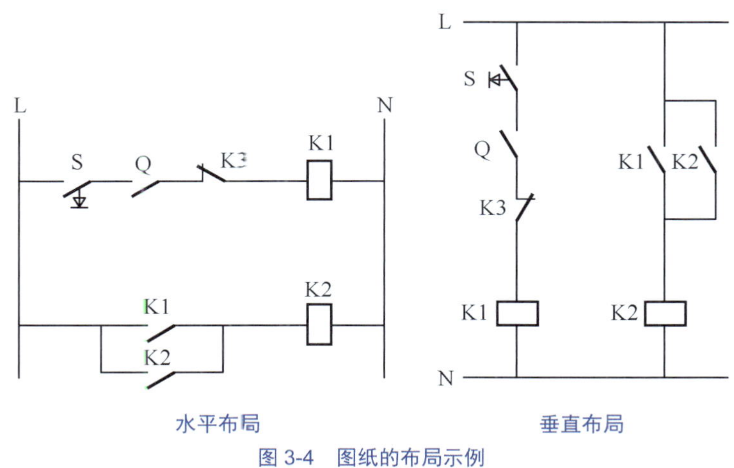

图 3-4　图纸的布局示例

3.1.3　连接线

连接线是电气工程图的主要组成部分，连接线可分别表示导线、导线组、电缆、电力线路、信号线路、母线、总线及用以表示某一电磁关系、功能关系等的连线。根据各种图形和图面情况不同，连接线有多种表示方法。

导线表示方法如图 3-5 所示。连接线应采用实线，虚线表示计划扩展的内容。为了突出某些电路、功能等，可以采用不同粗细的连接线，主电路、主信号通路可采用粗线，其他采用细线。

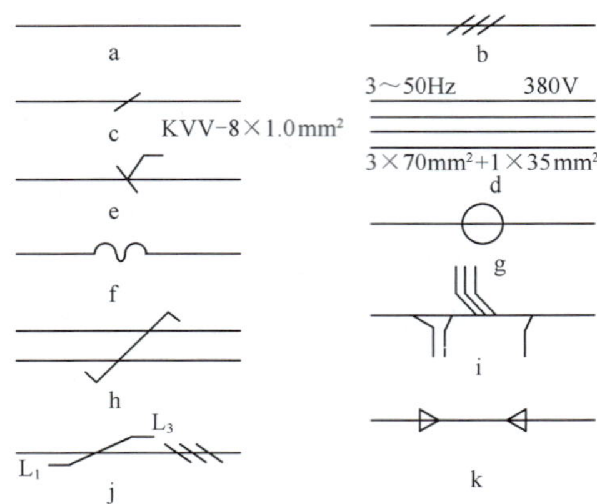

注：a 表示导线的一般符号；b 表示三根导线；c 表示 n 根导线；d 表示三相带中性交流电路；e 表示 8 芯控制电路；f 表示柔软导线；g 表示屏蔽导线；h 表示两股绞合导线；i 表示导线分支与合并；j 表示相序变更；k 表示电力电缆。

图 3-5　导线表示方法

3.1.4　注释和技术数据的表示方法

当含义用图示形式表达不清楚时，可在图面上增加注释。注释可采用两种方式：一是直接将注释放在所要说明的对象附近；二是将注释放在图面上的其他适当位置。当图面中出现多个注释时，应该把这些注释按编号顺序放在图纸边框附近。

技术数据的表示方法如图 3-6 所示。① 标注在图形符号旁；② 标注在图形符号内；③ 以表格的形式列出。在图 3-6(a) 中，连接线为水平布置，数据尽可能标注在符号的下方；在图 3-6(b) 中，连接线为垂直布置，数据尽可能标注在项目代号的下方。

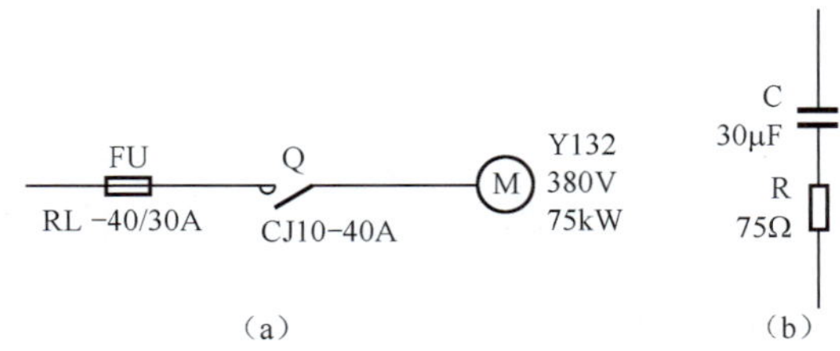

图 3-6　技术数据的表示方法

3.1.5　制图基本知识

要想绘制好一张图，要注意以下 3 个要点。

① 精心构思，做到心中有数。对整个图要表达的内容（例如，有哪些图形、各个图形之间的相互位置、图形的功能及组成元件、文字符号、要标注的内容、设备元件明细表、技术说明等）及各部分所占位置、尺寸进行缜密构思，做到心中有数。可先画草图再绘制整个图形。

② 进行规划，确定各部分的位置。确定好图面表达内容并画出草图之后，确定图中各个部分的位置关系，再进行合理布局。

③ 找出基准、逐步绘制。确定整个图幅的基准线，作为进一步画图的基准。在此基础上可以对设备进行布局再画图。

3.1.6　电气符号

电气符号包括图形符号、文字符号等。电路图是利用这些符号来表示它的构成和工作原理的。

1. 图形符号

图形符号是指用于各种设备上，作为操作指示或用来显示设备的功能或工作状态的图形符号。一次回路部分常用的电气设备图形符号见表 3-3。

表3-3　一次回路部分常用的电气设备图形符号

GB/T 4728	有铁心的单相双绕组变压器	YN，d连接有铁心三相绕组变压器	YN，y，d连接有铁心三相三绕组变压器	星形连接有铁心三相自耦变压器	星形-三角形连接的三相变压器	接地消弧线圈
形式1		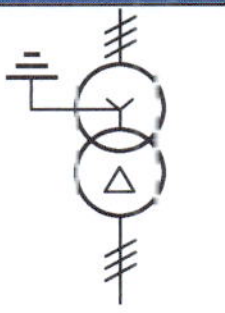	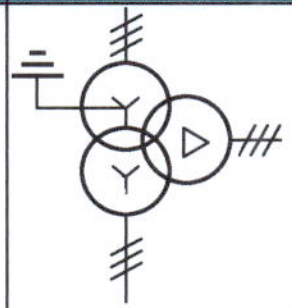		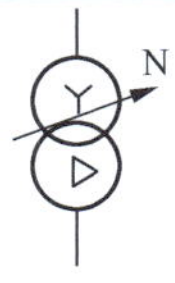	
形式2	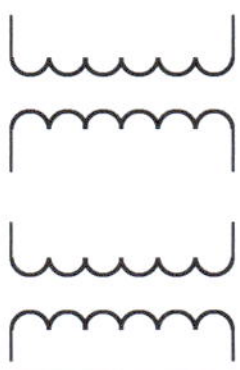	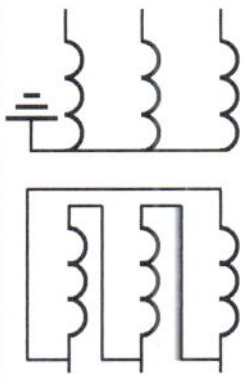	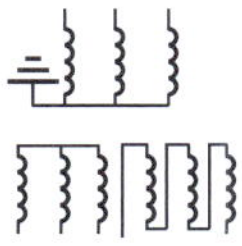	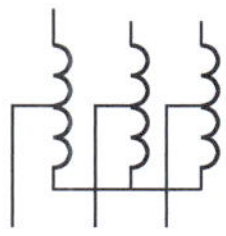	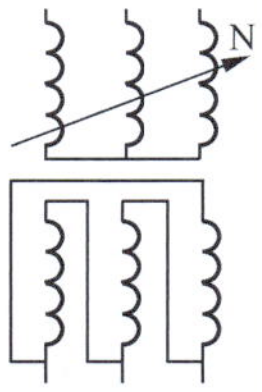	
GB/T 4728	单二次绕组的电流互感器	三极高压断路器	带接地刀闸的隔离开关	电抗器	跌落式熔断器	阀型避雷器
形式1	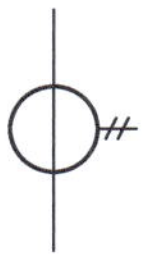	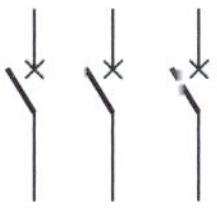				

2. 文字符号

文字符号分为基本文字符号和辅助文字符号两类。

（1）基本文字符号

基本文字符号分为单字母文字符号和双字母文字符号两种。

单字母文字符号是按大小写的拉丁字母将各种电气设备、装置和元器件划分为 23 个大类，每个大类用一个专用单字母符号表示。双字母文字符号由一个表示大类的单字母文字符号与另一个单字母组成，组合形式一般按照表示大类的单字母在前、另一个单字母在后的次序标出。

（2）辅助文字符号

辅助文字符号是用来表示电气设备、装置和元件及线路的功能、状态和特征的。例如，“SYN”表示同步，“L ”表示限制，“RD”表示红色等。

电气设备常用的文字符号见表 3-4。

表3-4　电气设备常用的文字符号

电气设备、装置和元件种类	电气设备、装置和元件举例	基本文字符号	
		单字母	双字母
模拟元件	运算放大器	N	
测量设备 / 实验设备	电流表	P	PA
	电压表	P	PV
电力电路的开关器件	断路器	Q	QF
电阻器	电阻器	R	
控制记忆信号电路的开关器件选择器	控制开关	S	SA
	压力传感器	S	SP
	温度传感器	S	ST
变压器	变压器	T	
	电流互感器	T	TA
	电压互感器	T	TV
调制器交换器	变频器	U	
	整流器	U	
部件、组件	分离元件放大器	A	
非电量到电量变换器或电量到非电量变换器	光电池	B	
	温度变换器	B	BT
电容器	电容器	C	
二进制元件、延迟器件 / 存储器件	延迟器	D	
	寄存器	D	
其他元器件	照明灯	E	EL
保护器件	避雷器	F	

续表

电气设备、装置和元件种类	电气设备、装置和元件举例	基本文字符号	
		单字母	双字母
发生器、发电机、电源	发生器	G	GS
	同步发电机	G	GS
	蓄电池	G	GB
信号器件	指示灯	H	HL
继电器、接触器	继电器	K	
	交流继电器	K	KA
	接触器	K	KM
电感器、电抗器	感应线圈	L	
	电抗器	L	
电动机	电动机	M	
	同步电动机	M	MS
电子管、晶体管	二极管	V	
	发光二极管	V	VL
传输通道	导线	W	
	母线	W	WB
端子插头插座	接线柱	X	
	连接片	X	XB
	端子板	X	XT
电气操作的机械器件	电磁铁	Y	
	电动阀	Y	YM
	电磁阀	Y	YV
终端设备、混合变压器、滤波器等	电缆平衡网络	Z	
	网络	Z	

3.1.7　项目代号

1. 含义

图纸中通常用一个图形符号表示的基本件、部件、组件、功能单元、设备、系统等被称为项目。图、表格中和设备上的特定代码，被称为项目代号。项目代号是由拉丁字母、阿拉伯数字和特定的前缀符号，按照一定规则组合而成的。

2. 项目代号的构成

一个完整的项目代号由以下 4 个代号段组成。

① 种类代号段，其前缀符号为“-”。

② 高层代号段，其前缀符号为“=”。

③ 位置代号段，其前缀符号为“+”。

④ 端子代号段，其前缀符号为“：”。

种类代号——用以识别项目种类的代号，是项目代号的核心部分，一般由字母代码和数字组成。

高层代号——系统或设备中任何较高层次项目的代号，具有“总代号”的含义，可用任意选定的字符、数字表示。

位置代号——项目在组件、设备、系统或建筑物中的实际位置的代号，一般由自行选定的字符或数字表示。

端子代号——用于同外电路进行电气连接的电器的导电件的代号，通常用数字或大写字母表示。

一个项目代号可由一个代号段组成，例如，较简单的电气图只标注种类代号或高层代号，也可由几个代号段组成，例如，S1 系统中的开关 Q4，在 H84 位置中，其中 A 号端子，可标记为“+H84=S1-Q4：4A”。

项目代号示意如图 3-7 所示。

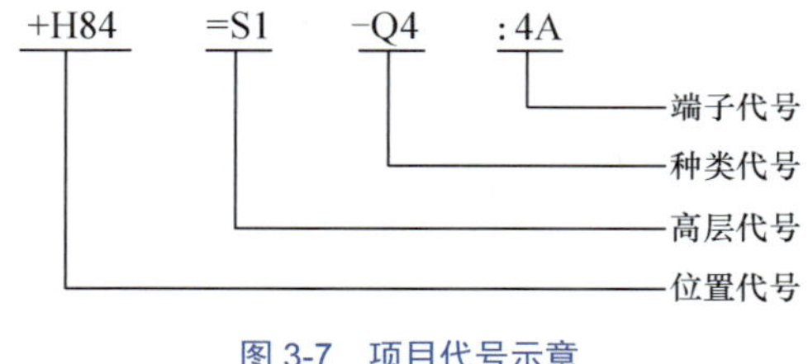

图 3-7　项目代号示意

3.2　电气系统图的识别

3.2.1　电气图的识别

电气图所要表达的内容是元件和连接线，图形符号、文字符号是组成电气图的要素。

1. 阅读设备说明书

阅读设备说明书可以帮助工作人员了解设备的机械结构、电气传动方式、电气控

制的要求、设备和元件的布置情况，以及设备的使用操作方法等。

2. 看图纸说明

图纸说明包括图纸目录、技术说明、设备材料明细表、元件明细表、设计和施工说明书等，能使工作人员大致了解工程项目的设计内容及总体要求，有助于抓住识图的重点内容。

3. 看有关电气图

看电气图的顺序依次从标题栏、技术说明到图形、元件明细表阅览，从总体到局部，从电源到负载，从主电路到辅助电路，从电源到元件，从上到下，从左到右阅览。

4. 看电气原理图

为了进一步理解系统或分析系统的工作原理，工作人员需要仔细阅览电路图。工作人员在看电路图时要分清主电路和辅助电路，以及交流电路和直流电路，再按先看主电路后看辅助电路的顺序阅览。

看主电路时，一般是由上而下阅览，即由电源输入端开始，经开关设备及线路，最终到负载。

看辅助电路时，从上而下阅览，即先看电源，再依次看各个回路，分清各辅助电路对主电路的控制、保护、测量、指示、监视功能，以及了解电路的组成和工作原理。

5. 看安装接线图

接线图是以电路为依据的，因此要对照电路图来看接线图。看接线图时，先看主电路，再看辅助电路。看主电路时，从电源引入端开始，经开关设备、线路到负载。看辅助电路时，要从电源的一端到电源的另一端，按元件连接顺序对每个回路进行分析。接线图中的线号是电气元件间导线连接的标记，原则上，线号相同的导线都可以接在一起。接线图多用单线表示，如果要辨别导线的走向，就需要清楚端子板内外电路的连接。

6. 看展开接线图

看展开接线图时，应结合电路图一起阅览，一般是先看各展开回路的名称，然后从上到下、从左到右看。需要注意的是，在展开接线图中，同一电气元件的各部件是按其功能分别画在不同回路中的（同一个电气元件的各部件均标注同一项目代号，其项目代号通常由文字符号和数字编号组成）。因此，读图时要注意该元件各部件之间的联系。

7. 看电气布置图

看电气布置图时，要先了解土木建筑、管道等相关图样，再看电气设备（包括平面、立体位置），详细分析各电气设备的具体位置及尺寸，并知晓各电气设备之间的相互关系，了解线路的引入、引出、走向等。

3.2.2 主接线图的识别

主接线的基本形式分为单母线接线、双母线接线和桥式主接线 3 种。

1. 单母线接线

单母线接线示意如图 3-8 所示。单母线不分段式接线如图 3-8（a）所示，其优点是线路简单、使用设备少、造价低；其缺点是供电可靠性和灵活性差，当母线或隔离开关发生故障时，将造成停电。因此，其仅适用于容量较小和对供电可靠要求不高的中小型工厂。

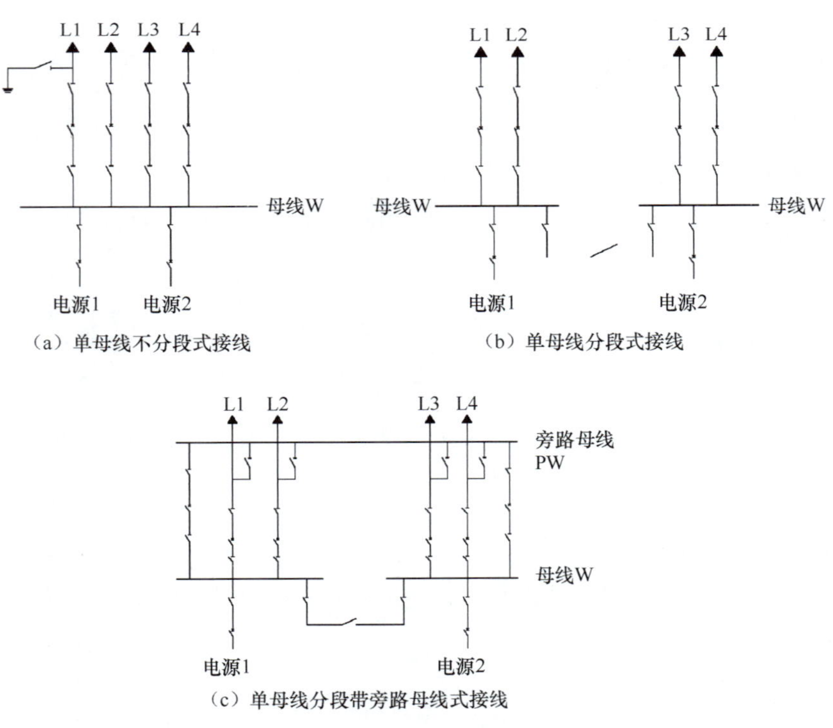

图 3-8 单母线接线示意

单母线分段式接线如图 3-8（b）所示，根据电源数目把母线分段运行，其优点是当母线或隔离开关出现故障时，可以不用切断全部负荷。

单母线分段带旁路母线式接线如图 3-8(c) 所示，其特点是用断路器把主母线分段，且有一旁路母线配合。当检修设备时，可用旁路母线供电，减少停电时间。该方式适用于配电线路较多、负荷较重的主变电所或高压配电所。

2. 双母线接线

双母线接线示意如图 3-9 所示。这种接线方式运行可靠、灵活。两根母线互为备用，当一条母线停电或出现故障时，不影响其他线路的正常供电。该方式适用于供电可靠性要求很高、电压等级为 3.5 ~ 10kV 的大型工厂的总降压变电所母线系统。

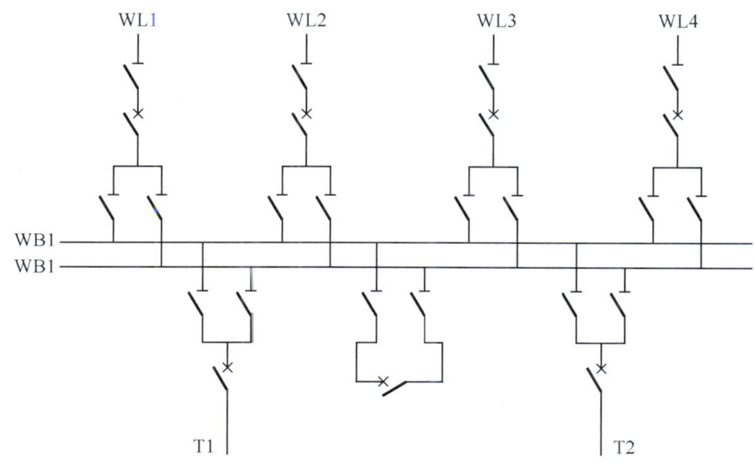

图 3-9 双母线接线示意

3. 桥式主接线

桥式主接线示意如图 3-10 所示，它适用于具有二回路的电源进线、两台变压器终端的工厂总变电所，其特点是有一条跨接的"桥"。

① 内桥主接线如图 3-10(a)所示。跨接桥(断路器 QF3 支路)靠近变压器侧，它可以提高输电线的灵活性。例如，当线路 L1 在故障检修时，把断路器 QF1 断开，此时可由线路 L2 通过跨桥使变压器 T1 受电，T1 不会停电。当线路 L2 进行故障检修时，可由 L1 供电。它适用于 35kV 以上的长线路和不需要经常操作系统的变压器。

② 外桥主接线如图 3-10(b) 所示。跨接桥接在靠近线路侧，这样方便变压器的切除和投入。它适用于 35kV 以上供电线路较短且要经常操作系统的变压器。

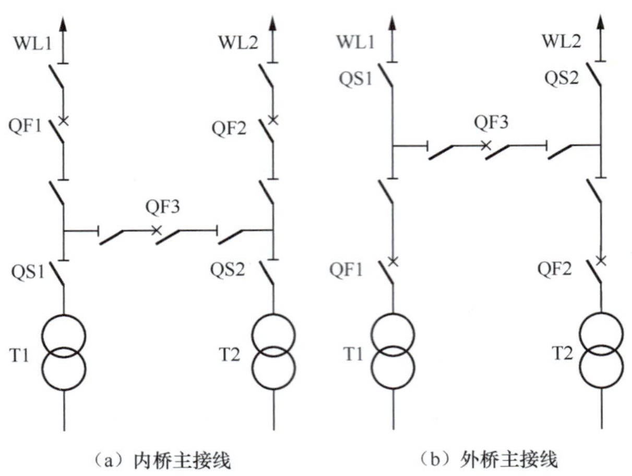

图 3-10　桥式主接线示意

3.2.3　变配电主接线图的识别

电力系统一次回路图的形式有很多种，但识图方法是一样的，看一次回路图一般应从主变压器开始，了解主变压器的技术参数，先向上看高压一次侧的母线接线形式，再看低压侧的母线接线形式。

两台主变压器变电一次回路示意如图 3-11 所示。识图时，先看主变压器，由主

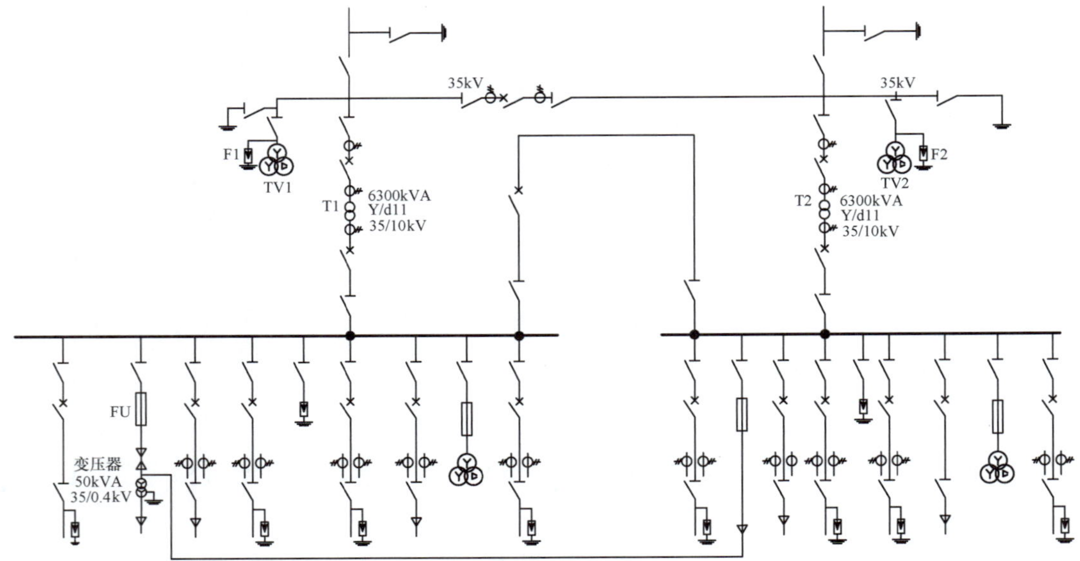

图 3-11　两台主变压器变电一次回路示意

变压器符号的标注可知，变压器 T1 和 T2 的容量都为 6300kVA，电压由 35kV 变为 10kV，接线组别为 Y/d11（Y 代表星形连接，d 代表三角形连接，11 代表一次侧线电压与二次侧线电压的相位差为 30°）。高压侧的母线接线形式为外桥式接线，两路进线的隔离开关带有接地隔离开关，桥路的两侧装有避雷器（用 F 表示）及电压互感器（Transformer Voltage，TV）。

变压器低压侧为单母线分段式接线，每台变压器各供一段母线，当有一台变压器停电时，可通过母联断路器，由一台主变压器向 WB1 和 WB2 两段 10kV 母线供电，保证为重要负荷提供不间断供电。每段 10kV 母线都有架空出线和电缆出线，架空出线的出口处均装有避雷器。在 10kV WB1 段母线上装有一台 50kVA 的所用变压器，并经过电缆和 WB2 段母线相连，使 WB1、WB2 两段母线都能向所用变压器供电，保证了所用电源的可靠性。另外，两段母线上都装有电压互感器和避雷器，用于计量和防雷保护。

3.2.4　配电系统二次回路图的识别

二次回路是指测量回路、继电保护回路、开关控制及信号回路、操作电源回路、继路器和隔离开关的电气闭锁回路等全部低压回路。二次回路可用以控制、保护、调节、测量和监视一次回路中各参数和各元件的工作状况。

绘制二次回路图的基本原则是将所有二次设备、元件用国家统一规定的相应图形符号、文字符号或数字符号表示，其间的连接线按照实际连接的顺序绘出。二次回路图按其用途可分为原理图、展开图、屏面布置图、单元安装图和端子排图。

1. 常用设备的图形符号

二次回路中部分常用设备的图形符号如图 3-12 所示。

动合触点	动断触点	过流继电器线圈	欠压继电器线圈	手动开关一般符号	按钮开关（动合按钮）
或		I>	U>		

图 3-12　二次回路中部分常用设备的图形符号

2. 图纸中常用图形符号的表示

（1）图中设备位置的表示方法

① 表示导线去向的位置标记。在采用图幅分区的电路图中，查找水平布置的电路需要标明行的标记，而对垂直布置的电路需要标明列的标记，对复杂的电路图需要标明行与列的组合。导线去向位置的标记示例如图 3-13 所示。=E1/112/D 表示三相电源线 L1、L2、L3 接至配电系统，E1 的第 112 张图的 D 行。

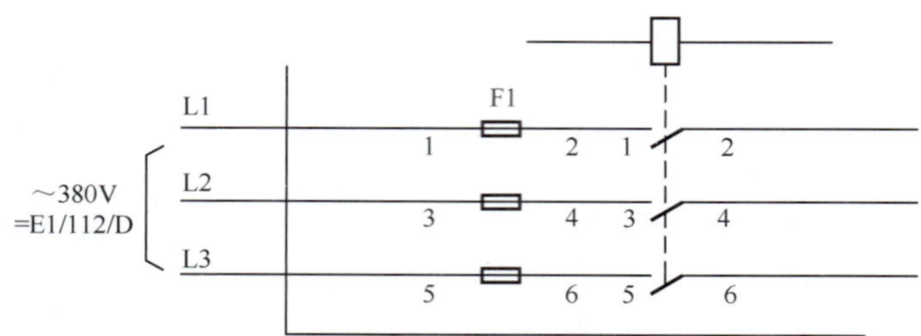

图 3-13　导线去向位置的标记示例

② 表示图形符号在图上的位置。图形符号位置的标记示例如图 3-14 所示，接点处标记 2/2 表示触点 43-44 的驱动线圈图形符号在第二张图纸的第 2 列，而标记 2/8 表示触点 83-84 的驱动线圈图形符号在第二张图纸的第 8 列。

（2）图上元件符号的表示法

图上元件符号的表示法有集中表示法、半集中表示法和分开表示法 3 种。继电器图形符号的 3 种表示法如图 3-15 所示。

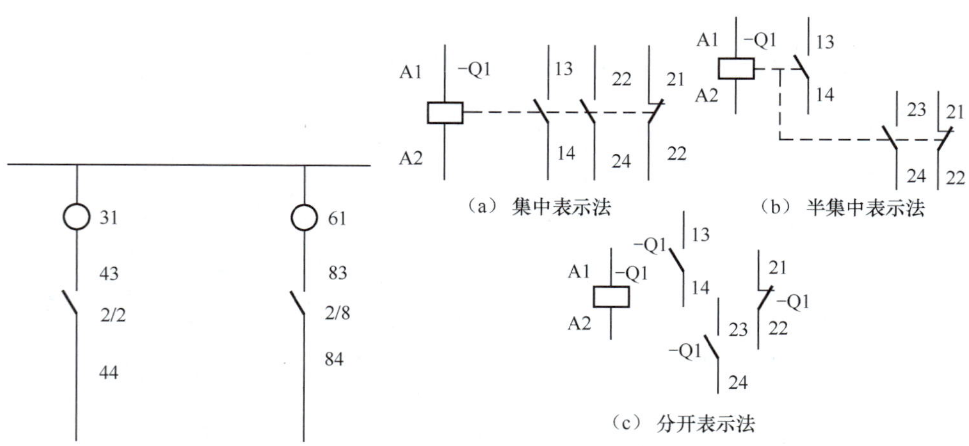

图 3-14　图形符号位置的标记示例

图 3-15　继电器图形符号的 3 种表示法

3. 定时限过电流保护原理电路图

定时限过电流保护原理电路如图 3-16 所示。

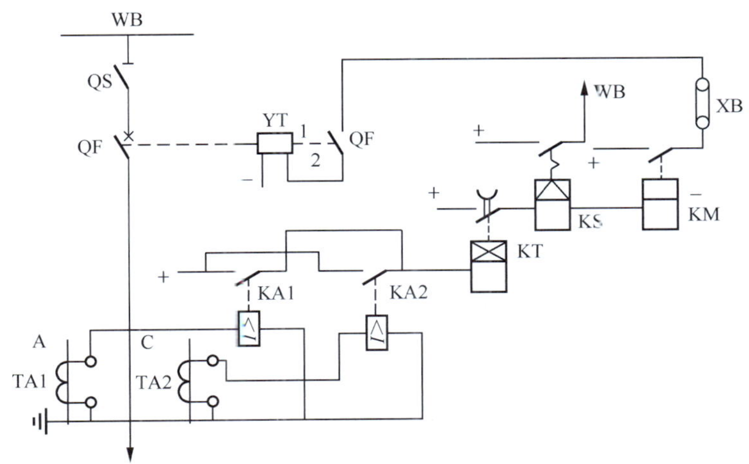

图 3-16　定时限过电流保护原理电路

图 3-16 是 10kV 线路的定时限过电流保护的原理图。图中一次设备由母线（WB）、隔离开关（QS）、断路器（QF）和两台电流互感器（TA1、TA2）组成，电流互感器接成不完全星形接线。图中二次回路由过电流继电器（KA1、KA2）、时间继电器（KT）、保护出口中间继电器（KM）、信号继电器（KS）、连接片（XB）组成。若发生 L1、L2 相间短路，此时 TA1 一次侧通过短路电流。当 TA1 二次侧输出的电流值大于电流继电器 KA1 的整定值时，启动保护措施，KA1 动合触点闭合，此时的直流控制电流途径如下。

①“+”→KA1 触点→KT 线圈→“-”，KT 启动，经整定的延时后，KT 延时动合触点闭合。

②“+”→KT 延时动合触点→KS 线圈→KM 线圈→“-”，YT 跳闸线圈带电，使断路器跳闸，图中连接片（XB）用于保护功能的投入或退出。

3.2.5　二次展开图的识别

10kV 线路定时限过电流保护时展开示意如图 3-17 所示。

我们拿到一张展开图后，应按以下要求和顺序识图。

首先要了解各种控制电器和继电器的基本结构及动作原理，一次回路示意如图 3-17（a）。图 3-17（b）表示各电流互感器二次绕组电流回路中，接入相应的电流继电器 KA1 和 KA2 线圈。图 3-17（c）为直流保护回路，直流电源由控制电源小母线 +WC、-WC，经熔断器 FU1、FU2 引入，将所有回路的接线在控制电源的正、负极间分为一系列独立的水平段。其动作顺序是每行从左到右，全图从上到下，例如 KA1 和 KA2 动作，它们的动合触点闭合，接同一个 KT 线圈，经过一定的时延，KT 动合触点闭合，启动信号继电器（KS）和中间继电器（KM），KM 动合触点闭合，接通了跳闸线圈（YT）的 33 回路，使断路器（QF）跳闸。在图 3-17（d）的信号回路中，由“信号”小母线 +WS 和灯光信号小母线 WL 引入，KS 做完动作后，其相应的触点 KS 闭合，发出“掉牌未复归”的灯光信号。

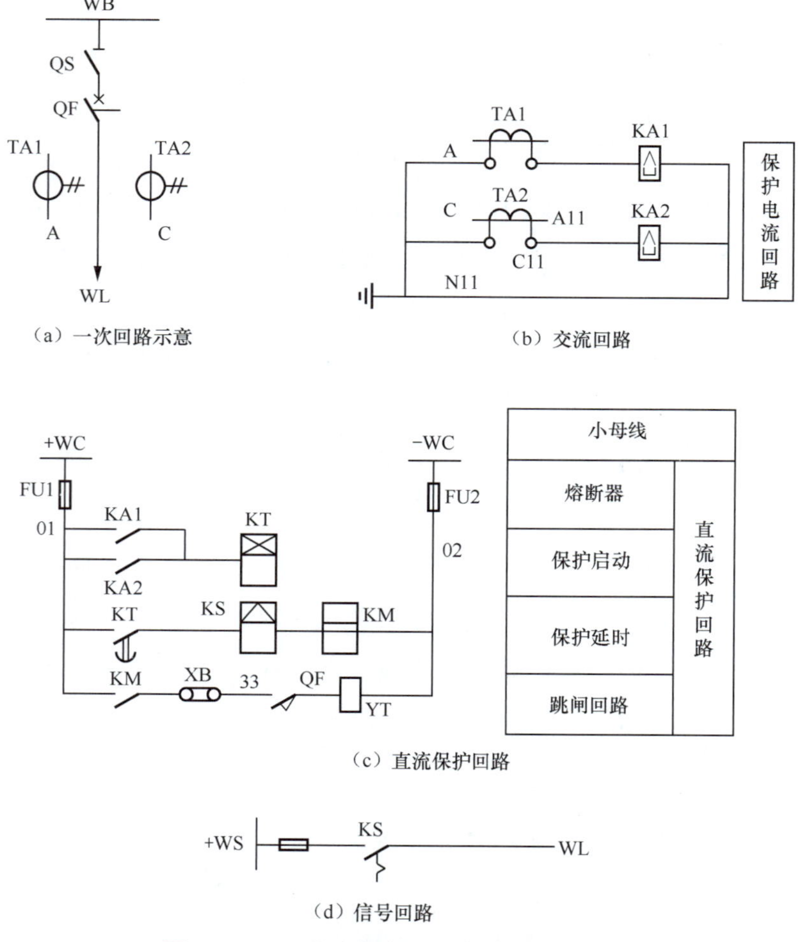

图 3-17　10kV 线路定时限过电流保护时展开示意

在图 3-17 中，继电器触点和电气设备辅助触点的位置都是正常状态，即继电器线圈中没有电流、继电器没有动作时所处的状态。

第 4 章

动力系统施工技术

4.1 高压和低压配电柜施工技术

高压配电柜是指用于电力系统发电、输电、配电、电能转换和在消耗中起通断、控制或保护等作用，电压等级在 3.6kV ～ 550kV 的电器产品。

低压配电柜的交流电频率是 50Hz，其将额定电压 380V 的配电系统作为动力，用于照明及配电的电能转换及控制。

虽然高压配电柜和低压配电柜的作用及安装方法基本相同，但在以下方面存在较大差别。

① 高压配电柜用于 6000V 及以上的电压，低压配电柜用于 380V/220V 的电压。

② 由于高电压系统的短路电流大，所以高压配电柜的开关不但能够承受高电压和大电流，而且具有强大的灭弧能力。

③ 低压开关一般采用空气灭弧和灭弧栅灭弧，高压开关则采用绝缘油灭弧、真空灭弧、六氟化硫灭弧。

4.1.1 施工准备

主材及辅材：配电柜、型钢。

工器具：螺丝旋具、冲击电钻、电工用梯、圆头锤、电工刀、钢手锯、扳手、手电钻、丝锥、圆板牙、电焊机及绝缘导线等。

4.1.2 施工内容

施工内容如下。

① 配电柜的安装。

② 硬母线的安装。

③ 柜内回路的安装布线。

④ 安装后的检查。

⑤ 电压表、电流表的校验及验收准备的资料。

4.1.3 施工流程

配电柜施工流程示意如图 4-1 所示。

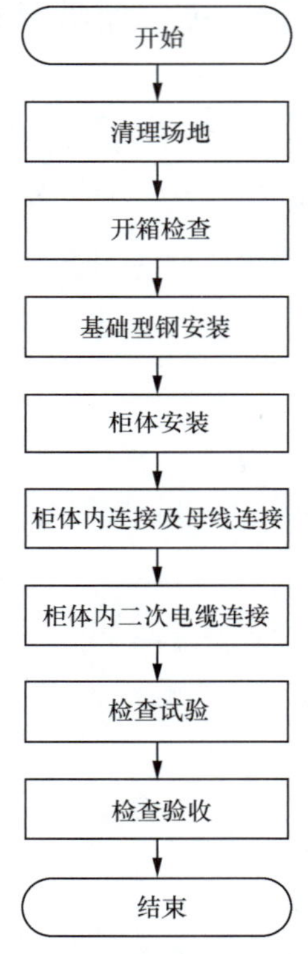

图 4-1 配电柜施工流程示意

4.1.4 施工方法

1. 配电柜的安装

（1）配电柜底座制作安装

先根据图纸进行底座定位（以下所有设备安装前都需要先定位底座），配电柜底座一般使用型钢制作，例如角钢、槽钢等。钢材规格尺寸根据配电柜的尺寸和重量而定，用 5# ～ 10# 槽钢，用 L30mm × 4mm ～ L50mm × 5mm 角钢，型钢先矫正平直再下料。

配电柜底座安装如图 4-2 所示。

图 4-2　配电柜底座安装

（2）配电柜开箱

配电柜到达现场后，按进度情况进行开箱检查。先查验合格证、产品说明书，再将主要检查内容填写在“设备开箱检查记录”中。

配电盘的安装示意如图 4-3 所示。盘柜安装水平度、垂直度要求的允许偏差见表 4-1。

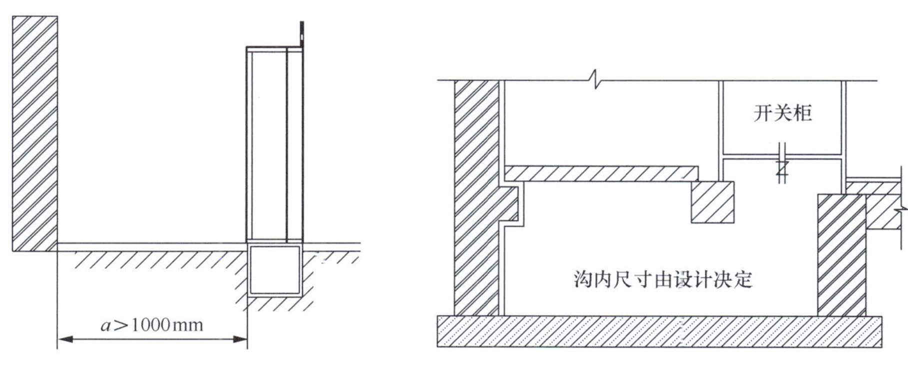

图 4-3　配电盘的安装示意

表4-1　盘柜安装水平度、垂直度要求的允许偏差

项目		允许偏差 /mm
垂直度（每米）		1.5
水平度	相邻两盘顶部	2.0
	成行盘顶部	5.0
不平度	相邻两盘顶部	1.0
	成行盘顶部	5.0

（3）配电柜的安装

① 将配电柜平稳地安装到槽钢基础上，柜间用螺栓拧紧，找平、找正后与槽钢基础焊接，盘柜要用 6mm 的软铜线与接地干线相连，作为保护接地。固定底座用的底板由土木建筑施工进行预埋，安装人员应配合工作或检查验收其准确性。

② 当配电柜安装在容易振动的场所时，应采取防振措施（例如开防振沟、加弹性垫等）。

③ 配电柜本体及柜内设备与各构件间应牢固连接。主控制柜、继电保护柜、自动装置柜等不宜与基础型钢焊死。

④ 当配电柜单独或成列安装时，其垂直度、水平度、柜面不平度和柜间接缝的允许偏差按施工规范及技术要求设置。

⑤ 接线端子箱应安装牢固，并封闭良好，安装位置应便于检查；成列安装时，应排列整齐。

⑥ 配电柜的接地应牢固。装有电器的可开启的柜门应用软导线与接地的金属构架可靠连接。

⑦ 配电柜内的配线应整齐、清晰、美观，导线绝缘良好，无损伤，配电柜的导线不应有接头；每个端子板的每侧接线一般为一根，严禁超过两根接线。

⑧ 配电柜内的配线应采用截面积不小于 1.5mm^2、电压不低于 400V 的铜芯线。

⑨ 配电柜内敷设的导线应符合安装规范的要求，即同方向导线汇成一束捆扎，沿柜框布置导线；导线敷设应横平、竖直，转弯处应成圆弧过渡的直角。

⑩ 橡胶绝缘芯线进出配电柜应用外套绝缘管进行保护。

⑪ 配电柜安装完成后，柜面油漆应完好。若有损坏，应重新喷漆。

配电柜进出线实物如图 4-4 所示。

图 4-4　配电柜进出线实物

2. 硬母线安装

配电柜一次接线如图 4-5 所示。

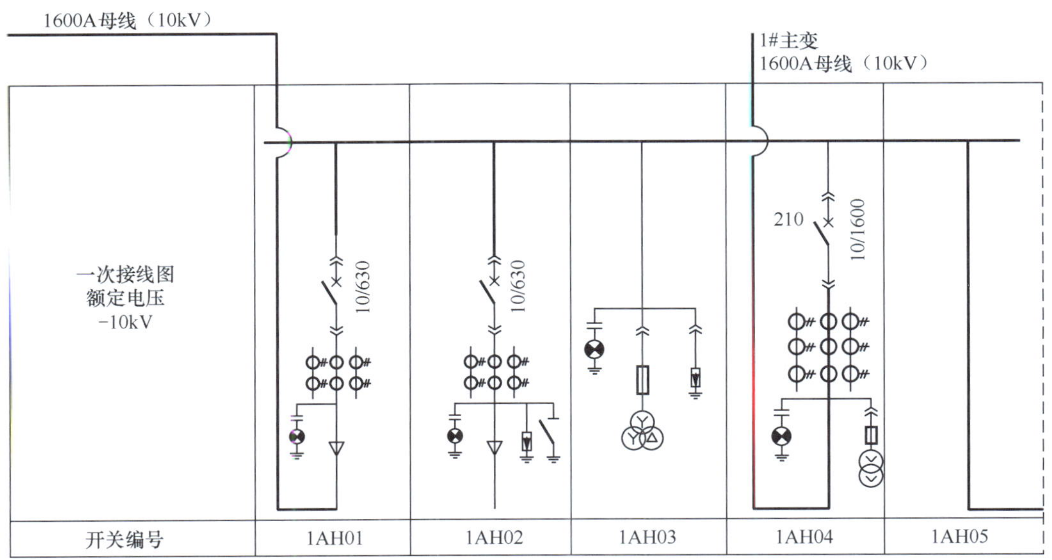

图 4-5 配电柜一次接线

配电柜内母线连接如图 4-6 所示。

图 4-6 配电柜内母线连接

3. 柜内二次回路安装

（1）二次接线配线原则

① 布线应平直、整齐、统一，走线合理，接点严禁出现松动，应便于检修。走线通道数量应尽可能少，且横平竖直。同一通道中的导线要集中分类，单层平行密排或成束时应紧贴敷设面。

② 同一层次的导线应高低或前后一致，不能交叉布线。当必须交叉布线时，可水平架空跨越，但必须合理布线，严禁多层次跨越布线。

③ 布线应横平竖直，变换走向应垂直 90°（拐角弯曲半径约为线径的两倍）。上下或左右接点若不在同一垂直或水平线，则不应采用斜线连接。

④ 同一元件、同一回路（或功能相同元件与回路）的不同接点的导线间距及弯曲弧度应保持一致。

⑤ 每个接线端子只允许接一根导线，每个电器元件端子接线严禁超过两根。布线时严禁损伤绝缘层和线芯。

⑥ 次配线应远离飞弧元件，并严禁妨碍电器的操作。

⑦ 电流表与分流器的连线严禁经过端子。电流表与电流互感器的连线必须经过试验端子。

⑧ 二次配线严禁从母线间穿过。

⑨ 成套电气产品绝缘导线最小截面积为 1.0mm^2，对于低坪（≤ 100V）线路，允许采用截面积小于 1.0mm^2 的导线。接线严禁使端子受到额外应力。

⑩ 导线接入端子应采用铜接头，当不采用铜接头时，软导线绞紧搪锡接入，独股线应做成羊眼圈形状后接入。

⑪ 线槽布线时，包括绝缘层在内的导线总截面积不大于线槽截面积的 60%；线束布线时，应根据缠绕管规格布线，但最多不超过 30 根。

⑫ 应垂直或水平布线，严禁歪斜交叉。柜内的弱电布线与强电布线应分开敷设。

⑬ 面板和柜体的接地跨接线不应缠入线束（单独敷设除外）。

⑭ 剥线必须使用专用工具（剥线钳剥截面积 4mm^2 及以下的导线，截面积 6mm^2 以上导线用电工刀削除绝缘层）。

⑮ 端子接入两根导线时，应先加铜垫片，保证接触良好。导线截面积不同时，截面积大的导线放下层，截面积小的导线放上层。

（2）二次接线流程

认真阅读二次接线原理图，按要求选择合适的二次线缆。配电柜二次接线如图 4-7 所示。

① 市电（交流 220V）电压回路用截面积 1.5mm^2 的导线、电流回路用截面积 2.5mm^2 的导线；蓄电池一般用截面积 1.5mm^2 的导线。

图 4-7　配电柜二次接线

② 电流回路：应确定电流互感器的工作等级，如果无可靠依据，可按断路器的电流容量确定最大短路电流。

③ 电压回路：当全部保护装置和安全自动装置工作时（考虑到发展，电压互感器的负荷到最大时），电压互感器至保护装置和安全自动装置的电缆压降不应超过 3% 的额定电压。

④ 操作回路：在最大负荷下，操作母线至设备的电压降不应超过 10% 的额定电压。

二次接线施工的要求具体如下。

按图施工，正确接线；导线与电气设备采用螺栓连接、插接、焊接或压接等，均应牢固、可靠，接线良好；配线整齐、清晰、美观；导线绝缘良好，无损伤；柜内导线不应有接头；回路编号正确，字迹清晰；电流互感器二次绕组不允许开路，电压互感器二次侧不允许短路。

4. 配电柜内电缆成端

（1）低压电缆头制作

低压电缆头制作条件具体如下。

① 电气设备安装完毕，室内空气干燥。

② 电缆敷设并整理完毕，核对无误。

③ 电缆支架及电缆终端头固定支架安装齐全。

④ 操作场地照明度高，较宽敞。

低压电缆头制作流程如图 4-8 所示。

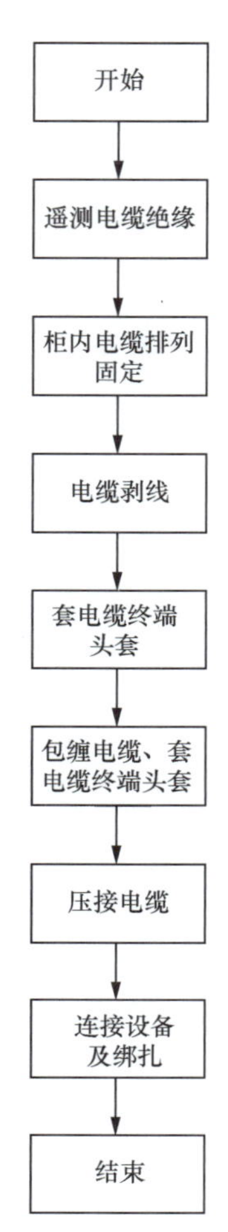

图 4-8 低压电缆头制作流程

低压电缆头制作注意事项具体如下。

① 应防止电缆芯线与线鼻子压接不紧固，线鼻子与芯线截面必须配套。

② 压接时，模具规格应与芯线规格一致，压接次数一般严禁小于 3 道。

③ 防止电缆芯线损伤，用电缆刀或电工刀剥皮时，不宜用力过大，最好不完全切透电缆绝缘外皮，应撕下里层电缆皮，防止损伤芯线。

④ 防止电缆头卡固不正，如果电缆芯线过长，锯断电缆芯线前要量好尺寸，以能调换芯线相序为宜，不宜过长或过短。卡固电缆头时，应注意找直、找正，严禁歪斜。

⑤ 在配电柜等电气设备内部排布电缆时，布线需整洁美观，并应在机柜进线处预留好电缆，电缆绑扎带要统一美观，且扎带切口需光滑，防止切口尖锐伤人。

低压电缆成端后的状态如图 4-9 所示。

图 4-9 低压电缆成端后的状态

（2）平垫与弹簧垫的使用

平垫与弹簧垫安装如图 4-10 所示。

(a)普通垫片需要使用平垫与弹簧垫

(b)碗型垫片（平垫与弹簧垫合一）

图 4-10　平垫与弹簧垫安装

（3）防火封堵

配电柜的上下进出线的各类孔洞在施工完成并检查合格后需进行防火封堵。防火封堵如图 4-11 所示。

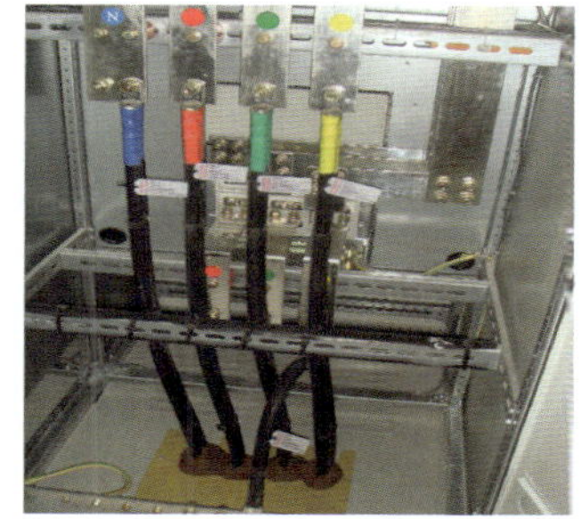

图 4-11　防火封堵

（4）高压电缆头制作

高压电缆头制作条件具体如下。

① 电气设备安装完毕，室内空气干燥。

② 电缆敷设并整理完毕，核对无误。

③ 电缆支架及电缆终端头固定支架安装齐全。

④ 操作场地照明度高，较宽敞。

高压电缆头制作流程如图 4-12 所示。

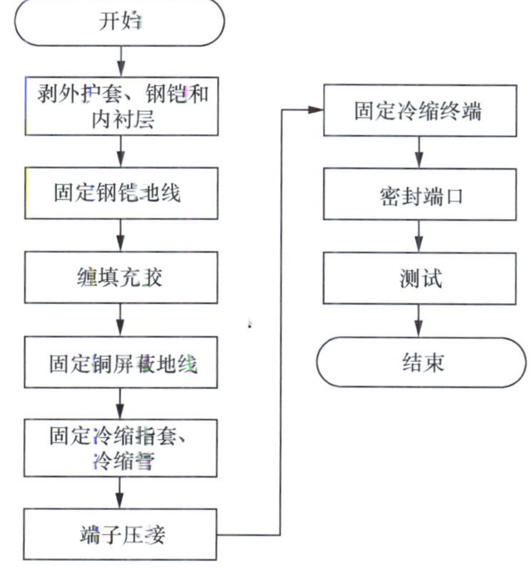

图 4-12　高压电缆头制作流程

高压电缆头制作流程具体如下。

① 剥外护套、钢铠和内衬层将电缆校直、擦净，剥去从安装位置到接线端子的外护套，留钢铠 30mm、内护层 10mm，并用扎丝或 PVC 带缠绕钢铠以防松散。铜屏蔽端头用 PVC 带缠紧，以防松散和划伤冷缩管。

② 固定钢铠地线将三角垫锥用力塞入电缆分岔处，除去钢铠上的油漆、铁锈，用大恒力弹簧将钢铠地线固定在钢铠上。地线应预留 10 ～ 20mm，恒力弹簧缠绕一圈后，把预留部分反折，再用恒力弹簧缠绕固定牢固。固定铜屏蔽地线也是同样的操作。

③ 缠填充胶自断口以下 50mm 至整个恒力弹簧、钢铠及内护层，用填充胶缠绕两层，三岔口处多缠一层，这样做出来的冷缩指套饱满充实。

④ 固定铜屏蔽地线将一端分成三股地线并分别用 3 个小恒力弹簧固定在三相铜屏蔽地线上，缠好后尽量把弹簧往里推。将钢铠地线与铜屏蔽地线分开，不要短接。

⑤ 固定冷缩指套、冷缩管在填充胶及小恒力弹簧外缠一层黑色自粘带，使冷缩指套内的塑料条易于被抽出。将指端的 3 个小支撑管略微抽出，再将指套套入，尽量下压，逆时针将端塑料条抽出。

⑥ 端子压接距冷缩管 15mm 处剥去铜屏蔽层，距铜屏蔽层 15mm 处剥去外半导体屏蔽层，按接线端子的深度切除各相绝缘层。用刀具在外半导体及绝缘体末端做出倒角，按原相色缠绕相角条，将端子插上并压接，按照冷缩终端的长度绕至安装限位线。用砂纸仔细打磨绝缘层表面，使其光滑，无刀痕、无半导体残留点。用清洁纸清洁时，从端头撸到外半导体层，切不可来回摩擦。

⑦ 固定冷缩终端锉除压接毛刺、棱角，并清洗干净，用填充胶将端子压接部位的间隙和压痕缠平。将冷缩管终端套入电缆线芯，并和限位线对齐，轻轻拉动支撑条，使冷缩管收缩。若开始收缩时发现终端和限位线错位，可手动纠正。

⑧ 密封端口分别收缩后，各相冷缩管和冷缩指套的端口处包绕半导体自粘带。这样既能使冷缩管外半导体层与电缆外半导体屏蔽层良好接触，又能起到轴向防水防潮的作用。

⑨ 测试时，为保证制作电缆终端头万无一失，需进行绝缘电阻测试和直流耐压试验。

高压电缆头如图 4-13 所示。

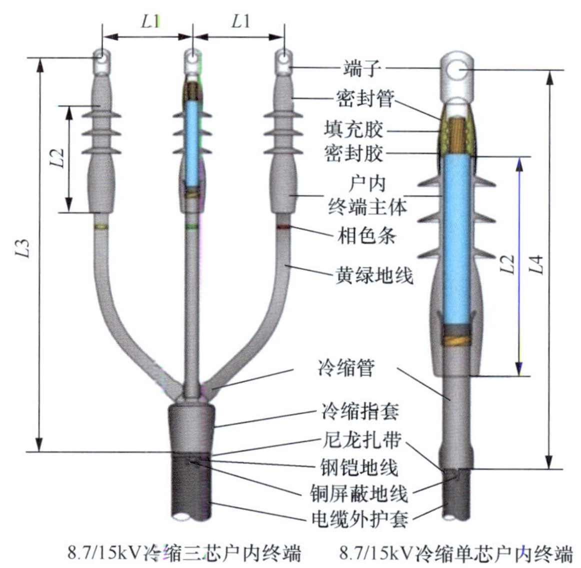

图 4-13　高压电缆头

4.1.5　施工质量控制

配电柜本体及柜内设备与各构件间的连接应牢固。配电柜本体应有明显、可靠的接地装置，装有电器的可开启的柜门应用软导线与接地的金属构架进行可靠连接。成套柜应装有供携带式接地线使用的固定设施（手车式配电柜除外）。配电柜的漆层应完整、无损伤，固定电器的支架均应刷漆。安装于同一室内且经常巡视的配电柜的柜体颜色应协调一致。

制作槽钢基础前，应先进行槽钢的调直找正，然后才能焊接成基础框架，再根据配电柜固定螺栓的间距钻出固定孔，安装时用水平尺、小线找平直，再固定牢固，基础型钢应将地线焊接完好，保证可靠接地。槽钢基础框架安装前应除锈，刷防锈漆。槽钢顶部应高出地面 10mm（手车式成套柜除外）。

配电柜内的配线应无接头，导线绝缘耐压应在 500V 以上，应采用截面积不小于 1.5mm^2 的铜芯导线，但差动保护电流回路导线截面积不应小于 2.5mm^2。配电柜内的配线应排列整齐，绑扎成束，但绑扎不宜采用金属材料。配电柜内二次配线应具有编号，且字迹清晰，不易褪色。配电柜内所有开关应开闭灵活，接触紧密，并在下侧标明控制回路及容量。

全部配线压头应紧密牢固，不损伤线芯，多股导线压头应使用压线端子。配电柜所使用的机螺丝、垫圈等均应是镀锌件。槽钢基础件应刷防锈漆及油漆。所有接线端子与电气设备连接时，均应加垫圈和防松弹簧垫圈。

安装多台配电柜时，可用钢垫片垫于螺栓处消除高低差，配电柜之间的螺丝连接牢固，各配电柜连接处紧密，无明显缝隙，垂直误差为每米不大于 1.5mm，水平误差为每米不大于 1mm，总误差应不大于 5mm，柜面连接处横平竖直。

配电柜内设备的导电接触面与外部母线连接必须采用 0.05mm × 10mm 塞尺进行检查：由线性接触的地方塞尺塞不进去；由面接触且接触面宽度在 50mm 及以下时，塞尺塞入深度应小于 4mm；由面接触且接触面宽度在 60mm 及以上时，塞尺塞入深度应小于 6mm。

配电柜与基础型钢连接紧密，固定牢固、接地（PE）或接零（PEN）可靠；配电柜之间接缝平整。装有电气设备的可开启门和框架的接地端子间应用裸编织铜线连接且有标识。

基础型钢顶部的垂直度每米允许偏差 1mm，全长偏差为 5mm；水平度每米允许偏差 1mm，全长偏差为 5mm；不平行全长偏差不超过 5mm。

安装配电柜后，每米垂直度允许偏差 1.5‰，柜顶平直度相邻两柜允许偏差 2mm，成排柜顶部允许偏差 5mm；相邻两柜盘面允许偏差 1mm，成排柜盘面允许偏差 5mm，柜接缝处允许偏差 2mm。

4.2 干式变压器施工技术

干式变压器如图 4-14 所示。

（a）干式变压器外观

（b）干式变压器铭牌

图 4-14　干式变压器

（c）干式变压器高压侧

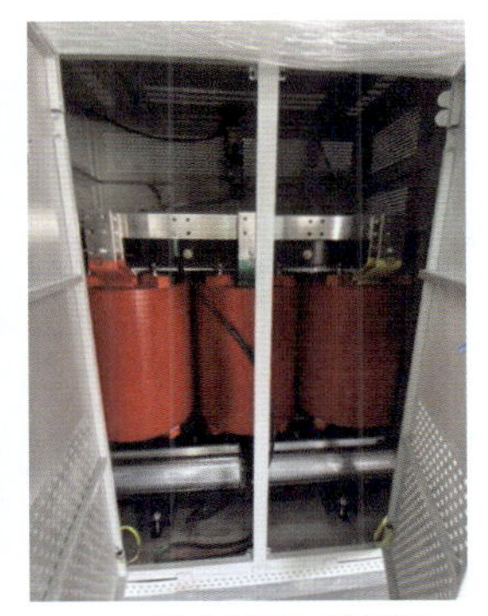
（d）干式变压器低压侧

图 4-14　干式变压器（续）

4.2.1　施工准备

1. 主材及辅材、工器具准备

主材及辅材：变压器、型钢。

工器具：卷扬机、手拉葫芦、钢丝绳、带子绳、滚杠、台钻、砂轮、电焊机、气焊工具、电锤、台虎钳、活扳子、榔头、套丝板、钢卷尺、钢板尺、线坠、摇表、万用表、电桥及试验仪器等。

2. 施工条件准备

① 变压器专项施工方案已经通过审批。

② 变压器应装有铭牌。铭牌上应注明制造厂名，额定容量，一、二次额定电压，电流，阻抗电压及接线组别等。

③ 变压器的容量、规格及型号必须符合设计要求。附件、备件齐全，并备有出厂合格证及技术文件。

④ 型钢：各种规格的型钢应符合设计要求，型钢应使用镀锌件或做好防腐措施。

⑤ 螺栓：除地脚螺栓及防振装置螺栓外，均应采用镀锌螺栓，并配备相应的平垫圈和弹簧垫。

⑥ 其他材料：蛇皮管、耐油塑料管、电焊条、防锈漆、调和漆均应符合设计要求，并有产品合格证，施工图及技术资料齐全无误。

⑦ 土木建筑施工基本完毕，标高、尺寸、结构及预埋件焊接强度均符合设计要求。

⑧ 变压器混凝土基础施工完毕，并符合设计要求（注：此项工作应由土木建筑操作和安装单位配合完成）。

⑨ 墙面、屋顶喷浆完毕后，屋顶无漏水，门窗及玻璃安装完好。

⑩ 室内地面工程结束后，场地清理干净，道路畅通。

4.2.2 施工内容

① 变压器施工方案编写与审批。

② 变压器吊装与就位。

③ 变压器高压侧电缆连接，低压侧电缆或母排连接，中性线接地。

④ 变压器绝缘测试及耐压试验。

4.2.3 施工流程

干式变压器施工流程如图 4-15 所示。

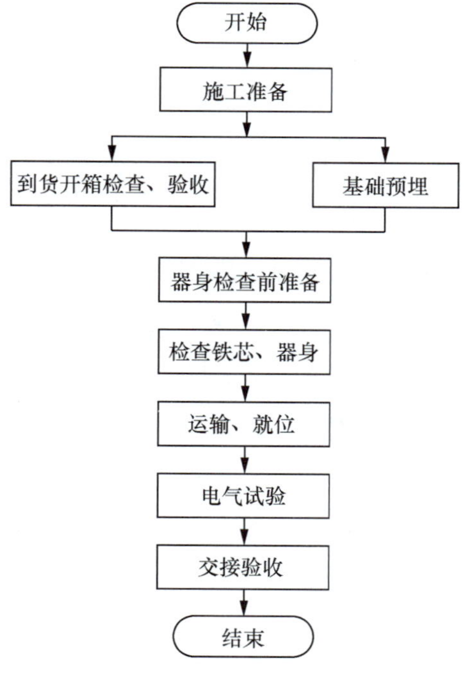

图 4-15 干式变压器施工流程

4.2.4　施工方法

准备好施工器具，对安装人员进行安装前的培训和交底。土木建筑施工具备安装条件后，进行盘柜槽钢基础调直、安装、防腐；然后变压器就位、找正；与盘柜低压侧母线连接。

1. 变压器开箱检查

① 变压器到货后，运送到施工现场，由甲方专业人员、监理、物资部、项目部联合进行开箱检查并做好记录；若变压器损坏或质量不合格，应及时采取解决措施。必要时，应办理设备缺陷认证单。

② 对照设计图纸核对变压器的型号、规格是否符合要求，根据布置图，临时在外壳上标明变压器的名称和安装位置等。

③ 检查变压器出厂资料，例如装箱单、说明书、试验报告等是否齐全，并妥善保管。

④ 检查变压器外壳是否变形、锈蚀、磨损，前后门锁是否齐全完好，钥匙是否齐备。

2. 变压器本体内部检查

① 变压器线圈绝缘层应完整，无裂纹、破损、变位现象。

② 铁芯外引接地的变压器就位后，应拆开接地线，用 1000V 兆欧表检查铁芯对地绝缘，不能小于 0.5MΩ，铁芯应一点接地。

③ 与变压器本体相连的温度计及温控箱均应完好，铭牌清晰齐全，应拆下温度计送调试所进行校验，合格后方可装于本体上。

④ 检查变压器低压侧母线出口位置是否与配电柜母线位置相吻合。

⑤ 检查风扇外观是否有裂纹、变形。

⑥ 检查引线绝缘子是否完好、无破损、无裂纹。

⑦ 用 1000V 兆欧表检查低压侧引线绝缘，严禁小于 2MΩ。

⑧ 用 2500V 兆欧表检查高压侧引线绝缘，严禁小于 6MΩ。

3. 变压器本体安装就位

① 变压器就位前，应先用螺丝刀拆下变压器本体与 380V 盘侧母线相连的绝缘隔板，以便变压器的引出线与 380V 母线找正并最终连接。

② 配合起重人员将变压器运送到各现场后，根据厂家说明书的要求对照设备的实际情况进行安装，变压器的外廓尺寸与变压器本体轨道长度在安装后应吻合，箱体安装依据规程规范中的工艺标准要求。

③ 变压器（有载调压装置开关柜）安装到槽钢基础上后，应用磁性线坠测量安装面的水平度和垂直度，其偏差不应超过 1mm。

④ 变压器安装就位后，其前面应与盘柜前面在同一水平面上，其偏差应小于 1mm。

4. 变压器低压侧母线或电缆与盘柜母线的连接

① 安装前应仔细核对变压器低压侧母线与盘柜母线的相序是否一致，相色标志是否正确齐全。

② 变压器低压侧母线，以及与其相连的进线开关柜母线的相间及相对地距离不应小于 20mm。

③ 变压器高压侧引出线对地距离不应小于 100mm。

④ 两侧母线的接触面必须保持平整、清洁、无氧化膜，并涂以电力复合脂。

⑤ 贯穿螺栓连接的母线两外侧均应有平垫圈，螺母侧应装有弹簧垫圈或锁紧螺母。

⑥ 母线的接触面应连接紧密，连接螺栓应由力矩扳手紧固。钢制螺栓的紧固力矩值见表 4-2。

表4-2　钢制螺栓的紧固力矩值

序号	螺栓规格 /mm	力矩值 /（N · m）
1	M8	8.8 ～ 10.8
2	M12	31.4 ～ 39.2
3	M14	51.0 ～ 60.8
4	M16	78.5 ～ 98.1

5. 变压器的接地

① 将变压器中性点直接（或经接地电阻）与接地线可靠连接。

② 将铁芯引出线与接地线可靠连接。

③ 将变压器本体接地点与事先引入基础侧的接地线可靠连接。

④ 检查变压器底座槽钢基础已与接地线可靠连接。

6. 变压器安装后的检查

① 仔细全面地检查整个变压器，不能遗留金属异物，底座与基础接触导通良好，接地牢固可靠。

② 铁芯夹紧螺栓，连接紧固无松动；铁芯一点接地，牢固可靠。

③ 变压器安装完毕后，用花苫布遮盖好，并用塑料带绑扎好，以免土木建筑打地

面及装修时污染变压器本体；锁好变压器前后门。

④ 土木建筑施工时，电气作业应有专业人员监督，避免土木建筑施工人员损坏设备；土木建制施工人员在高处作业时，不能站在变压器上施工。

⑤ 定期有专人巡视检查，及时制止破坏成品的行为，注意增强工作人员对成品的保护意识。

4.2.5　施工质量控制

干式变压器施工质量控制见表 4-3。

表4-3　干式变压器施工质量控制

工序	检验项目		性质	单位	质量标准	质量检验结果
本体检查	外壳及附件	铭牌及接线图标志			齐全清晰	
		外观检查			无破损、无变形	
		绝缘子外观			光滑、无裂纹	
	铁芯检查	外观检查			无碰伤变形、漆膜完好、表面清洁无异物	
		铁芯紧固件检查			紧固、无松动	
		铁芯绝缘电阻	主控		绝缘良好	
		铁芯接地	主控		一点接地，且牢固可靠、导通良好	
	绕组检查	绕组接线检查	主控		牢固正确	
		表面检查			无放电痕迹及裂纹	
		绝缘电阻	主控		绝缘良好	
	调压装置	调压机构			传动无卡阻、指示正确	
		分接头			连接正确	
		连接线			紧固、无松动	
	引出线	绝缘层			无损伤、裂纹	
		裸露导体外观	主控		无毛刺尖角	
		裸导体相间及对地距离	主控		符合相关规定	

续表

<table>
<tr><th>工序</th><th colspan="2">检验项目</th><th>性质</th><th>单位</th><th>质量标准</th><th>质量检验结果</th></tr>
<tr><td rowspan="2">本体检查</td><td rowspan="2">引出线</td><td>防松件</td><td>主控</td><td></td><td>齐全、完好</td><td></td></tr>
<tr><td>引线支架</td><td></td><td></td><td>固定牢固、无损伤</td><td></td></tr>
<tr><td rowspan="5">本体及附件安装</td><td colspan="2">本体固定</td><td></td><td></td><td>牢固、可靠</td><td></td></tr>
<tr><td colspan="2">温控装置</td><td></td><td></td><td>动作可靠、指示正确</td><td></td></tr>
<tr><td colspan="2">加热装置</td><td></td><td></td><td>无损伤、绝缘良好</td><td></td></tr>
<tr><td colspan="2">风机系统</td><td></td><td></td><td>牢固、转向正确</td><td></td></tr>
<tr><td colspan="2">相色标志</td><td></td><td></td><td>齐全、正确</td><td></td></tr>
<tr><td rowspan="6">接地</td><td colspan="2">外壳接地</td><td>主控</td><td></td><td rowspan="2">牢固、导通良好</td><td></td></tr>
<tr><td colspan="2">本体接地</td><td>主控</td><td></td><td></td></tr>
<tr><td colspan="2">温控器接地</td><td></td><td></td><td rowspan="3">用软导线可靠接地，且导通良好</td><td></td></tr>
<tr><td colspan="2">风机接地</td><td></td><td></td><td></td></tr>
<tr><td colspan="2">可开启门接地</td><td></td><td></td><td></td></tr>
<tr><td colspan="2">中性点接地</td><td>主控</td><td></td><td>符合设计要求</td><td></td></tr>
</table>

| 4.3 柴油发电机组施工技术 |

柴油发电机如图 4-16 所示。

图 4-16 柴油发电机

4.3.1 施工准备

1. 主材及辅材、工器具准备

主材及辅材：柴油发电机组、各种规格的型钢、螺栓、导线与电缆、绝缘带、电焊条、防锈漆、调和漆、变压器油、润滑油、清洗剂、氧气、乙炔。

工器具：汽车吊、卷扬机、钢丝绳、手拉葫芦、地坦克、绳扣、台钻、滚杠、砂轮机、手电钻、联轴节顶出器、台虎钳、油压钳、千斤顶、扳手、电锤、板锉、钢板尺、圆钢套丝板、电焊机、气焊工具、塞尺、水准仪、水平尺、转速表、摇表、万用表、卡钳电流表、测电笔、撬杠、相序表等。

2. 施工条件准备

① 柴油发电机组吊装专项施工方案已经通过审批。

② 施工图和技术资料齐全。

③ 土木建筑工程已基本施工完毕、门窗可正常关闭。

④ 柴油发电机组的基础、地脚螺栓、沟道、电缆管线位置应符合设计要求。

⑤ 柴油发电机组的安装场地清理干净、道路畅通。

⑥ 主要施工人员已就位，且经过培训考核的专业人员应持证上岗。

4.3.2　施工内容

① 基础验收。

② 机组设备吊装就位、固定。

③ 机组排烟系统安装。

④ 机组进气与排气系统安装。

⑤ 机组供油系统安装。

⑥ 机组降噪工程安装。

4.3.3　施工流程

柴油发电机施工流程如图 4-17 所示。

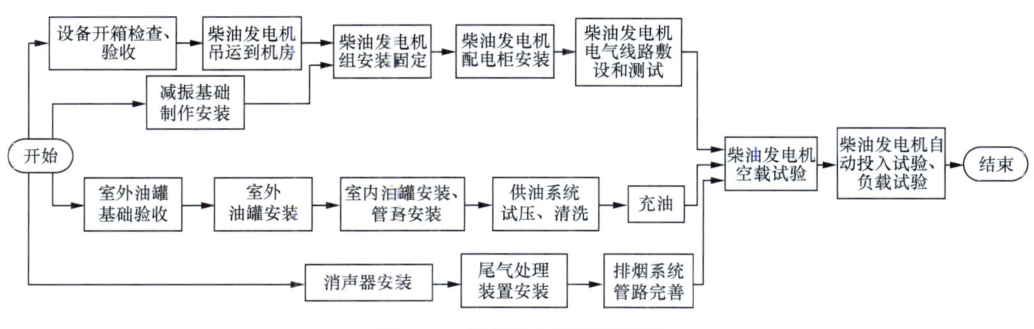

图 4-17　柴油发电机施工流程

4.3.4 施工方法

1. 柴油发电机开箱检查

① 柴油发电机本体安装前应根据设计图纸、产品样本或柴油发电机本体实物全面检查设备基础，确认是否符合设计要求及安装尺寸要求。

② 设备开箱检查应由施工单位、供货单位、建设单位、工程监理共同进行，并做好记录。

③ 依据装箱单，相关人员核对主机、附件、专用工具、备品备件和随带技术文件，查验产品合格证和出厂试运行记录。

④ 外观检查：是否有铭牌，机身有无缺件，涂层是否完整。

⑤ 柴油发电机及其附属设备均应符合设计要求。

⑥ 相关人员检查是否有充分的冷却空气，是否能充分地吸入新鲜空气，是否有循环空气排放口，是否有烟气排放口，是否有辅助电源，是否有便于运行与维修的空间。

2. 机组安装固定

机组设备安装前，建筑工程应具备下列条件：结束屋顶、楼板工作后，严禁有渗漏现象；混凝土基础应按照厂家要求达到允许安装的强度；预埋件及预留孔应符合设计，预埋件应牢固。柴油发电机平移至设备基础后，采用 4 台液压千斤顶将其提升至一定高度，将柴油发电机组机架的安装孔与已经安装好的减振器的螺纹孔对正后，将柴油发电机组安放在减振器上。

柴油发电机组减振示意如图 4-18 所示。柴油发电机组减振底座如图 4-19 所示。

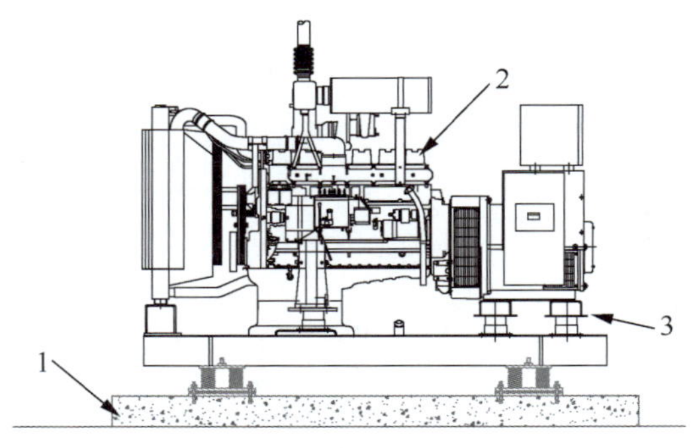

注：1. 混凝土基础；2. 柴油发电机；3. 底座减振弹簧。

图 4-18 柴油发电机组减振示意

图 4-19　柴油发电机组减振底座

3. 机组排烟系统安装

（1）排烟管材

排烟管材为焊接管，应符合设计规定的压力要求，管壁薄厚均匀，内外光滑整洁，严禁有砂眼、裂纹、毛刺、弯曲、锈蚀等现象。烟管弯头等连接件严禁有砂眼、裂纹、和角度不准等现象。安装前应按设计和施工规范规定进行强度和严密性试验。

（2）排烟管道安装及保温一般做法

柴油发电机组排烟管道一段采用焊接钢管，工作人员应按图纸要求在排烟管道上设置膨胀节、消声器、滑动支架及固定支架。柴油发电机、消声器及膨胀节间采用法兰连接，烟管之间采用焊接连接。

油机室排烟管示意如图 4-20 所示。

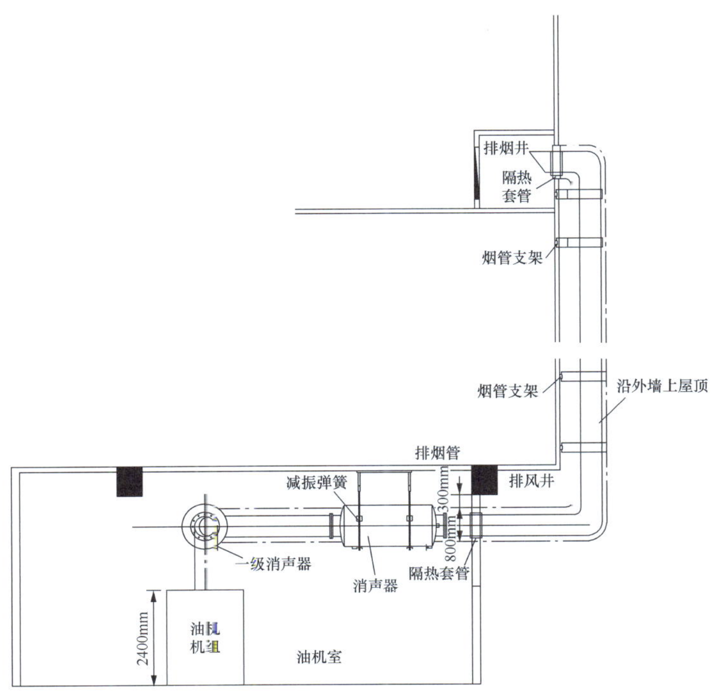

图 4-20　油机室排烟管示意

烟管消声器安装示意如图 4-21 所示。

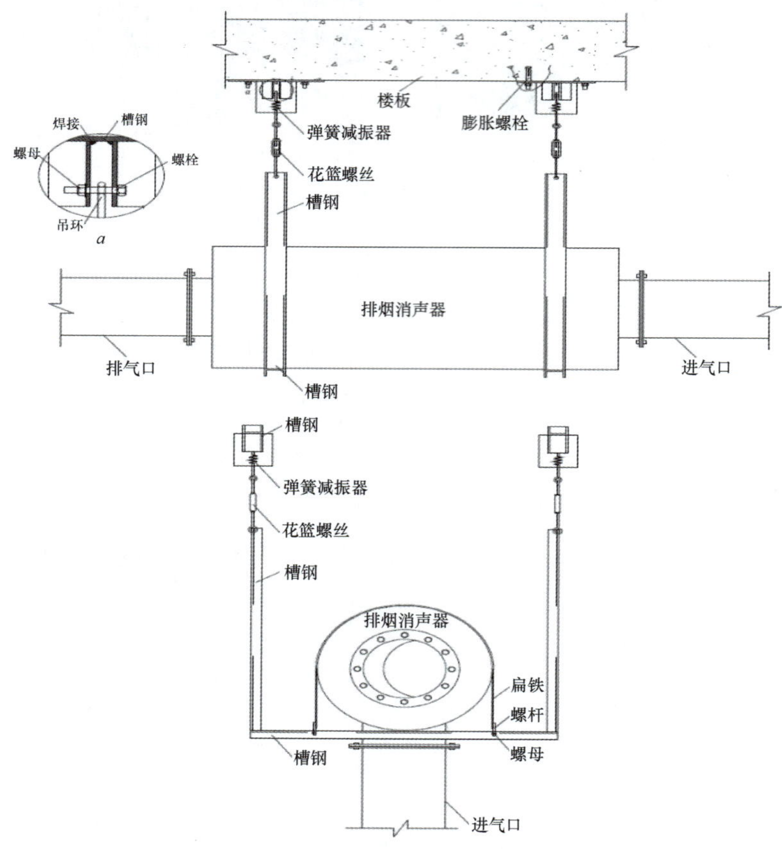

图 4-21　烟管消声器安装示意

按施工图所示，在每处的膨胀节的排烟方向设置固定支架，其余部位设置滑动支架。滑动支架采用弹簧减振器与吊杆连接，悬挂槽钢横档，烟管抱卡采用圆钢，并用螺栓与扁钢托架连接。

烟管垂直支架示意如图 4-22 所示。烟管水平支架示意如图 4-23 所示。

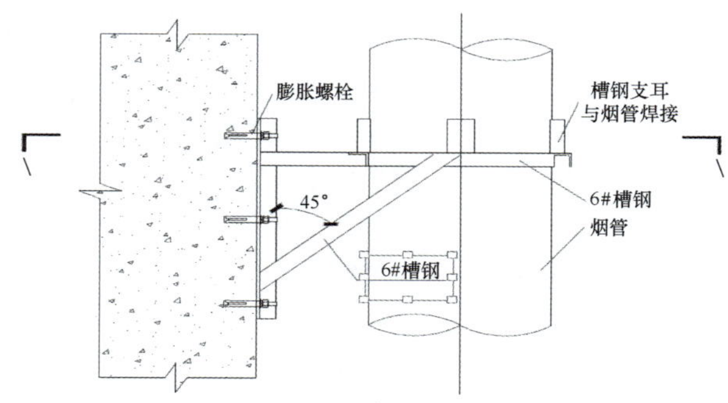

图 4-22　烟管垂直支架示意

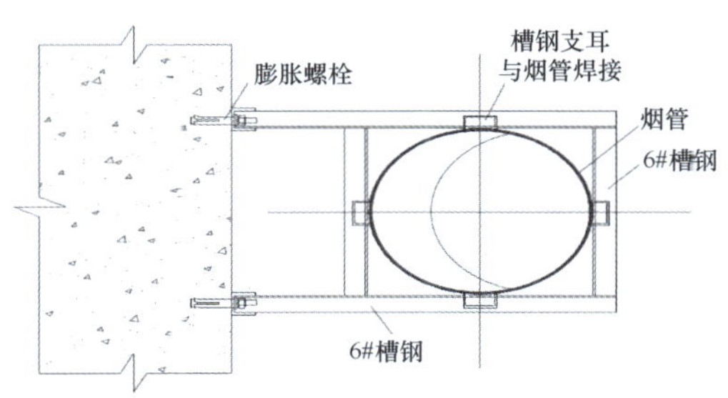

图 4-22　烟管垂直支架示意（续）

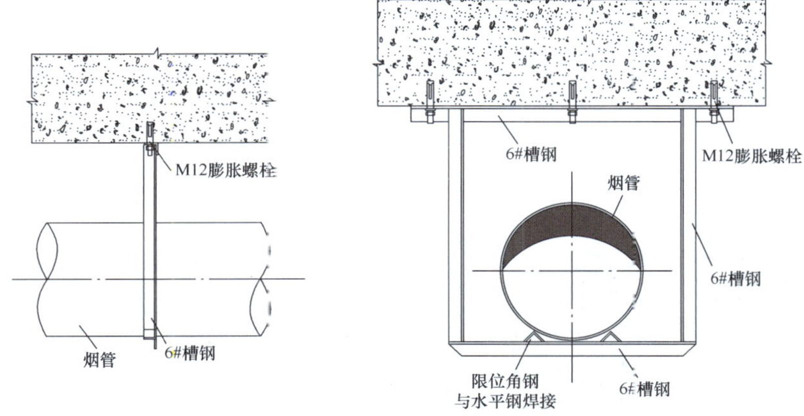

图 4-23　烟管水平支架示意

固定支架采用槽钢支架与结构楼板固定连接，悬挂槽钢横档，其扁钢托架与槽钢横档焊接连接。

在敷设竖直烟井时，垂直管道在管井首层设置固定支架，其余楼层设置滑动支架。管道支架、吊架位置应正确，埋设应平整牢固。固定在建筑结构上的支架、吊架严禁影响结构安全。安装排烟管道前，应先清除管内的污物。管道安装位置、标高应正确。待安装管道完毕并通过管道压力试验后，用耐火材料填充紧密。

（3）排烟管道保温

排烟管采用焊接钢管。排烟管道在室内部分用 50mm 的岩棉保温，在室内水平明露部分外包 0.8mm 厚的铝皮。烟管排烟如图 4-24 所示。

图 4-24　烟管排烟

4. 机组进气与排气系统

（1）进气系统

为保证给柴油发电机组提供足够的新鲜空气，柴油发电机组进气口应布置在空气流通的地方。柴油发电机组的进气管应尽量避免使用长管，并减少弯头数量，或采用大圆弧过渡；进气管内径不应小于 200mm，内壁应光滑、无焊渣颗粒，安装时应避免灰尘、杂物进入进气管道，同时，必须保证空滤器到柴油发电机增压器的连接管路密封良好，严禁出现任何缝隙和气体泄漏的现象。

建议采用靠近柴油发电机组控制屏侧的斜上部进风方式，并加设百叶窗和金属防护网帘，以避免异物进入，确保正常的空气对流。为防止热空气回流，并尽可能保证机房内空气直流，应保护好进风口，防止雨水及异物进入机房。

为了确保机房的通风量，机房进风口净面积应不低于柴油发电机组散热器芯有效面积的 1.5 倍。机组进气系统如图 4-25 所示。

图 4-25　机组进气系统

（2）排气系统

机房排风口净面积应不低于柴油发电机组散热器芯有效面积的 1.25 倍，排风口的中心位置应尽可能与机组散热器芯的中心位置一致，排风口的宽高比也尽可能与散热器芯的宽高比相同。为防止热空气回流及因机械振动向外传递，建议在散热器与排风口之间加装弹性减振喇叭型导风槽。

外接排气管采用钢管，与柴油发电机增压器的连接必须采用柔性连接，外接进气管的内径应大于膨胀节；外接排气管应固定，不允许发生振动，其重量不应施加在柴油发电机膨胀管上；不允许使用膨胀节消除管间对中误差。

排气系统应尽可能减少弯头数量及缩短排气管的总长度，否则会导致机组的排气管压力增大，机组产生过多的功率损失，影响机组的正常运行，降低柴油发电机组正常使用寿命。

柴油发电机组规定的排气管径一般不超过 6m，且在只安装一个弯头和一个消声器的情况下，当排气系统在实际安装时已超出了所规定的长度及弯头数量时，应适当加大排气管径，增大的幅度取决于排气管总长和弯头数量。

机组排气系统如图 4-26 所示。

图 4-26　机组排气系统

5. 燃料供应系统安装

（1）储油罐安装

储油罐属于压力容器，应由有相关资质的单位生产制作和安装；油罐到达现场时，应当持有相应的质量证明文件，施工现场一般只将成品油罐吊装就位。油罐吊装属于危险性较大的工程，吊装前需要编写吊装施工方案，且需要经过业主、监理单位的审批后才能操作。

室外储油罐示意如图 4-27 所示。

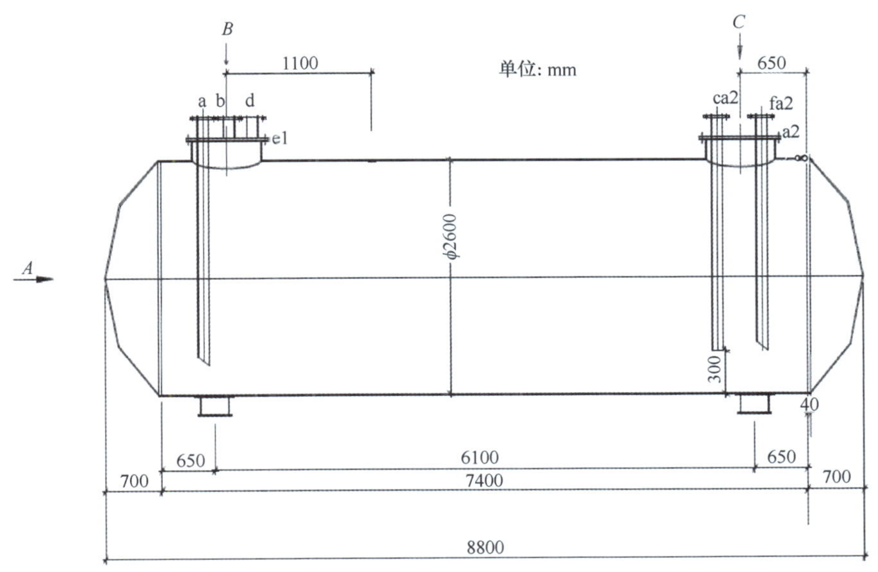

图 4-27　室外储油罐示意

室外油罐坑示意如图 4-28 所示。

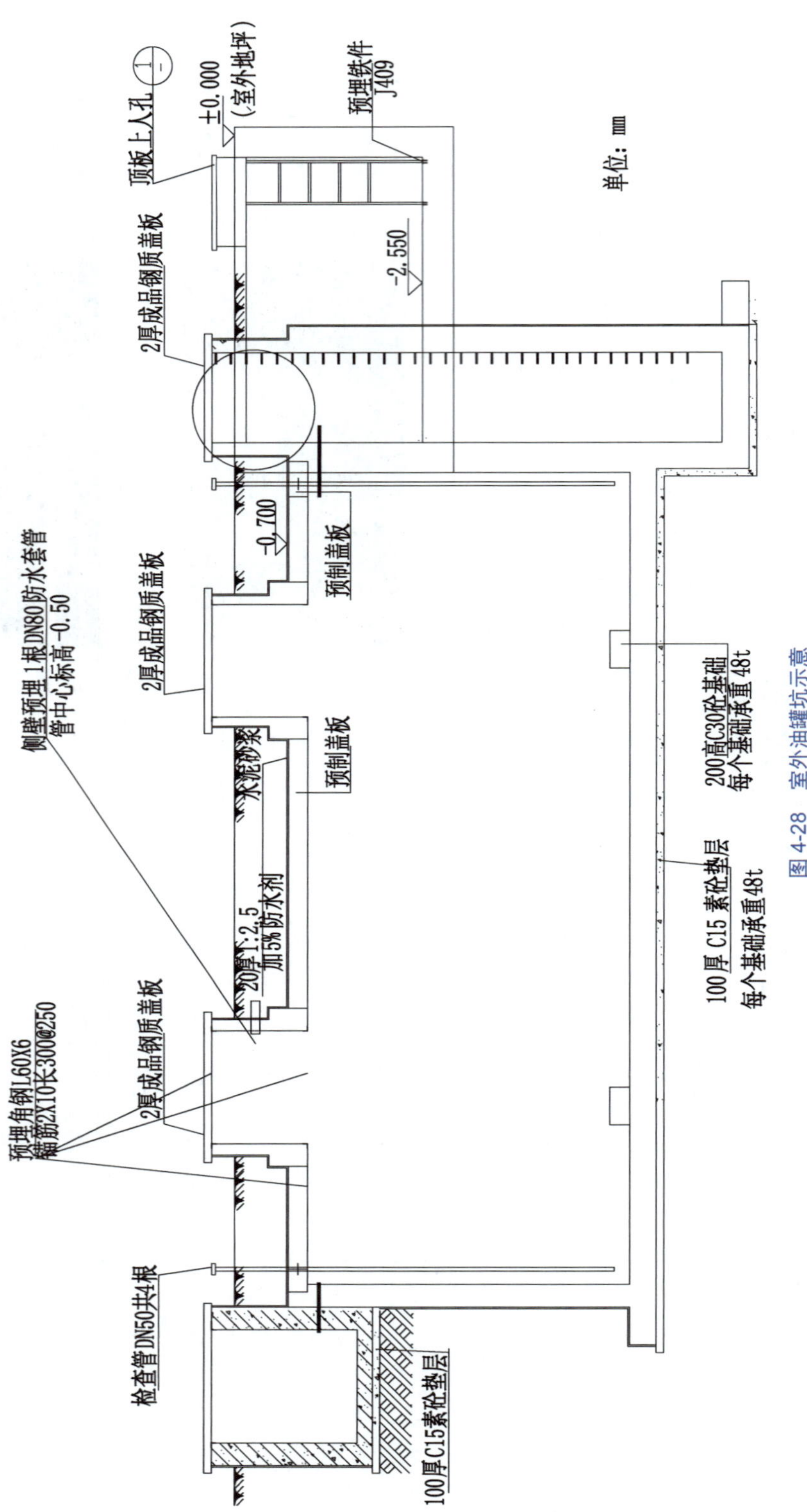

图 4-28　室外油罐坑示意

储油罐吊装如图 4-29 所示。

图 4-29　储油罐吊装

（2）储油箱安装

储油箱由 5mm 钢板焊接制作，并在端部做成盘形或凸缘形。储油箱具备相应质量证明及检测试验报告。储油箱安装完毕后进行管路安装施工，油管按设计安装在浮动地台上，输油管道安装完成后用压缩空气试压。

日用储油箱如图 4-30 所示。

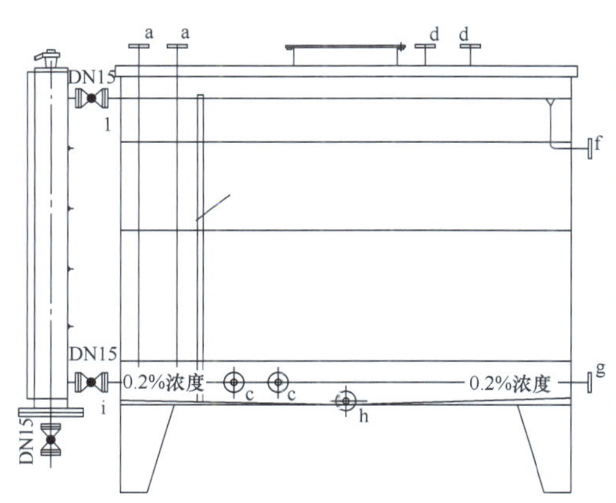

图 4-30　日用储油箱

（3）燃油系统安装

燃油系统工作原理示意如图 4-31 所示。

燃油系统需安装室内储油箱、供油泵、回油泵、截止阀和室内输油管道。管道采用焊接连接，用法兰连接储油箱、泵、阀门。整个施工完成后，在柴油发电机准备进行调试前向燃油系统充注燃油。

（4）输油管安装

输油管应为无缝钢管。供油管采用 DN65 无缝钢管，回油管采用 DN50 无缝钢管。供油管和回油管尽可能分开布放，以防止热燃油回流。燃油吸入管应在储油箱最低的液面下敷设。在柴油发电机供油泵上需装拉线“关闭”阀门，以便发生事故时能够在机房外手动关闭柴油发电机组。在主输油管道上需要提供双筒式油过滤器阀门，以便在清理油过滤器时不会影响系统正常工作。

6. 消声、降噪措施

因柴油发电机组运行时噪声非常大，需要采取降噪措施。运行主要噪声源按噪声

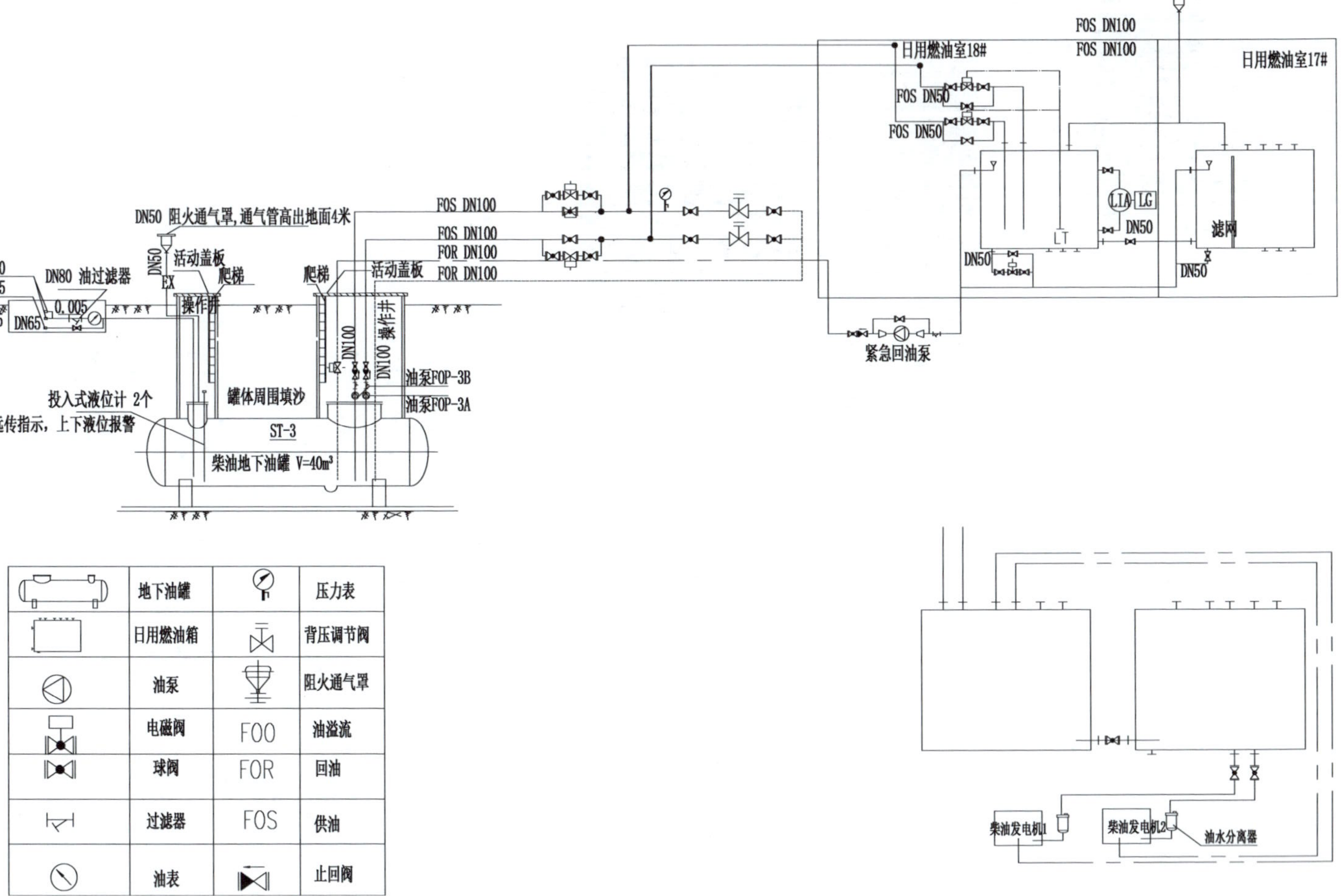

图 4-31 燃油系统工作原理示意

级从小到大排列为排气噪声、燃烧噪声、机械噪声和进气噪声。施工对噪声的要求是排气噪声在排气管 1m 处小于 85dB，机械噪声在离柴油发电机 1m 处小于 110dB。根据对噪声源的分析，采取以下降噪措施，有关降噪处理方案和噪声检测方案及指标需满足国家标准。机房整体降噪示意如图 4-32 所示。

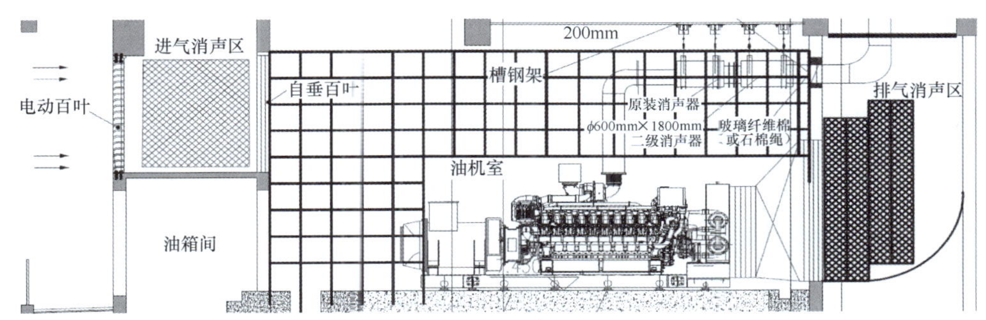

图 4-32　机房整体降噪示意

（1）进排气消声、降噪措施

降低排气噪声可采用加装柴油发电机原厂配套的排气管消声器。排气管消声器的吊架应带减振装置，消声器与膨胀波纹管用法兰连接。进气降噪措施为在保证机组正常运行所需进风量和机组本身散热的条件下，在柴油发电机机房进气百叶后安装消声器。

（2）燃烧噪声和机械噪声降低措施

降低燃烧噪声和机械噪声主要是通过基础减振来实现的。选用的柴油发电机本身内置减振系统，同时在柴油发电机底盘与混凝土基础之间安装合适的弹簧减振器，进一步加强减振效果。同时，可在噪声的传播通道上进行降噪处理，减少声源对外的辐射。机房门采用隔音门，在送排气口加装消声器。

（3）排烟管降噪措施

在排烟管上加装住宅型排烟消声器，防止柴油发电机组运行时发出的噪声通过排烟口向外辐射。设计消声量不小于 35dB。

排烟管消声器如图 4-33 所示。

图 4-33　排烟管消声器

（4）柴油发电机机房装修降噪措施

为减少室内的反射混响声，机房内壁及天花板上需采用隔音板进行装饰。隔音板内部填充多孔性吸音材料，该材料的孔眼面积至少占总面积的 20% ～ 25%，板壁为微穿孔铝板，开孔率为 10% ～ 20%。该措施应用复合阻性吸声原理，室内的声波经铝合金孔板衰减后在精细玻璃纤维棉中被吸收。在室内墙面、吊顶敷设吸音棉和铝合金吸音孔板（装饰扣板 600mm × 600mm × 0.8mm），以降低室内产生的反射混响声，将剩余的变压器噪声消灭在室内。柴油发电机机房墙面与吊顶降噪如图 4-34 所示。

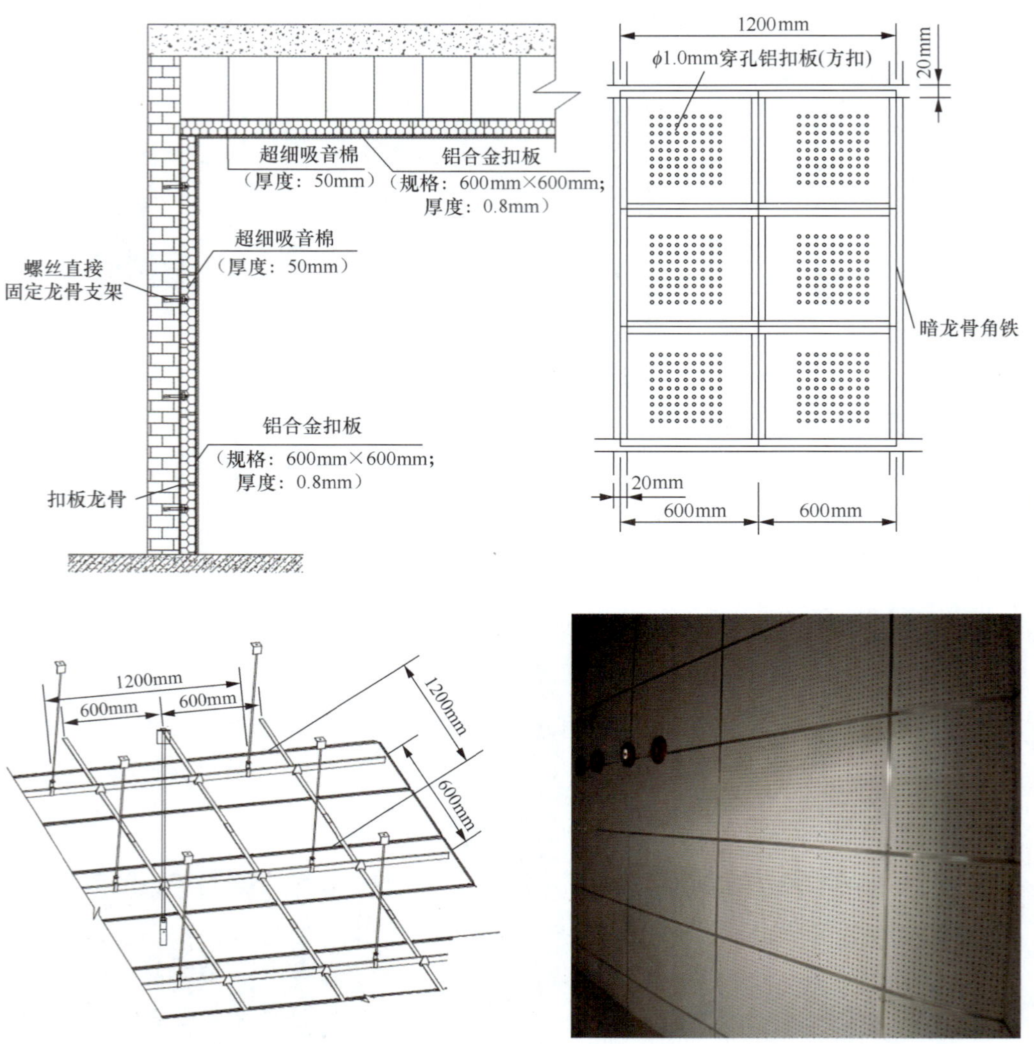

图 4-34　柴油发电机机房墙面与吊顶降噪

7. 基础减振措施

柴油发电机组内配有减振系统，可以有效减轻振动的传递，另外，在柴油发电机组与地面的接触位置放置橡胶减震器，把柴油发电机组的机械振动降到最低。在排烟系统的处理方面，在柴油发电机组与烟管的接触位置安装金属波纹减振管，可以防止排烟系统与楼板的刚性接触。

与柴油发电机组底座之间设置减振器，可以确保吸收 90% 以上的振动，为了进一步降低振动，我们在柴油发电机组底座与机房基础之间安装了钢制弹簧减振器，可以进一步吸收 95% 的振动。这栏，只有 5% 的机组震动被传递。

4.3.5　施工质量控制

① 柴油发电机组的安装位置应正确，与槽钢基础连接的螺栓应紧固，带有减振器的机组应与减振器连接紧密牢固，防松零件齐全，机组不会松动。

② 柴油发电机与控制柜的引入导线应有防护，配线整齐，端子与导线连接紧密。柴油发电机组的供油、供水管道和排烟管道的安装应符合规定。

③ 柴油发电机组的供油、供水管道应连接严密、固定牢靠、横平竖直、走向合理，与其他适配部件连接准确，各部件及附属设备应固定牢固，吊架、支架配置合理。

④ 排烟管道安装牢固，支架、吊架设置均匀，结构合理，并符合承重要求，伸缩装置与活动支架的设置应符合设计要求。管道的保温层厚度应均匀，表面平整，附着紧密。

⑤ 柴油发电机组到低压配电柜馈电线路的相间、相对地间的绝缘电阻值应大于 0.5MΩ；对 1kV 及以上的馈电线路直流耐压试验为 2.4kV，时间为 15min，泄漏电流稳定，无击穿现象。

⑥ 柴油发电机馈电线路连接后，两端的相序必须与原供电系统的相序一致。

⑦ 柴油发电机中性线（工作零线）应与接地干线直接连接，螺栓防松零件齐全，且有标识。

⑧ 柴油发电机组随带的控制柜接线应正确，紧固件的紧固状态良好，无脱落。开关、保护装置的型号、规格正确，验证出厂试验的锁定标记应无位移，有位移时应重新按制造厂要求试验标定。

⑨ 柴油发电机本体和机械部分的可接近裸露导体应接地（PE）或接零（PEN）可靠，且有标识。

⑩ 受电侧低压配电柜的开关设备、自动或手动切换装置和保护装置等试验合格，应按设计的自备电源使用分配预案进行负荷试验，柴油发电机组连续运行 12h 无故障。

⑪ 施工人员严格按设计要求和柴油发电机标注接线方式接线，防止接线不正确。

⑫ 柴油发电机的中性线（工作零线）与接地母线的引出端子用专用螺栓直接相连，

螺栓防松装置齐全，并有接地标识，避免柴油发电机的中性线（工作零线）与接地母线连接不牢。

4.4 母线槽施工技术

母线槽如图 4-35 所示。

图 4-35 母线槽

4.4.1 施工准备

1. 主材及辅材、工器具准备

主材及辅材：母线槽、各类型钢、螺栓等。

工器具：工作台、台虎钳、钢锯、切割机、锤子、电钻、电锤、电焊机、力矩扳手、钢角尺、钢卷尺、水平尺、绝缘电阻测试仪。

2. 施工条件准备

① 施工图纸及产品技术文件齐全。

② 封闭插接母线安装部位的建筑装饰工程全部结束。

③ 电气设备（变压器、开关柜等）安装完毕，且检验合格。

④ 配合土木建筑工程施工，保证其安装位置及尺寸正确无误。

⑤ 进行母线槽的检验工作，进场材料的规格、型号、数量应与图纸一致，附件、备件、质量证明文件及技术文件齐全，同时，进场材料应符合规范要求，按照监理的要求及时进行施工前的报验，并做好检验记录。

⑥ 做好施工图的审查、会审工作，并应参加设计交底。

⑦ 认真学习有关的施工及验收规范，掌握其技术标准，并按设计要求施工。

⑧ 做好施工前的技术交底和记录。

4.4.2　施工内容

① 设备开箱检查。

② 母线槽支架制作及安装。

③ 母线槽本体安装。

4.4.3　施工流程

母线槽施工流程如图 4-36 所示。

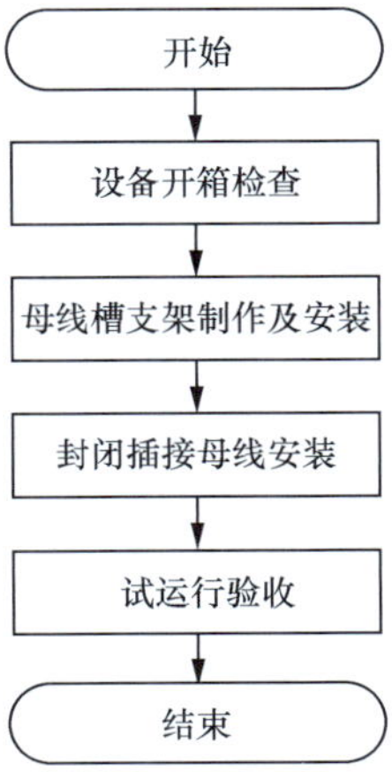

开始 → 设备开箱检查 → 母线槽支架制作及安装 → 封闭插接母线安装 → 试运行验收 → 结束

图 4-36　母线槽施工流程

4.4.4　施工方法

1. 设备检查

① 设备开箱检查，应由安装单位、建设单位或供货单位共同进行，并做好记录。

② 根据装箱单检查设备及附件，其规格、数量、品种应符合设计要求。

③ 检查设备及附件，分段标志应清晰齐全、外观无损伤变形，母线绝缘电阻符合设计要求。

④ 检查发现设备及附件不符合设计和质量要求时，必须妥善处理，经过设计负责人认可后再安装。

⑤ 母线槽外壳应完整、无损坏。母线槽和配电箱型号、规格符合设计要求。附件配套正确、数量充足。

⑥ 母线接头的连接面平整，连接孔对称，离边缘距离一致。

⑦ 母线之间的绝缘板不能缺损破裂。

⑧ 应使用绝缘电阻测试仪测量每节母线槽的相间、相与中性排、PE 排，以及相与外壳之间的绝缘情况，电阻值不低于 20MΩ（正常经验值为 500MΩ）；施工现场应清洁，尽量减少现场搁置时间，并做好防水、防潮工作。

2. 母线槽测量定位

① 要按设计图和工程实际综合确定母线槽的走向，原则是不与大口径管道、桥架

发生矛盾，尽量按直线最短路径敷设，到地面的距离不宜小于 2.5m。与建筑物表面、其他电气线路和各种管道的最小净距离按国家现行标准执行。

② 水平安装母线槽支吊架间距一般为 2 ～ 3m，其由母线槽每米重量决定。母线槽转弯和配电箱连接处应增设支架。

3. 支架制作及安装

支架制作及安装应按设计和产品技术文件的规定，如果设计和产品技术文件无规定，则按下列要求进行制作和安装。

（1）支架制作

① 根据施工现场结构类型，支架应采用角钢或槽钢制作，采用“一”字形、“1”字形、“U”字形、“T”字形。

② 支架的加工制作按选好的型号、测量好的尺寸断料制作，断料严禁气焊切割，加工尺寸的最大误差为 5mm。

③ 支架上钻孔应用台钻或手电钻，严禁使用气焊割孔，孔径严禁大于固定螺栓直径 2mm。

④ 垂直安装母线槽时，一般使用母线槽生产厂的定型弹簧支架。

（2）支架安装

① 封闭插接母线的拐弯处及与箱（盘）连接处必须加设支架。

② 膨胀螺栓固定支架不少于 2 条。一个吊架应用 2 根吊杆，固定牢固，螺丝扣外露 2 ～ 4 扣，膨胀螺栓应加平垫和弹簧垫，吊架应用双螺母夹紧。

③ 支架及支架与埋件焊接处应均匀刷防腐油漆，不漏刷，不污染建筑物。

4. 封闭式母线的安装

封闭式母线施工要求高，工程量较大，所以在施工过程中要严格遵守施工质量规范要求，保证施工质量。

① 封闭式插接母线应按设计和产品技术文件规定组装，组装前应测定每段的绝缘电阻，测量结果应符合设计要求，并做好记录。

② 母线槽的固定距离严禁大于 2.5m，水平敷设距地高度不小于 2.2m。

③ 母线槽的端头应装有成品的始端箱，连接各段母线槽的外壳应是可拆的，外壳间有跨接地线，两端应可靠接地。母线槽始端箱如图 4-37 所示。

图 4-37　母线槽始端箱

④ 母线与设备连接。母线紧固螺栓应由厂家配套供应，

应用力矩扳手紧固。始端箱内母线与设备连接如图 4-38 所示。

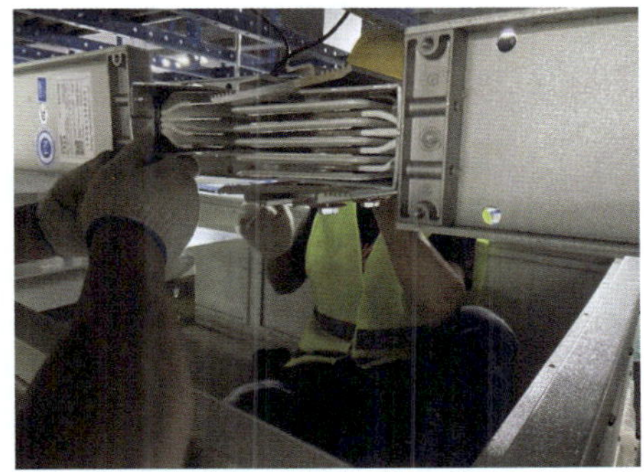

图 4-38　始端箱内母线与设备连接

⑤ 母线槽沿墙水平安装高度应符合设计要求，无要求时距地不小于 2.2m，母线应固定在支架上。母线槽沿墙水平安装如图 4-39 所示。

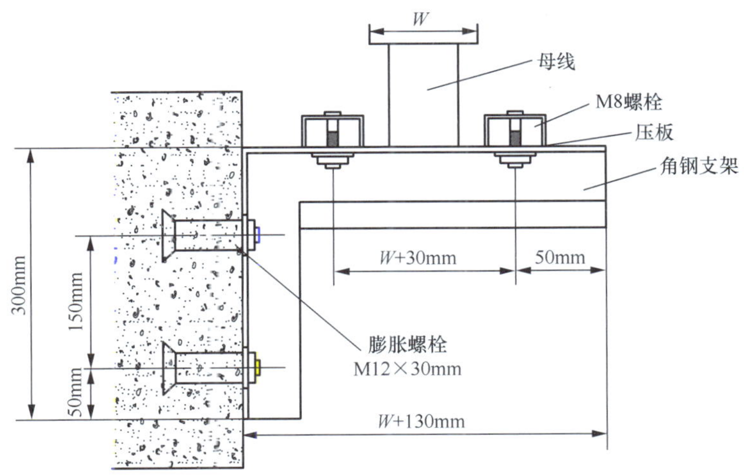

图 4-39　母线槽沿墙水平安装

⑥ 母线槽悬挂吊装的吊杆直径应与母线槽的重量相适应，应能调节螺母。母线槽悬挂吊装如图 4-40 所示。

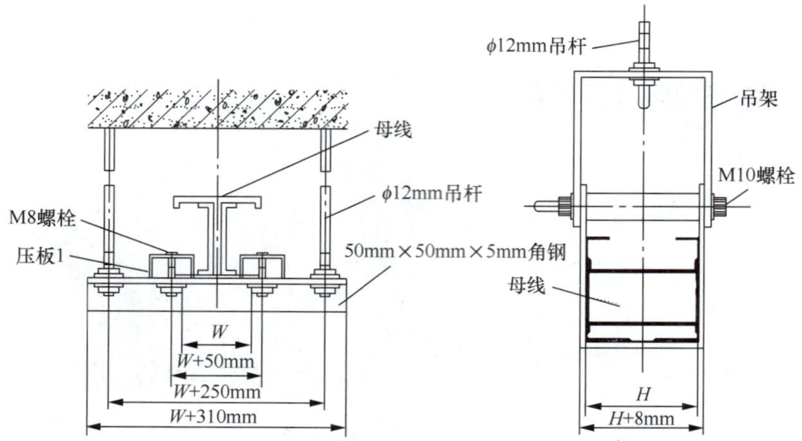

图 4-40　母线槽悬挂吊装

⑦ 封闭式母线垂直安装应沿墙或柱子，应做固定支架，过楼板处应加装防振装置，并做防水台。封闭式母线垂直安装如图 4-41 所示。

图 4-41　封闭式母线垂直安装

⑧ 封闭式母线敷设长度超过 40m 时，应设置伸缩节，跨越建筑物的伸缩缝或沉降缝处，宜采取适应的措施。在预定设备时，应提出此项要求。封闭式母线伸缩节安装如图 4-42 所示。

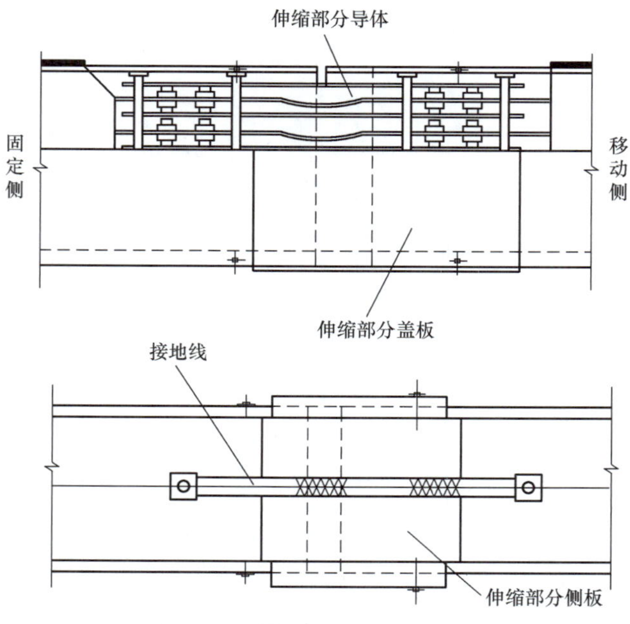

图 4-42　封闭式母线伸缩节安装

⑨ 封闭式母线插接箱安装应可靠固定，垂直安装时，安装高度应符合设计要求；设计无要求时，插接箱底口宜为 1.4m。封闭式母线插接箱安装如图 4-43 所示。

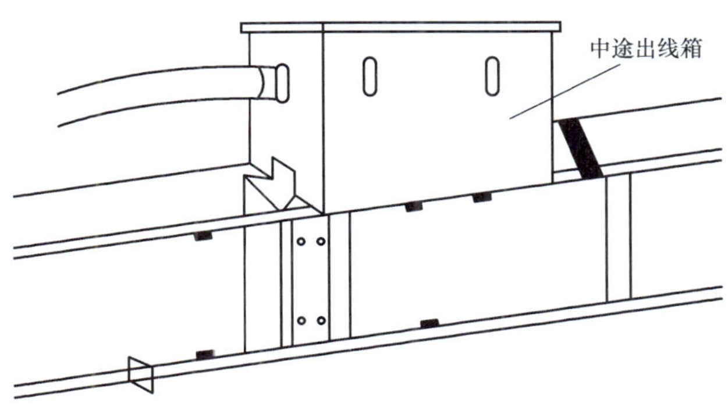

图 4-43　封闭式母线插接箱安装

⑩ 封闭式母线垂直安装距地 1.8m 以下应采取保护措施（电气专用竖井、配电室、电机室等除外）。

⑪ 封闭式母线穿越防火墙、防火楼板时，应采取防火隔离措施。

4.4.5　施工质量控制

① 硬母线的连接应采用贯穿螺栓连接或夹板及夹持螺栓搭接，母线接触面加工后必须保持清洁，并涂电力复合脂。

母线平置时，贯穿螺栓应由下往上穿。其他情况下，螺母应置于维护侧，螺栓长度宜露出螺母 2 ～ 3 个螺纹。

贯穿螺栓连接的母线外侧均应有平垫圈，相邻螺栓垫圈间应有 3mm 以上的净距，螺母侧应装有弹簧垫圈或锁紧螺母。

螺栓受力应均匀，不应使电器的接线端子受到机械应力。

母线的接触面应连接紧密，连接螺栓应用力矩扳手紧固，其紧固力矩应符合规范要求。

② 母线平置时，上部压板应与母线保持 1 ～ 1.5mm 的间隙；母线立置时，上部压板应与母线保持 1.5 ～ 2mm 的间隙。

母线固定装置应无棱角和毛刺。

多片矩形母线间应保持不小于母线厚度的间隙，相邻的间隔垫边缘间的距离应大于 5mm。

母线伸缩节严禁有裂纹、断股和扭曲起皱现象，其总截面积不应小于母线截面积的 1.2 倍。

③ 悬挂式母线槽的吊钩应有调整螺栓，固定点间距离应小于 3m。母线槽的端头应安装封闭罩，引出线孔的盖子应完整。

连接各段母线槽的外壳应是可拆的，外壳之间应有跨接线，并可靠接地。

④ 支座必须安装牢固，母线应按分段图、相序、编号、方向和标志正确放置，每相外壳的纵向间隙应分配均匀。

封闭母线严禁用裸钢丝绳起吊和绑扎，母线严禁任意堆放或在地面上拖拉，严禁在外壳上进行其他作业，外壳内和绝缘子必须擦拭干净，外壳内严禁有遗留物。

4.5 UPS/HVDC系统施工技术

4.5.1 施工准备

1. 主材及辅材、工器具准备

主材及辅材：UPS/HVDC、蓄电池及支架、基础型钢等。

工器具：人字梯、登高脚手架、切割机、电焊机、拖车、钢卷尺、水平尺等。

2. 施工条件准备

① 施工图纸及产品技术文件齐全。

② 土木建筑工程施工标高、尺寸、结构及埋件均符合设计要求。

③ 墙面、屋顶喷浆完毕，无漏水，门窗安装后，门上锁。

④ 室内地面施工完成后，场地打扫干净、道路畅通。

UPS 实物如图 4-44 所示。

图 4-44 UPS 实物

4.5.2　施工内容

① 设备开箱检查。

② 机柜底座制作安装。

③ UPS/HVDC、蓄电池安装。

4.5.3　施工流程

UPS/HVDC 设备施工流程如图 4-45 所示。

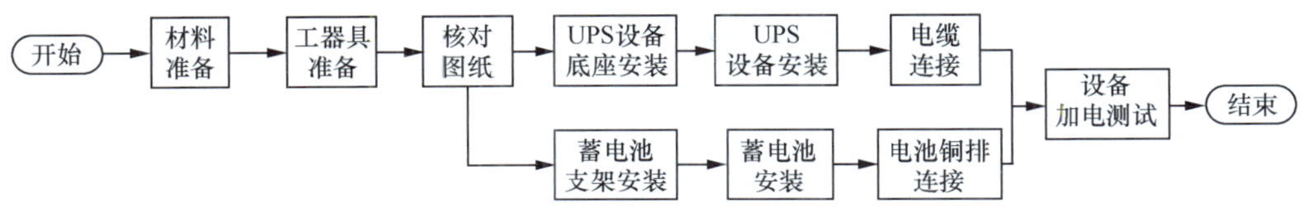

图 4-45　UPS/HVDC 设备施工流程

4.5.4　施工方法

1. UPS/HVDC 设备安装

① UPS/HVDC 设备安装在槽钢底座上，其设备主机体积大且笨重，设备底部有支脚，使用两个地牛，主机两侧各一个，将主机移至安装位置附近。

② 将倒链的上部固定在设备底座上方的矩形钢上，或将走线架吊挂在机房顶部的固定点上，并根据主机的重量，确认固定位置承重满足要求。倒链下端和主机上方的起吊点固定，或将 UPS/HVDC 主机用 2 条布带捆绑后与倒链固定连接。UPS 设备搬运如图 4-46 所示。

③ 拉动倒链，使主机缓缓升高，直至其底部高度略高于设备底座高度。

④ 移动主机到设备底座上方，调整主机位置使其四边与设备底座重合，拉动倒链将主机缓慢放到设备底座上。

图 4-46　UPS 设备搬运

⑤ 测量主机各面的垂直度偏差，通过倒链抬高主机和增加垫片的方式，调整垂直度，使其满足要求。将 UPS/HVDC 主机下的支脚与设备底座焊接固定，焊点进行刷漆处理。去除倒链，完成安装。UPS 设备位置调整如图 4-47 所示。

图 4-47　UPS 设备位置调整

2. 蓄电池组安装

蓄电池到货后，先检查包装有无异常，再按照要求打开包装。打开包装后，检查蓄电池及附件的数量和外观。开箱要在蓄电池的安装场所附近。蓄电池搬运时禁止在端子处用力，要托住底部或用把手搬运。如果在端子处用力，则会对蓄电池密封部位造成不良的影响。

（1）安装流程

蓄电池安装流程如图 4-48 所示。

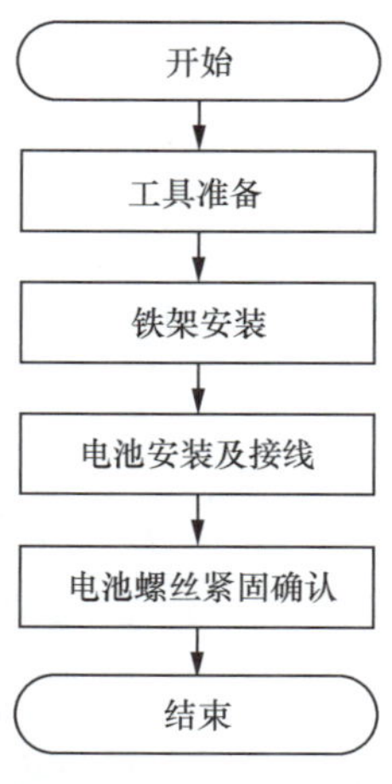

图 4-48　蓄电池安装流程

（2）安全注意事项

① 设备只能安装在适合设备工作的室内场所。

② 确保由专职人员安装、操作和维护。

③ 必须保证现场电气设备的连接条件和工作规程的适用性与安全性。

④ 与开关设备有关的一切操作，都要遵守说明书中的相应规定。

⑤ 不要超出开关设备在正常工作条件下的技术参数规定的负载。

⑥ 说明书应放在安装、操作和维护人员方便拿到的地方。

⑦ 专职人员应对所有影响工作安全的事项负责，并正确管理开关设备。

⑧ 要特别注意说明书中有危险标志的注意事项。

（3）安装工艺步骤

安装电池架的步骤如下。

① 根据蓄电池组容量的不同，一组蓄电池组的电池架由几个独立组装的电池架组合在一起，先根据蓄电池架的产品说明书，组装完成各个独立的电池架。

② 将电池架移至设计要求的安装位置，调整电池架使其边线与安装基准线重合，用记号笔在电池架与地面固定的圆孔处做好标记。

③ 将电池架移开，用电锤在做好标记的圆孔处打孔，清除孔内粉尘后敲入膨胀螺栓，预拧紧后旋除螺杆。

④ 再将电池架移回，在地固定脚处加垫片以调整电池架，拧紧固定螺杆。

依据上述步骤，依次完成各电池架的安装。按设计要求将电池架接地，完工后的电池架如图 4-49 所示。

图 4-49　完工后的电池架

安装蓄电池组的步骤如下。

① 在电池架各层的底部铺好绝缘板。

② 根据蓄电池正负极的出线位置，确定电池架内蓄电池的正负极，将蓄电池放入电池架。

③ 按照顺序用连接条或连接线将每一个蓄电池组内的单体电池串联，连接螺母上须加装塑料盖。完成连接后，使用万用表测量一组蓄电池两个端点间的电压，电压应符合要求，以确保极性的正确。蓄电池连接条及标签如图 4-50 所示。

图 4-50　蓄电池连接条及标签

④ 按照单体电池的顺序，在蓄电池上端粘贴电池数字标签，在电池组两端正负极粘贴正负标志。蓄电池组安装工艺如图 4-51 所示。

图 4-51　蓄电池组安装工艺

连接蓄电池时须遵守以下事项。

- 先确认蓄电池的外观等不存在异常，再将蓄电池安装在所定的位置。

• 蓄电池连接使用螺栓式，接线时注意不要在端子处用力过大。

• 使用多个蓄电池时，要使蓄电池之间正确连接，再将蓄电池与充电器或负载连接。

• 蓄电池的正极端子接充电器或负载的正极端子，蓄电池的负极端子接充电器或负载的负极端子。

4.5.5　施工质量控制

UPS/HVDC 的安装位置应符合设计规定，偏差应不大于 10mm；单列机架机面应平直，其偏差每米应不大于 3mm，全列偏差应不大于 15mm，机架顶面应平齐，机架间应相互靠拢；机架接地电阻应符合设计规定，接线正确，无碰地、短路等状况，对地绝缘电阻应不小于 2MΩ。

卧放阀控式密封铅酸蓄电池组之间的走道净宽应不小于蓄电池总高度的 1.5 倍，应不小于 1.2m；蓄电池组的正面和墙之间的走道净宽应不小于电池总高度的 1.5 倍，最小应不小于 1m；蓄电池组的背面和墙之间的净宽一般为 0.1m；蓄电池组的侧面之间或侧面和墙之间的净宽应不小于 0.2m。

卧放阀控式密封铅酸蓄电池组的正面和通信设备、配电屏及各种换流设备的正面之间的主要走道净宽应不小于 2m；卧放阀控式密封铅酸蓄电池组的侧面或背面和通信设备、配电屏及各种换流设备之间的维护走道净宽应不小于 0.8 m，同列安装时可以靠紧。

4.6　桥架施工技术

4.6.1　施工准备

1. 主材及辅材、工器具准备

主材及辅材：桥架及相关配件、支吊架等。

工器具：手电钻、冲击钻、钢锯、电锤、施工活动架、双梯、卷尺、线锤、水准仪、水平尺、兆欧表等。

2. 施工条件准备

① 施工图纸及产品技术文件齐全。

② 土木建筑工程施工标高、尺寸、结构及埋件均符合设计要求。

4.6.2 施工内容

① 桥架支吊架的安装。

② 桥架主体的安装连接。

4.6.3 施工流程

桥架施工流程如图 4-52 所示。

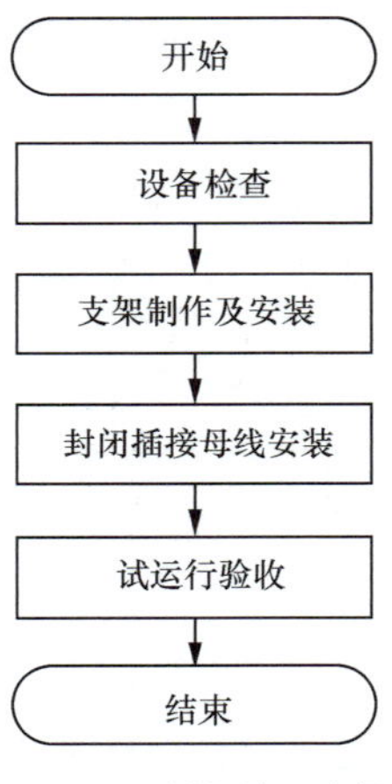

图 4-52 桥架施工流程

4.6.4 施工方法

电缆桥架系统一般是指由直线段、弯通、三通、四通组件，以及托臂（臂式支架）、吊架等构成具有密接支撑电缆的刚性结构系统。电缆桥架有梯形、网格、封闭式、槽式、托盘式等结构，由支架、托臂和安装附件等组成。建筑物内的桥架可以独立架设，也可以附设在各种建（构）筑物和管廊支架上，具备结构简单、造型美观、配置灵活和维修方便等特点，全部零件均需进行镀锌处理。常见桥架如图 4-53 所示。

梯形桥架

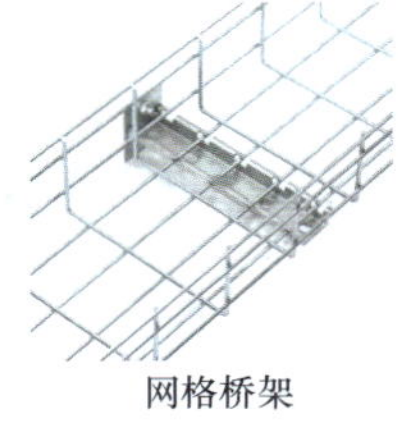
网格桥架

封闭式线槽

图 4-53　常见桥架

1. 网格桥架的施工技术

（1）吊挂安装

①“几”字形件吊顶安装。网格桥架采用“几”字形件螺杆吊顶。螺杆中心距等于网格宽度加 50mm；用 2 个重型膨胀螺栓把一个“几”字形件固定在楼板上，膨胀中心距为 98±3mm，再将吊挂螺杆用相应的螺母固定在“几”字形件上（如果有美观罩，在上螺杆时同时装上）。常见吊挂如图 4-54 所示。

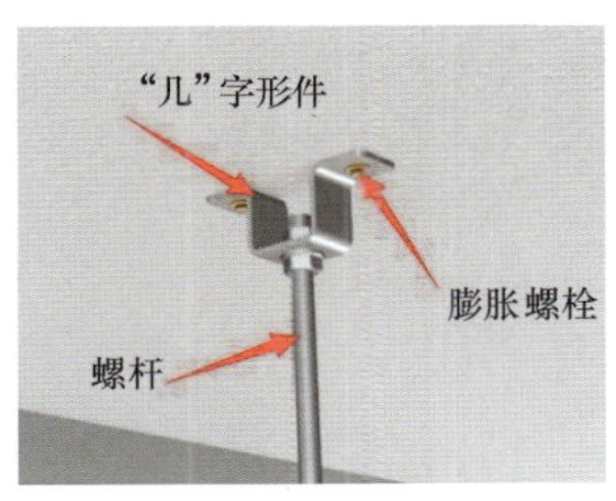

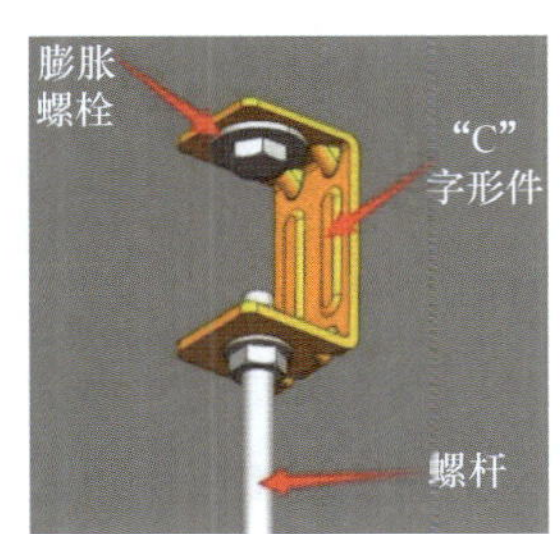

图 4-54　常见吊挂

②“C”字形件吊顶安装。网格桥架采用“C”字形件吊顶安装，膨胀孔位置就是螺杆中心距位置。

③ 膨胀套吊顶安装。膨胀套直接打在房顶上，螺杆当螺栓拧上直接吊挂。膨胀套吊顶安装如图 4-55 所示。

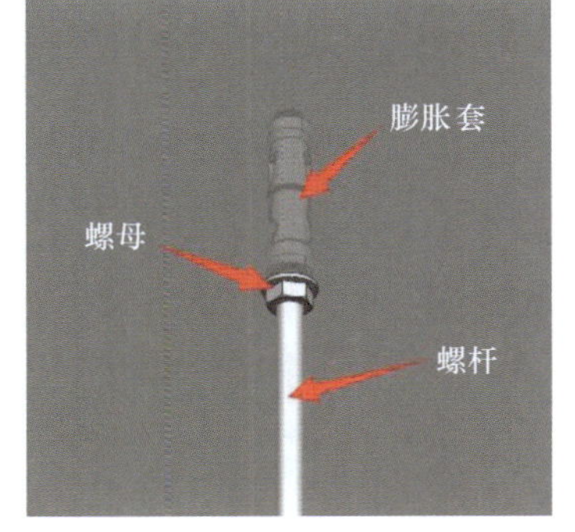

图 4-55　膨胀套吊顶安装

（2）M 形网格横档安装

在吊挂螺杆下端先拧上一个螺母，再将横档最外的两个孔对准螺杆，拧上螺母压紧固定。M 形网格横档安装如图 4-56 所示。

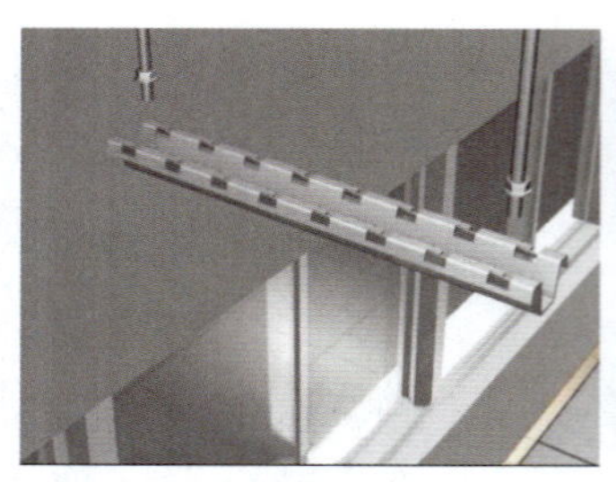
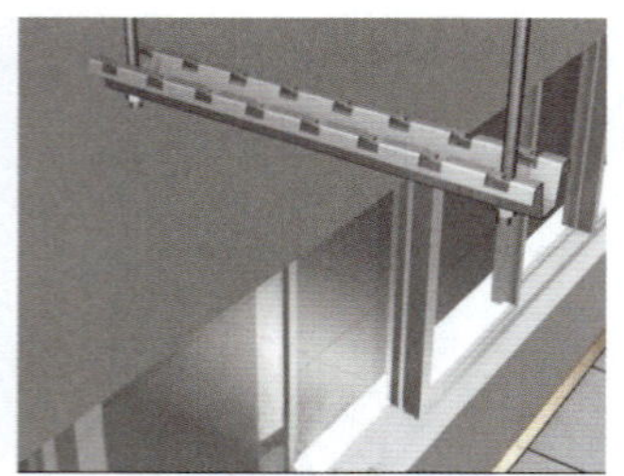

注：可通过调节螺母来调节横档的高度。

图 4-56　M 形网格横档安装

（3）网格桥架在横档上固定安装

将网格架在横档上，网格底部的钢丝扣进横档上的凹槽中，把横档上的限位齿用螺丝刀扳弯压紧网格底部的钢丝来固定网格。网格桥架在横档上固定安装示意如图 4-57 所示。

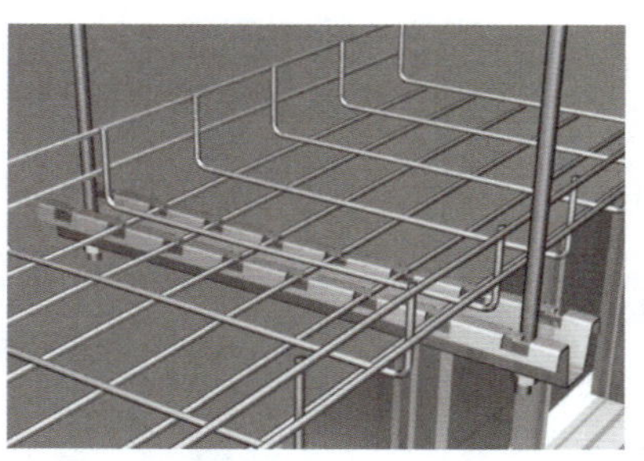

图 4-57　网格桥架在横档上固定安装示意

（4）网格桥架对接安装

① 网格卡扣对接安装。网格卡扣通用性很强，可以应用在很多地方，对接安装使用就是一种常见方法，主要是用于宽度为 300mm 以下网格桥架的对接安装。其先在网格桥架两侧 25mm 间距的两根钢丝之间固定，再在网格桥架底部固定，数量比较灵活，并可以根据宽度调整。网格卡扣对接安装如图 4-58 所示。

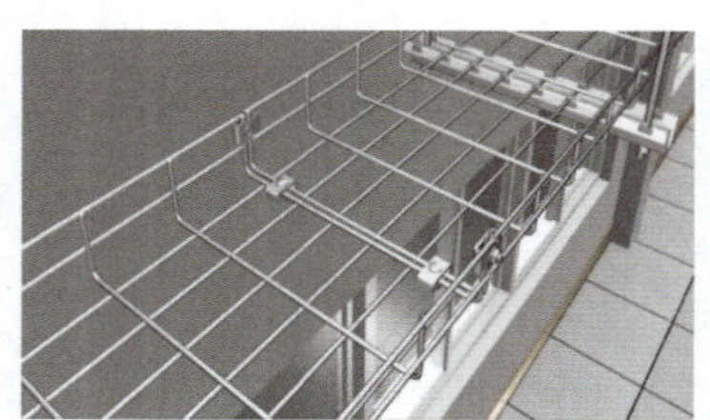

图 4-58　网格卡扣对接安装

② 网格加强条对接安装。即在网格桥架两侧 25mm 间距的两根钢丝之间将两拼网

格用卡扣和马车螺栓配合紧固对接。大宽度的可在底部用卡扣套辅助固定。网格加强条对接安装如图 4-59 所示。

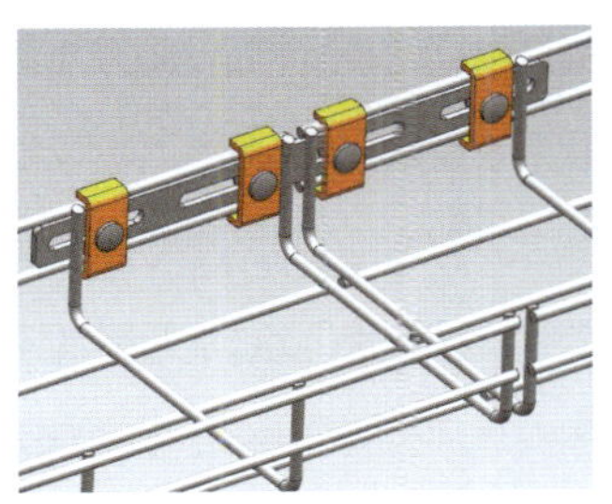
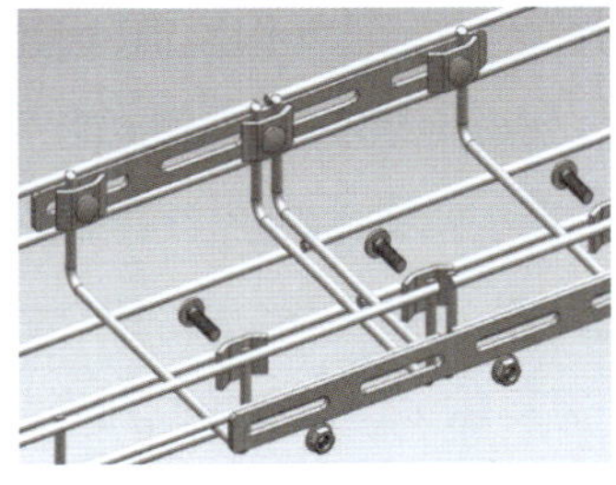

图 4-59　网格加强条对接安装

③ 网格快速连接条安装。网格快速连接条对接，可实现真正的快速连接，免工具，省时省力（代替网格加强条对接）；卡紧方向与钩子方向相同，安装时网格两侧的网格快速连接条的卡紧方向刚好相反，再用工具将钩子压弯，紧固钩住的钢丝。网格快速连接条安装如图 4-60 所示。

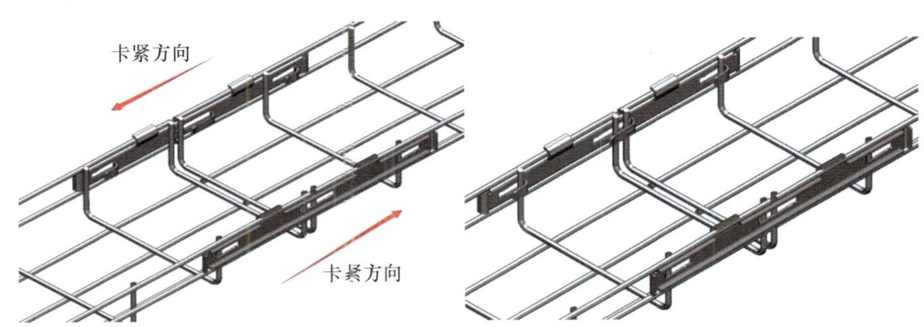

图 4-60　网格快速连接条安装

④ 大转小网格桥架对接安装。将大小两拼网格桥架，一侧对齐，用加强条配合卡扣及螺栓螺母固定，另一侧用大力钳将侧边与底部连接的一段网格剪断、扳弯，然后用加强条配合卡扣及螺栓螺母固定对接，最后用卡扣在网格底部连接固定。大转小网格桥架对接安装如图 4-61 所示。

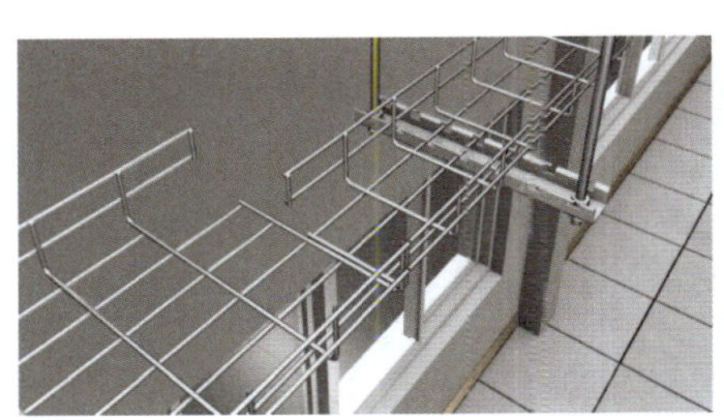
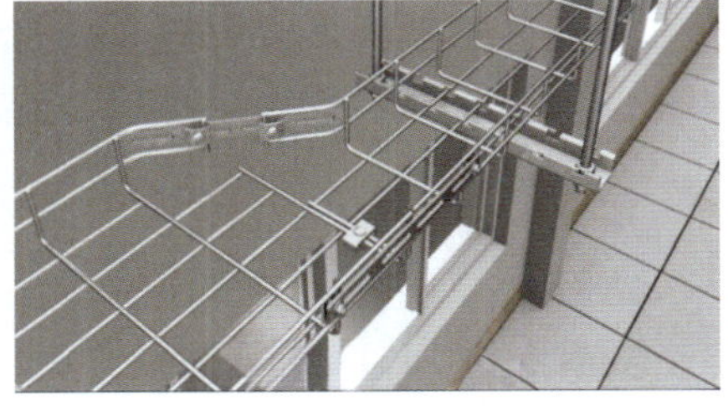

图 4-61　大转小网格桥架对接安装

（5）网格桥架转弯安装

① 直角转弯。现场安装时经常用到网格直角转弯，根据现场情况，可用网格快速制作。将两拼网格十字交叉拼接，多余的侧边用大力钳剪掉，侧边用转弯加强条连接（小宽度网格可直接用卡扣连接）。直角转弯如图 4-62 所示。

② 大圆弧转弯。大圆弧转弯主要应用于一些对转弯半径有要求的环境，可将网格桥架的直槽段隔一格剪掉一格，剪到只剩一个侧边连接，这时可以直接将直段弯曲成一个大圆弧状（剪得越多，弯成的圆弧半径越大），内侧用网格转弯快速扣连接。大圆弧转弯如图 4-63 所示。

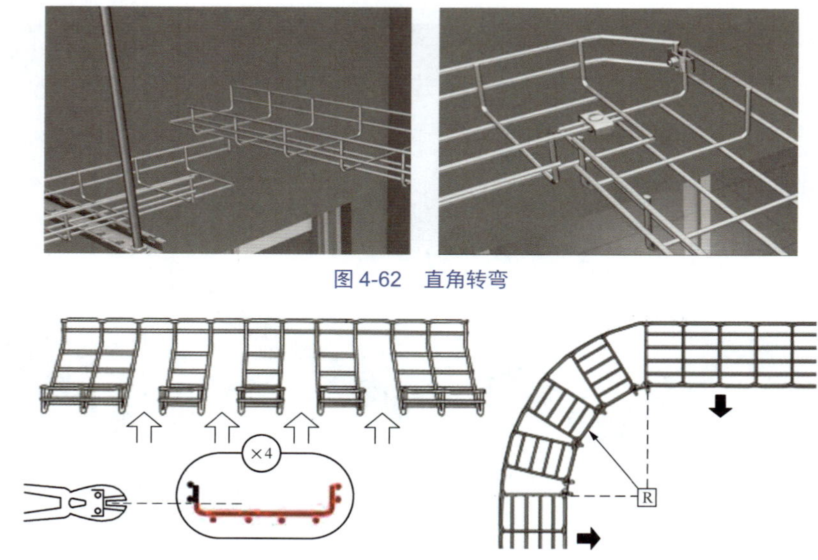

图 4-62　直角转弯

图 4-63　大圆弧转弯

③ 过梁转弯。过梁转弯及爬坡制作方法与大圆弧转弯制作方式类似，只需要把转弯的那一格网格桥架的两个侧边都剪掉，只留底部钢丝连接，就可以直接将网格弯成 45°，一个内弯和一个外弯就可以组成一个爬坡，两个爬坡组成一个过梁转弯。过梁转弯如图 4-64 所示。

图 4-64　过梁转弯

④ 网格桥架交叉安装。网格桥架交叉安装主要用在做三通（“T”字形连接）、四通时。当“T”字形连接时，在网格桥架直线段上，将对拼网格的侧边钢丝剪掉，再将对拼网格用转弯加强条连接固定，网格底部用卡扣辅助固定。网格桥架三通安装如图 4-65 所示，网格桥架四通安装如图 4-66 所示。

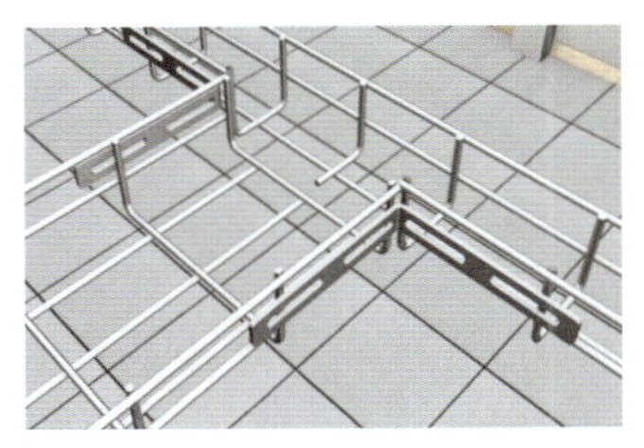

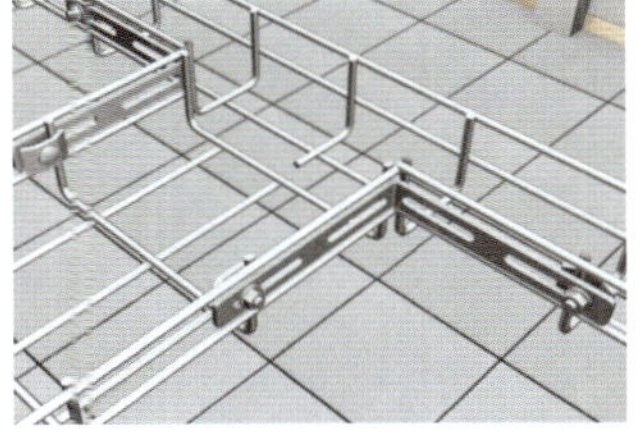

图 4-65　网格桥架三通安装

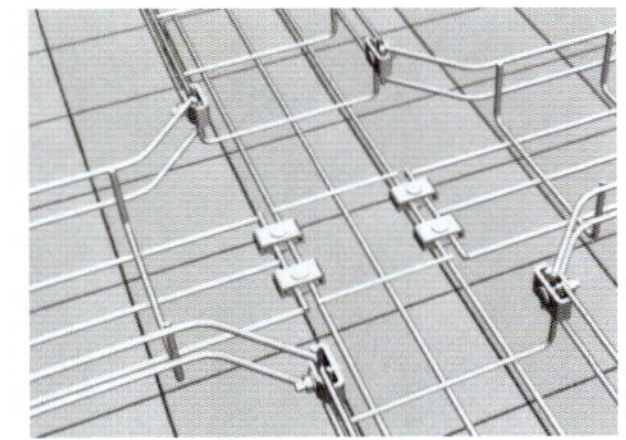

图 4-66　网格桥架四通安装

（6）墙装

①“几”字形 L 托臂安装。“几”字形 L 托臂适用于宽度为 300mm 以下网格（对承载要求不高）沿墙水平安装。用两个膨胀螺栓将“几”字形 L 托臂固定在墙上，再放上网格桥架加以固定。“几”字形 L 托臂安装如图 4-67 所示。

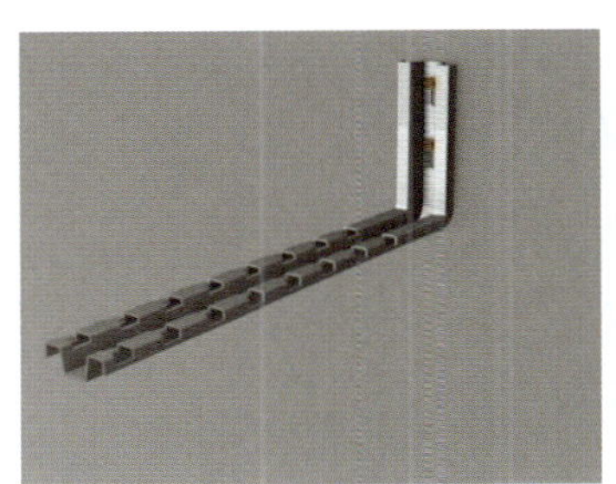

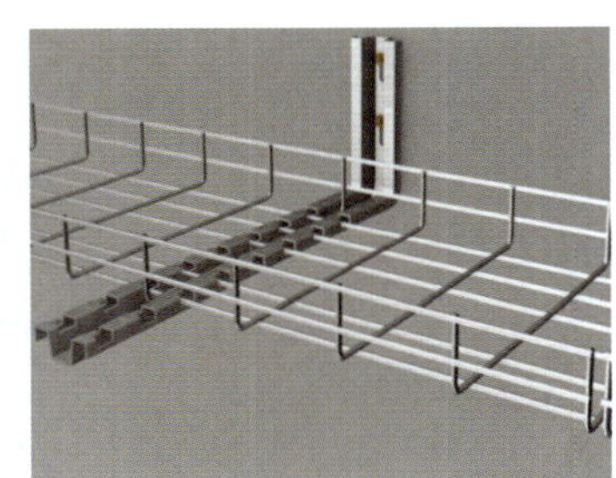

图 4-67　“几”字形 L 托臂安装

② 网格三角板托臂安装。网格三角板托臂和“几”字形 L 托臂的安装方法一样，不同点在于承载，网格三角板托臂承载要好于“几”字形 L 托臂，宽度为 500mm 以下的网格都可以使用。网格三角板托臂安装如图 4-68 所示。

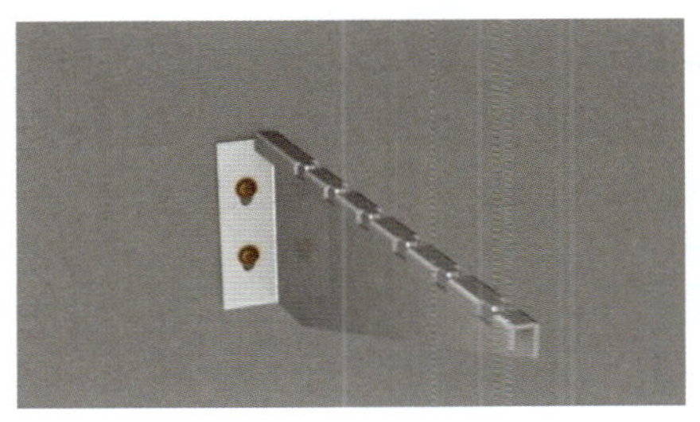

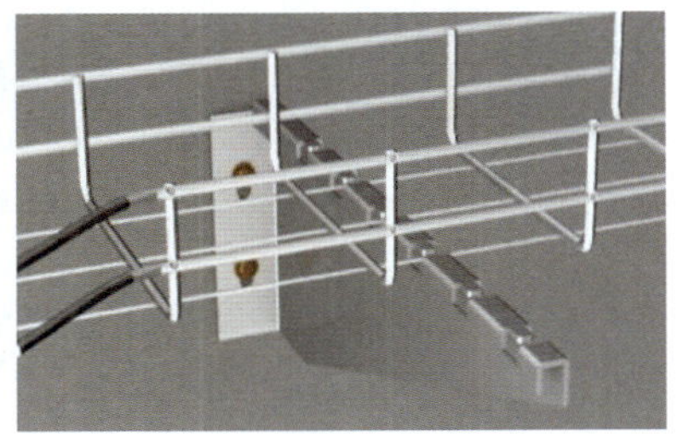

图 4-68　网格三角板托臂安装

③ 网格桥架贴墙垂直安装。网格桥架贴墙垂直走线应用较多，主要是上下层机房走线或沿墙走线到设备。安装网格桥架时可以用横档和膨胀螺栓贴墙固定，再将网格安装到横档上；也可以用蜘蛛扣和膨胀螺栓固定到墙上，再将网格桥架固定在蜘蛛扣上。网格桥架贴墙垂直安装（蜘蛛扣）如图 4-69 所示。

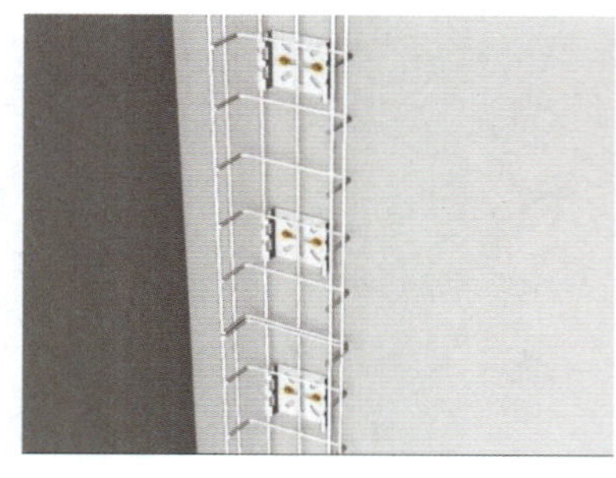

图 4-69　网格桥架贴墙垂直安装（蜘蛛扣）

（7）网格桥架支撑安装

① 网格桥架机柜顶部安装。机柜顶部需要用两个机柜支撑件将“几”字形横档支撑到机柜顶上，网格装在“几”字形横档上加以固定，机柜支撑与机柜之间用螺栓螺母固定，需要在机柜顶部开固定孔。网格桥架机柜顶部安装如图 4-70 所示。

② 网格桥架地面支撑安装。网格桥架地面支撑安装和机柜顶部安装同理，机柜顶部安装方法也可以用于地面安装，另外，有专门的地面支撑件“V”字形支撑，可直接用膨胀螺栓将“V”字形支撑固定在地面上，再安装网格，根据不同高度，选择不同高度的“V”字形支撑。网格桥架地面支撑安装如图 4-71 所示。

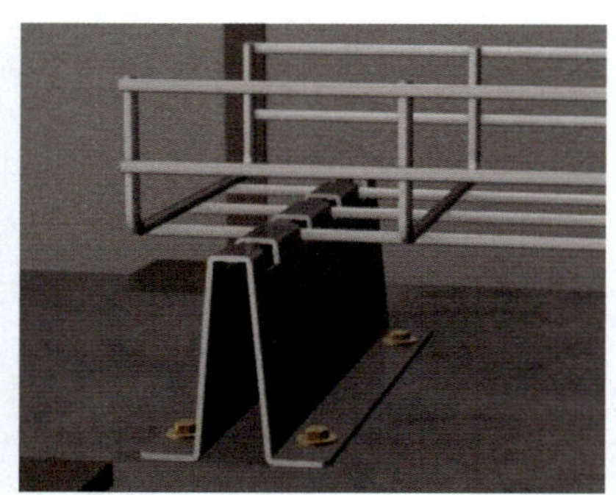

图 4-71　网格桥架地面支撑安装

③ 网格桥架防静电地板支架支撑安装。网格桥架在防静电地板上安装时，可利用现有的防静电支架来做支撑，配套专用的安装支架来固定网格“几”字形横档，网格桥架安装到“几”字形横档上。网格桥架防静电地板支架支撑安装如图 4-72 所示。

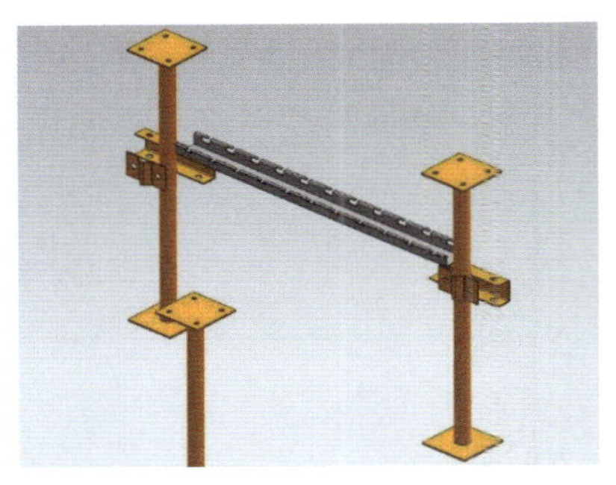

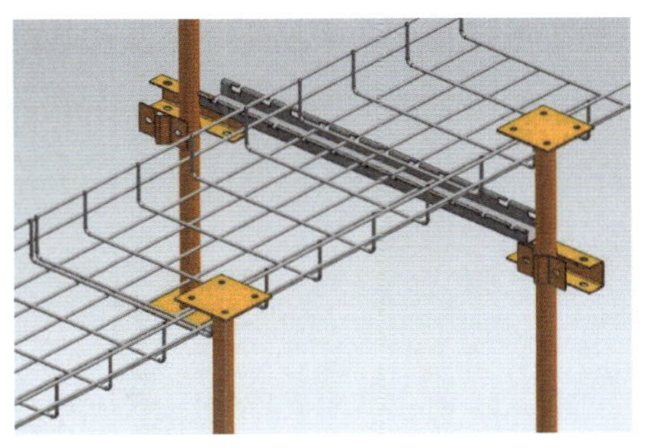

图 4-72　网格桥架防静电地板支架支撑安装

2. 铝合金走线架施工技术

铝合金走线架一般每拼长度为 3000mm，铝合金横档间隔为 270 ～ 300mm。吊挂的位置一般在走线架与走线架对接处，以防走线架对接处变形。宽 800mm 的吊挂间隔为 1000 ～ 1200mm，宽 600mm 的吊挂间隔要求 1500mm 左右。

一般情况下，施工人员需根据图纸先确定走线架的位置，以及确定吊杆位置（注意避开梁，避开吊挂位置在相交走线架的内部），走线架的接头处一定要有吊挂的吊装，对减少走线架的变形、加大走线架的承载力非常重要。吊挂的间隔要求为 1000 ～ 1500mm，走线架的每拼长度是 3000mm。

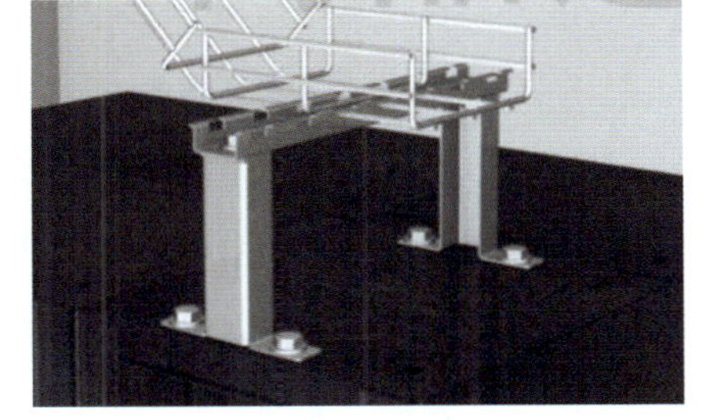

图 4-70　网格桥架机柜顶部安装

（1）吊挂的安装

① 确定顶吊膨胀的位置。施工人员根据图纸在机房确定走线架的位置后，需要在楼板上确定膨胀孔的位置，吊挂是在走线架的侧面吊装，两根吊挂螺杆的中心距是走线架的宽度再加上 50mm，例如走线架宽度为 600mm，则吊挂螺杆的中心距是 650mm，两边各预留 25mm，吊挂螺杆上端的“几”字形顶吊的两个膨胀孔（8.5 ～ 12mm）之间的距离是 100mm，配置的膨胀螺栓为 M8×55 ～ M8×60 重型膨胀螺栓，体积小，承载力大，膨胀螺栓外径为 14mm，建议膨胀孔直径为 14mm，深 70mm 左右，打孔质量是整个走线架的重中之重，整个走线架的承重都放在膨胀螺栓上。在保证楼板质量的情况下，M8×55 ～ M8×60 重型膨胀螺栓在直径为 14mm 的膨胀孔内的拉力远大于直径大于 14mm 的膨胀孔。因此，膨胀孔的直径最好不超过 14.5mm。装上“几”字形顶吊后，膨胀螺栓一定要拧紧，在上顶吊罩之前要反复检查，确保膨胀螺栓已经拧紧。

② 确定吊挂长度。多层走线架侧吊挂的长度 = 楼层高度－地板高度－最下层走线架的距地高度；单层走线架侧吊挂的长度 = 楼层高度－地板高度－走线架的距地高度，“几”字形吊顶安装如图 4-73 所示。

注：在吊挂螺杆上先拧一个法兰螺母且套上吊顶罩后，再拧上另一个法兰螺母，然后穿过“几”字形吊顶，再拧紧第三个法兰螺母。螺杆统一长出螺母 20mm 左右，对应下面的吊挂座的螺杆头也会比较整齐。

图 4-73 “几” 字形吊顶安装

（2）吊挂支座安装

吊挂支座内压板是安装在吊挂支座弯边上方的，吊挂支座弯边托住走线架的铝合金边梁，内压板插入铝合金边梁的槽内。吊挂支座可以在走线架边梁灵活移动。单双层吊挂各层水平度及层间距离可通过法兰螺母调节。铝合金桥架吊挂支座如图 4-74 所示。

图 4-74 铝合金桥架吊挂支座

（3）铝合金走线架对接

吊挂支座与对接块配合使用如图 4-75 所示。吊挂支座在走线架的接头处如图 4-76 所示。对接块分别固定在走线架边梁的上侧和内侧；吊挂支座固定在走线架边梁的下侧。

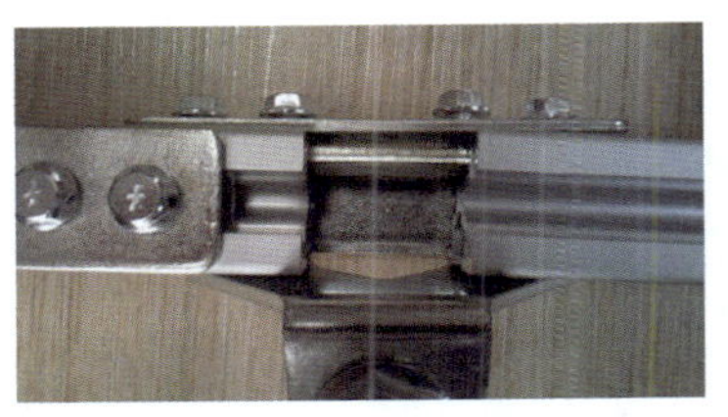

图 4-75　吊挂支座与对接块配合使用

图 4-76　吊挂支座在走线架的接头处

走线架与走线架的对接（直接）如图 4-77 所示。对接块固定在走线架边梁的上面和下面。

图 4-77　走线架与走线架的对接（直接）

走线架与走线架的对接（“T”字形连接）如图 4-78 所示。吊挂支座在走线架的中部如图 4-79 所示。带小弯角的弯角件两头都用 M6×12 螺栓拧上 M6×20×20 的方螺母，把一头的方螺母插入铝合金边梁的槽内，注意方向。另一个需要拼接的走线架从侧面靠近，铝合金两侧槽对准方螺母滑入后，贴紧另一拼走线架后拧紧螺栓。

图 4-78　走线架与走线架的对接（“T”字形连接）

图 4-79　吊挂支座在走线架的中部

（4）铝合金走线架加固

垂直走线架的安装如图 4-80 所示。爬梯固定件可以安装在走线架的内侧或外侧，“L”字形件的长度一般有 50mm 和 100mm 两种；爬梯固定件也可以用于走线架垂直安装时与地面的固定。

图 4-80　垂直走线架的安装

（5）双层走线架的安装

双层走线架的安装如图 4-81 所示。

图 4-81　双层走线架的安装

3. 金属线槽施工技术

线槽的安装位置应符合施工图要求，左右偏差不应超过 50mm；线槽水平度每米偏差不应超过 2mm；线槽垂直度偏差不应超过 3mm；线槽截断处及两线槽拼接处应平滑、无毛刺；吊架和支架安装应垂直，整齐牢固，无歪斜；铝合金走线架、线槽及金属管各段之间的连接应保持良好，安装牢固；安装线槽使用的接地体应符合设计要求，就近接地，并保持良好的电气连接。金属槽道安装与对接如图 4-82 所示。金属槽道垂直与三通对接如图 4-83 所示。

图 4-82　金属槽道安装与对接

图 4-83　金属槽道垂直与三通对接

4.6.5　施工质量控制

① 直线段钢制电缆桥架长度超过 30m、铝合金或玻璃钢制电缆桥架长度超过 15m 应设置伸缩节；电缆桥架跨越建筑物变形缝处应设置补偿装置。

② 电缆桥架转弯处的弯曲半径应不小于桥架内电缆的最小允许弯曲半径；当设计无要求时，电缆桥架水平安装的支架间距应不大于 2m。

③ 桥架及支架间的螺栓、桥架连接板螺栓应固定、紧固、无遗漏，螺母位于桥架外侧。

④ 当铝合金走线架与钢支架固定时，应做好相互间绝缘的防电化腐蚀措施。

⑤ 敷设在竖井内和穿越不同防火区的桥架，按设计要求制定防火隔堵措施。

⑥ 当支架与预埋件焊接固定时，焊缝应饱满。当膨胀螺栓固定时，选用适配螺栓，连接紧固，保证防松零件齐全。

⑦ 金属电缆桥架及其支架全长应不少于 2 处与接地（PE）或接零（PEN）干线相连接。

⑧ 非镀锌电缆桥架间的连接板的两端跨接铜芯接地线，接地线的最小允许截面积不小于 4 mm^2。

⑨ 镀锌电缆桥架间的连接板的两端不跨接地线，但连接板两端应具备不少于 2 个有防松螺帽或防松垫圈的螺栓。

4.7　电气配管施工技术

电气配管就是敷设电缆保护管的工作，可以明配，也可以暗配。明配管敷设于墙壁、顶棚的表面及桁梁、支架等处，暗配管敷设于墙壁、顶棚、楼板及地面下等的内部。

明配管应沿建筑物表面横平竖直敷设，但严禁敷设在锅炉、烟道和其他发热表面。水平或垂直敷设的明配管路允许偏差值为 2m 内的管路不超过 3mm，且管路全长的偏差不应超过明配管内径的 1/2。暗配管的电缆保护管宜沿最近的线路敷设，并应减少弯曲，力求管路最短，降低成本。

电气工程中，常用的电缆保护管主要有金属电缆保护管和塑料电缆保护管两种。工程图纸中对保护管常用以下标明符号：JDG——套接紧定式镀锌铁管；KBG——薄壁镀锌铁管；SC——焊接钢管；PC/PVC（阻燃管）——聚氯乙烯软质电线管。JDG 实物如图 4-84 所示。KBG 实物如图 4-85 所示。SC 实物如图 4-86 所示。包塑金属软管实物如图 4-87 所示。

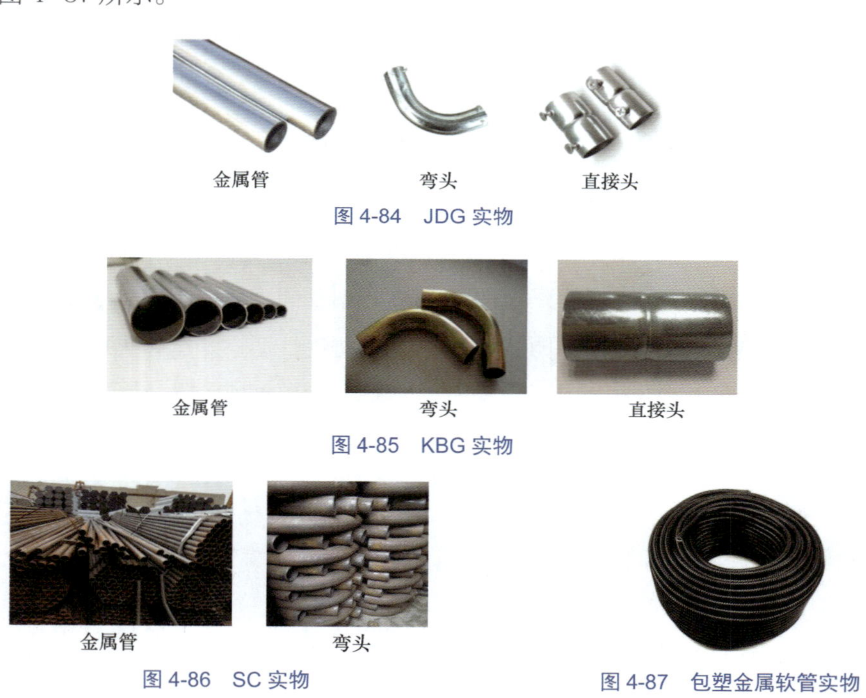

图 4-84　JDG 实物

图 4-85　KBG 实物

图 4-86　SC 实物

图 4-87　包塑金属软管实物

4.7.1　施工准备

1. 主材及辅材、工器具准备

主材及辅材：电气配管及相关配件等。

工器具：扣压器、手扳弯管器、液压开孔器、手电钻、电锤、电焊机、扳手、切割刀、手锤、钻头、管钳子、水平尺、角尺、卷尺等。

2. 施工条件准备

① 施工图纸及其他技术文件齐全，且已进行图纸技术交底，满足施工要求。

② 施工方案、施工技术、工器具供应等能保证正常施工。

③ 施工人员应经过建筑电气安装技术专业培训，熟悉安装专业规范。

4.7.2　施工内容

① 电气配管的预制，例如在暗配管敷设的同时进行墙面开槽。

② 电气配管的敷设、箱盒安装及防腐处理。

4.7.3　施工流程

电气配管施工流程如图 4-88 所示。

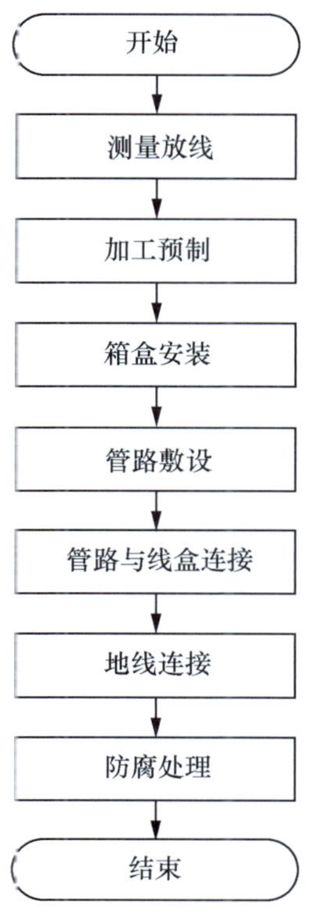

图 4-88　电气配管施工流程

4.7.4 施工方法

1. 明配钢管施工

（1）明配钢管的基本要求

明配钢管的弯曲半径一般不应小于钢管外径的 6 倍，如果只有一个明配钢管弯曲时，应不小于钢管外径的 4 倍，煨弯可采用冷煨或热煨。明配钢管可用支架或吊架进行固定。

（2）测定箱盒及固定点位置

① 根据施工图纸要求及规范测量出箱盒及出线口的准确位置。

② 根据测定的箱盒位置，确定管路垂直、水平位置并弹性定位，按照规范要求确定固定点间距，计算出支吊架的位置及数量。

③ 固定点的间距应均匀，管卡距管端、转弯中点、电器的边缘距离为 150 ～ 500mm。管卡最大间距对照见表 4-4。

④ 固定方法有胀管法、予埋铁件焊接法及抱箍法。

表4-4　管卡最大间距对照

钢管种类	管卡最大间距 /m				
	15 ≤管径≤ 25	25 <管径≤ 32	32 <管径≤ 40	50 ≤管径≤ 65	管径 65mm 以上
壁厚＞ 2mm 的刚性钢管	1.5	2.0	2.5	2.5	3.5
壁厚≤ 2mm 的刚性钢管	1.0	1.5	2.0	—	—

（3）箱盒固定

箱盒固定应按设计位置及标高确定，严禁自行改变。配电箱固定一般有以下 4 种。

① 直接固定在砖墙面、混凝土墙面、柱面，以及彩钢板面上，可用膨胀螺栓或快攻螺丝固定。

② 用型钢做支架，先将支架用膨胀螺栓固定，再安装箱盒。

③ 对于不能直接焊接的钢结构，应采用做抱卡的方式，将抱卡固定后，再安装箱盒。

④ 开关及接线箱盒可以直接固定，也可以通过角钢和扁钢支架固定，视现场条件而定。箱盒固定应牢固平整，配电箱安装偏差严禁大于 1.5‰，所有室外及潮湿场所必须使用防尘、防水型铸件，箱盒与盖之间应使用密封垫。

（4）管路敷设和连接

明配钢管应采用套丝连接，大量的直段配管宜用机械套丝，保证套丝一致，零星配管可手动使用丝攻扳手套丝，不应出现断丝和乱丝的情况，保证套丝质量。钢管煨弯具体如下。

① 对于直径≤ 32mm 的钢管，一般采用手扳弯管器在现场直接煨弯。

② 对于直径为 40 ～ 100mm 的钢管，应采用机械冷煨弯，既能保证弯管质量，又能减轻施工人员的劳动强度，加快施工进度。对于不能自行煨弯的大管径和大倍数弯的钢管，应采用外部采购或委托加工的方式。

③ 无论是人工加工还是机械加工的弯管，一定要保证弯管光滑，无明显皱褶，弯扁度严禁超过钢管外径的 1/10。

④ 钢管弯曲半径不应小于钢管外径的 6 倍，当钢管管路只有一个弯曲时，钢管的弯曲半径可以不小于钢管外径的 4 倍。

（5）钢管与箱盒连接

钢管由地面引出至明箱盒时，可直接进入明箱盒内，钢管管路用角钢、扁钢支架进行固定，在箱盒下侧 100 ～ 250mm 及地面上 200mm 处安装支架，也可直接压管卡固定。箱盒开孔应整齐，并与管径匹配，要求一管一孔，严禁开长孔，铁制箱盒严禁用电、气焊开孔，其敲落孔与管径不匹配时，应使用液压开孔器在箱盒的对应位置开孔，严禁露洞。

钢管进入箱盒，应用专用锁母固定，管口露出箱盒 5mm 为宜。两根以上的钢管入箱盒内的管头长度应一致。两管间距应均匀，排列整齐美观。

（6）处理变形缝

在变形缝两侧各设置一个接线箱盒，在一侧接线箱盒内固定钢管的一端，在另一侧的接线箱盒口打 2 倍管径的孔，两侧焊接好跨接地线（带补偿弯）。

（7）地线连接

① 非镀锌钢管可用焊接方式，将圆钢或扁钢焊接在钢管连接处的两端，地线根据钢管的直径而选用。管端焊螺栓将地线与配电箱等用电设备连接起来。

② 镀锌钢管明配时不允许采用焊接方式连接地线，应使用专用接地卡和裸铜线（裸铜编织线）进行跨接固定，要求连接紧密不松脱。

2. 暗配钢管施工

（1）暗配钢管的基本要求

① 敷设于多尘和潮湿场所的电气管路的管口、钢管连接处均应做好密封处理。

② 暗配钢管宜沿最近的线路敷设，减少弯曲。埋入墙或混凝土内的钢管的管外壁

距离墙面或地面应大于 15mm。

③ 埋入地下的钢管不宜穿过设备基础，穿过建筑物时应加装保护管。

④ 进入箱盒的钢管排列应整齐，管口应在一个标高线上。对于落地箱，管口应高出地面不少于 50mm。对于悬挂箱，钢管进入长度应为露出锁紧螺母 5mm 为宜，箱内外均应安装锁紧螺母。

⑤ 镀锌钢管破损处均应做防腐处理。

（2）钢管加工

钢管应使用钢锯、无齿锯和砂轮切割机进行切割，切口处应平整、不歪斜，管口应无毛刺并处理光滑。钢管套丝可使用套丝机或丝攻扳手，板牙应完好，防止产生断丝或乱丝。

（3）测定箱盒位置

根据设计图纸或规范要求确定箱盒的位置，以土木建筑给定的标准水平线进行挂线，找正找平。暗装箱盒的四周灰浆饱满、平整牢固，箱盒坐标应正确且应符合表 4-5 的要求。暗配钢管偏差要求见表 4-5。

表4-5　暗配钢管偏差要求

实测项目	要求	允许偏差
箱盒的水平、垂直位置	正确	10mm
箱盒 1m 内相邻标高	一致	2mm
盒子固定	垂直	2mm
箱子固定	垂直	3mm
箱盒口与墙面	平齐	10mm

为防止暗装接线箱盒内灌进水泥浆或其他污物，应填充苯板或使用甲方认可的其他材料来保护，直至器具安装完毕。

（4）管路连接

管箍丝接时，严禁有乱扣现象，管箍必须使用通丝管箍，管口应对齐，外露丝严禁多于两扣。套管连接宜用暗配钢管，套管长度为连接管径的 1.5 ～ 3 倍；连接管的对口应在套管的中心，焊口牢固严密。

钢管长度超过 30m，无弯曲时；钢管长度超过 20m，有 1 个弯曲时；钢管长度超过 15m，有 2 个弯曲时；钢管长度超过 8m，有 3 个弯曲时，应加装接线箱盒，以便穿线。

（5）钢管进箱盒连接

① 箱盒开孔应整齐并与管径匹配，要求一管一孔，严禁开长孔，铁制箱盒严禁用

电焊、气焊开孔。其敲落孔与管径不匹配时，应使用液压开孔器在箱盒的对应位置开孔，严禁露洞。

② 钢管进箱盒应用专用锁母固定，管口露出箱盒 5mm 为宜。两根以上的钢管入箱盒内的管头长度应一致。两管间距应均匀，排列整齐。

③ 暗配钢管的箱盒地线可焊接在棱边上。

（6）地线焊接

① 钢管应做整体接地连接，在所有钢管连接处焊好跨接地线。

② 地线可用圆钢，根据钢管的管径来决定圆钢的直径。

③ 钢管管径大于 65mm 时，跨接地线应使用 25mm × 4mm 镀锌扁钢进行跨接。

④ 对于镀锌钢管，不允许用焊接方式跨接地线，只允许用专用接地卡和裸铜线做跨接地线。

3. 管内穿线

（1）工艺流程

管内穿线施工流程如图 4-89 所示。

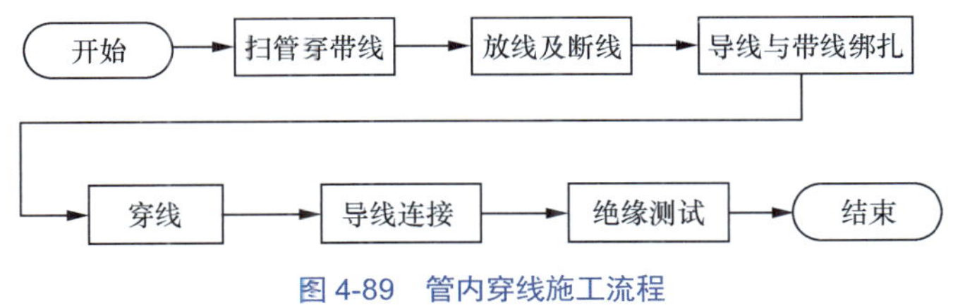

图 4-89　管内穿线施工流程

（2）扫管穿带线

穿线前应对所配钢管进行吹扫，目的是将管内的杂物及污水清除干净，使管内保持畅通，穿线时不会受到阻碍及损坏。扫管可用压缩空气，在管口将压缩空气送入，管内的残渣、砂浆块和积水等会从钢管的另一端吹出。需特别注意的是，在钢管出气端必须有人看护，防止人员受到伤害和机械设备受到损坏。还可以用带线绑上布条从钢管两端来回拉拽，将管内的杂物清理出来。钢管内部清理干净后，将带线再次穿入，带线截面大小应与穿入的导线或电缆的规格大小相适配。

（3）放线及断线

放线前应对所用的导线绝缘情况进行测试，防止穿线后检查不合格造成返工。导线放线时应使用放线架或放线车，防止因导线乱圈造成打结而损坏。断线是指导线应根据不同的用电设备而截留不同的接线预留量，配电箱的接线预留量一般为箱周长的

1/2，开关插座接线箱盒等的接线预留量长度不超过 150mm。

（4）导线与带线绑扎

当导线根数较少时，例如 2 ～ 3 根，可削去导线前端的绝缘层，然后将线芯直接插入带线的盘圈内并折回压实，绑扎牢固，使绑扎处形成一个平滑的锥形过渡部位。

当导线根数较多或导线截面较大时，可削去导线前端的绝缘层，然后将线芯斜错排列在带线上，用绑线缠绕绑扎牢固，使绑扎接头处形成一个平滑的锥形过渡部位，便于穿线。

（5）穿线

钢管穿线的方法有直接穿线和钢丝带线等方法。在穿线前应检查管口是否有毛刺，护口是否已经带好，护口如有遗漏或损坏应立即补齐或更换。穿线时，绑扎处应对准管中进入管内，防止卡破或受阻。管口两端操作人员应相互配合，一送一拉，同时还应观察放线情况。同一交流回路的导线必须穿入同一根钢管内，互相间无干扰的同一设备或同一设备的控制回路可穿入一根钢管内，但管内导线总数不应超过 8 根。钢管内所穿的导线不允许有接头。所穿导线较长并经过接线箱盒时，在接线箱盒处应有专人看护，防止导线损坏。

（6）导线连接

导线连接时不应降低导线的绝缘强度，不应降低导线的机械强度，不应增大导线的接头电阻。削导线绝缘层时不能将线芯割伤，用电工刀削线时，不能采用环绕切削，而是采用斜剥法，最好使用专用剥线钳。小截面导线宜使用专用安全型压线帽连接，不同截面的导线应选用相适配的压线帽，导线总截面比接线帽截面大时，应向接线帽内插入辅助导线填实。

（7）绝缘测试

为确保送电及运行安全，应对敷设的所有回路进行绝缘电阻检测，以便及时发现和消除隐患。测试绝缘电阻一般选用 1000V 兆欧表，在用电设备不接通的情况下，干线与支线分别遥测。绝缘电阻应符合设计要求或规范要求，检测结果应及时填入交工技术资料中。

4.7.5 施工质量控制

① 暗配钢管宜沿最近的线路敷设，并应尽量减少弯曲；埋入墙或混凝土内的钢管距离表面应大于 15mm。

② 当钢管需要弯曲敷设时，其转角必须大于 90°。每条暗配管严禁有 3 个以上

的转角，且严禁有“S”弯。在转弯处严禁有皱褶和瘪坑，以免磨损电线。

③ 埋于地下的钢管应做防腐，线管排列应整齐，在穿过建筑物时应加保护管。

④ 在钢管的转弯处，弯扁程度不应大于管径的 10%，弯曲半径不小于管外径的 6 倍；电线管埋设于地下或混凝土楼板内时，不应小于管外径的 10 倍。

⑤ 在钢管超过以下长度时，中间应当加设接线箱盒或拉线箱盒，其位置应便于穿线。

钢管长度超过 30m，无弯曲时；长度超过 20m，有 1 个弯曲时，长度超过 15m，有 2 个弯曲时，长度超过 8m，有 3 个弯曲时，在垂直敷设时，装设接线箱盒或拉线箱盒的距离为 15m。

⑥ 钢管内不应有铁屑或毛刺，管口应光滑无毛刺。薄壁钢管必须采用丝口连接或紧定套管，严禁熔焊；厚壁钢管主要采用套管连接。套管连接时，套管长度为连接管外径的 1.5 ～ 3 倍。接缝处在套管中央，在套管两端施焊，严禁采用两管对焊。

⑦ 钢管进入灯头箱盒、开关箱盒、拉线箱盒、接线箱盒时，管口露出箱盒的长度应小于 5mm。

⑧ 软管与钢管或设备连接应用软管接头连接，软管应用管卡固定，其固定距离应小于 1m，严禁利用金属软管作为接地导体。

⑨ 管内绝缘导线的额定电压不应低于 500V。

⑩ 管内穿线应在建筑物的抹灰、粗装修和地面工程结束后进行，在穿入导线前，应先将管内中的积水及杂物清除干净。

⑪ 不同系统、不同电压、不同电流类别的线路不应穿在同一根管内或线槽内的同一根孔槽内。

⑫ 导线在管内严禁有接头和扭结，其接头应在接线箱盒内进行连接。

⑬ 管内导线的总截面积（包括线外保护层）不应超过管子截面积的 40%。

⑭ 布线采用的非金属管材、线槽应采用阻燃性材料。

4.8　电缆施工技术

电缆的基本结构由线芯（导体）、绝缘层、屏蔽层和保护层 4 个部分组成。

（1）线芯

线芯是电缆的导电部分，可以用来输送电能，是电缆的主要部分。电缆及电缆盘支架如图 4-90 所示。

（2）绝缘层

绝缘层是将线芯与大地，以及不同相的线芯间在电气上彼此隔离，保证电能输送，是电缆结构中不可缺少的组成部分。

（3）屏蔽层

15kV 及以上的电缆一般有导体屏蔽层和绝缘屏蔽层。

（4）保护层

保护层的作用是保护电缆免受外界杂质和水分的侵入，防止外力直接损坏电缆。

图 4-90　电缆及电缆支架

4.8.1　施工准备

1. 主材及辅材、工器具准备

主材及辅材：电缆、扎带、塑料自粘带、相色带、热缩电缆附件、铜接线端子、电缆终端外套、铜编织带、连接管、电缆接头、电缆标志牌等。

工器具：兆欧表、机械压线钳、校线器、手动冷压钳、电缆剥皮刀、电缆半导电层剥离刀、热风枪、气体喷枪、电工刀、验电笔、电缆钢丝网套、束带枪、卷扬机、电缆滚轮、断线钳、电缆支架、吊车等。

2. 施工条件准备

电缆线路安装前，建筑工程应具备以下条件。

① 预埋件符合设计要求，安置牢固。

② 电缆沟、隧道、竖井及人孔等处的地坪及抹面工作完成。

③ 电缆层、电缆沟、隧道等处的施工临时设施、模板及建筑废料等清理干净，施工用道路畅通，盖板齐全。

④ 电缆沟排水畅通。

电缆安装前，电气工程应具备以下条件。

① 电缆桥架和保护管内无毛刺，无漏装或错装现象，安装牢固可靠，排列整齐，

需要进行防腐处理的部位已按设计要求进行防腐处理。

② 电缆支架间距应符合设计要求。

③ 电缆支架的层间允许最小距离应符合设计要求。

④ 电缆与热力管道、热力设备之间的距离应符合设计要求。

⑤ 电缆支架、电缆桥架及电缆导管上需要焊接施工的接地装置已施工完成。

4.8.2　施工内容

① 电缆的敷设及电缆绑扎。

② 电缆成端。

4.8.3　施工流程

电缆施工流程如图 4-91 所示。

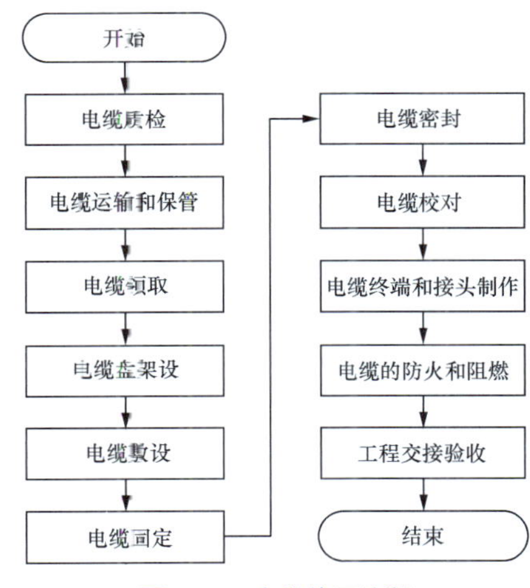

图 4-91　电缆施工流程

4.8.4　施工方法

（1）电缆质检

电缆质检的程序如下。

① 电缆运抵现场后，供应商、建设单位和施工单位的有关人员应进行质量验收，

合格后签字确认。

② 质量验收应形成质量验收记录，与电缆的合格证、出厂检验报告、3C 证书等构成材料报验记录。

电缆质检的项目要求如下。

① 电缆及附件的技术文件应齐全，例如产品合格证、出厂检验报告、3C 证书等。

② 电缆的规格、型号、电压等级、长度应符合订货要求，附件齐全。

③ 电缆外包装应符合国家标准要求，产品标签应标明型号、规格、厂名和产地。

④ 电缆外皮上的标志应齐全，电缆外皮应有厂名、型号、规格、额定电压，所有标志应字迹清晰。

⑤ 电缆外皮无受损，封端严密。

（2）电缆运输和保管

电缆运输方法及要求如下。

① 在运输装卸过程中，不应使电缆及电缆盘受到损伤；严禁将电缆盘直接由车上推下；电缆盘不应平放运输、平放贮存。

② 运输或滚动电缆盘前，必须保证电缆盘牢固，电缆绕紧。

③ 滚动电缆盘时，必须顺着电缆盘上的箭头指示或电缆缠紧的方向滚动。

④ 搬运电缆时，应使用车辆，如果路途较近，且路面平坦，可以进行人工滚动搬运；如果遇到地面有乱石或其他不可避免的障碍物，应垫上木板。

⑤ 人工滚动电缆盘时，操作人员应站在轴架的侧面，不宜超过轴心，以防止被电缆盘碾伤；上下坡时，需要在轴心孔穿一根钢管，然后在钢管的两端系绳索拖拉，中途停止时，应用楔子制动并卡住电缆盘，然后把绳索系在可靠的固定处。

⑥ 用车辆运输电缆时，电缆盘应放在车厢前方，并用绳索、木楔固定牢固，以防止启动或刹车时电缆盘滚动或撞击车厢。

电缆及其有关材料如果不立即安装，应按以下要求贮存。

① 电缆应集中分类存放，并标明型号、电压等级、规格、长度；电缆盘之间应有通道，地基应坚硬。当条件受到限制时，电缆盘下应加垫，存放处严禁积水。

② 电缆的绝缘防潮包装应密封良好，并应根据材料性能和保管要求贮存和保管。

③ 在保管电缆期间，电缆盘及包装应完好，标志应齐全，封端应严密；当有缺陷时，应及时处理。

④ 电缆应封闭管理，采取防盗措施。

（3）电缆领取

电缆安装作业前，操作人员应到库房办理电缆领取手续；领取电缆时，操作人员应检查电缆盘上标记的型号、规格、电压等级、长度是否与需求相符，并且要复核电缆的实际型号、规格是否与电缆盘上的标志一致。

（4）电缆盘架设

① 电缆盘应按指定位置架设，通常架设在电源的引出端，因为该处电缆最为密集，便于计算电缆长度。

② 对于较轻的电缆盘，可以采用人工架设，架设时应先架设其中的一端，再架设另一端。

③ 对于较重的电缆盘，一般采用吊车架设，也可以采用叉车和手拉葫芦架设。

④ 架设电缆盘时，应注意以下 3 点：一是电缆支架应放置在坚硬的地基上，如果现场无坚硬地基，可先在架设位置铺上枕木，再在其上架设电缆盘；二是电缆支架应保持两端水平，否则，在敷设过程中，电缆盘会向较低一端偏移，直至被支架卡住为止，若不能及时发现，会造成倒架事故；三是钢轴的强度和长度应满足电缆盘重量和架设宽度的要求，电缆盘的高度应距离地面 50 ～ 100mm。电缆盘架设如图 4-92 所示。

图 4-92　电缆盘架设

（5）电缆敷设

电缆可采用机械与人工相结合的方式敷设，室外电缆主要用机械牵引敷设，过排管、弯头较多处采用人工敷设，室内电缆主要由人工敷设。根据实测的电缆尺寸和到货的电缆长度，确定电缆敷设表及中间接头位置，电缆敷设施工班组在电缆施工前必须按照实际长度给出电缆敷设表，并选好电缆支架架设地点，以敷设方便为准，一般应在电缆起止点附近为宜。电缆架设时，应注意电缆轴的转动方向，电缆引出端应在电缆轴的上方。

敷设电缆的注意事项如下。

① 管内电缆敷设前，应先清扫管路；清扫时，可用绑有布条的钢线来回拖拉几次，将管内杂质及水分擦净；清扫完毕后，布置管口保护滑轮、拐角保护滑轮，随即向管内吹进滑石粉，便于穿引电缆。

② 采用穿线盒的管路，可打开盒盖，分段穿引电缆。

③ 在电缆穿管时，操作人员必须做到：送电缆时，手不可离管口太近，以防止对面操作人员拉拽过猛而挤手；拉电缆时，身体各部位应远离管口，避免钢管脱脂造成戳伤。

④ 交流单芯电缆严禁单独穿入钢管内。

⑤ 同一根钢管穿过多根电缆时，可以先把钢丝穿入保护管内，再剥去几根电缆的护套，把芯线与钢丝牢固地绑扎在一起，最后用胶带将扎头处包缠在一起，防止此扎头挂在保护管的接头处，然后用钢丝牵引电缆。

⑥ 电缆导管穿线完毕后，应整理电缆导管，然后把电缆做临时封头，并绑扎起来，放在合适的位置。

（6）电缆固定

电缆敷设完毕后，应及时对电缆支架上的电缆进行整理和固定，使电缆排列整齐美观。

常见的电缆固定方法如下。

① 电缆卡固定法，主要用于大截面电缆的固定。

② 缠绕管固定法，主要用于盘柜配线电缆的固定。

③ 电缆扎带固定法，主要用于各种规格电缆的固定。

④ 定位片固定法，适用于盘柜配线电缆的固定。

（7）电缆密封

当电缆引入电气盘柜时，应进行密封，以保证电气盘柜运行安全，常用的密封材料有电缆接头、密封胶条等。其中，电缆接头同时具有密封和固定作用，而密封胶条只有密封性能；电缆接头主要以旋紧螺纹来保证电缆接头组件本身及被连接的各个部分的紧密连接和牢靠固定。

（8）电缆校对

电缆在与电气设备连接前，应进行校对，以保证电气回路的连接正确。

① 电缆校对可以用校线灯法、万用表法、电话听筒法。无论采用哪种校线法，公共线的灵活选择都是相当重要的，它直接关系到校线的质量和校对的速度。公共线一般选择屏蔽层、钢铠或电缆中某一具有特殊标志的芯线，也可以选择大地或已接地的金属设备、管道等。

② 电缆校对完成后，应及时按规定用不同颜色的塑料自粘带或热缩管做好标记；控制电缆每校对完一根芯线后，两端都必须同时标上同样的号码；号码内容应按设计图纸的规定书写；当设计图纸无规定时，可按阿拉伯数字的顺序进行编码，并在电缆

首端标记编号；控制电缆芯线编号的编制方式可以采用异形塑料管或号码管。

（9）电缆终端和接头制作

电缆终端和接头的制作应严格遵守制作工艺规程；电缆芯线的连接应采用符合标准的连接管和接线端子。具体操作注意事项如下。

① 电缆接地线应采用铜绞线或镀锡铜编织带。

② 制作电缆终端与接头，从剥切电缆开始应连续操作，直至完成，以便缩短绝缘暴露时间。剥切电缆时不应损伤线芯和保留的绝缘层。

③ 电缆附加绝缘的包绕、装配、热缩等应清洁干净。

④ 电缆终端上应有明显的相色标志，且应与系统的相位一致。

⑤ 控制电缆终端可采用一般包扎，接头应有防潮措施。

电缆终端接地线截面积见表 4-6。

表4-6 电缆终端接地线截面

电缆截面积 /mm^2	接地线截面积 /mm^2
120 及以下	16
150 及以上	25

（10）电缆的防火与阻燃

① 对易受外部影响而着火的电缆密集场所或可能着火蔓延而酿成严重事故的电缆回路，必须按设计要求的防火阻燃措施施工。

② 防火阻燃材料必须经过技术或产品鉴定；在使用时，应按设计要求和材料使用工艺进行施工。

③ 在封堵电缆孔洞时，封堵应严实可靠，不应有明显的裂缝和可见的孔隙，孔洞较大者应加耐火衬板后再进行封堵。

④ 电缆防火阻燃应采取以下措施。

- 在电缆穿过竖井、墙壁、楼板或进入电气盘柜的孔洞处，应用防火堵料密实封堵。
- 在重要的电缆沟和隧道，应按要求分段或用软质耐火材料设置阻火墙。
- 对重要回路的电缆，可单独敷设于专门的沟道中或耐火封闭槽盒内，或对其涂刷防火涂料和缠绕防火包带。

（11）电缆终端头制作

① 施工程序。电缆终端头制作施工程序如图 4-93 所示。

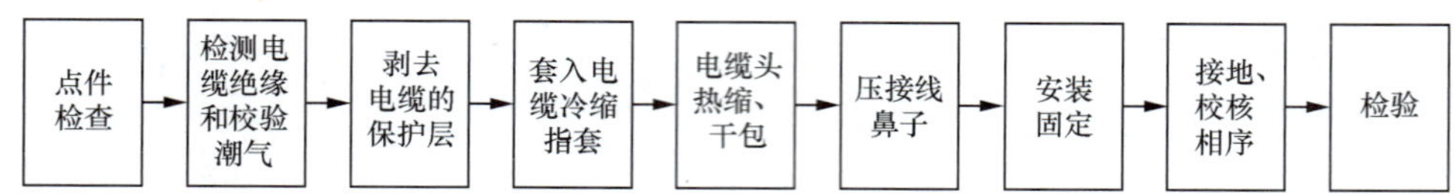

图 4-93　电缆终端头制作施工程序

② 施工准备。安装前，电气设备安装完毕，室内空气干燥，电缆敷设并整理完毕，核对无误，电缆支架及电缆终端头固定支架已安装完好，现场有足够的光照强度和较宽敞的操作场地。操作人员对电缆进行检测时，绝缘电阻应符合要求。所用电缆终端头符合设计要求，附件及资料齐全，并有产品合格证。所需工器具包括机械压线钳、电动压线钳、电缆剥皮刀、电工刀、棘轮电缆剪等。

③ 质量要求。电缆终端头制作作业时的场所环境温度应在 0℃以上，相对湿度在 70% 以下，制作连续进行，一次完成，以免受潮。热缩式电缆头封闭严密，填料饱满，芯线连接紧密，干包式电缆头要求绝缘包扎严密。电缆终端头按设计要求安装在指定位置，并固定在支架或框架上，不应使连接端存在机械应力。电缆终端头的支架安装应符合设计规定，支架安装平整、牢固，成排安装的支架高度一致，偏差不大于 5mm，间距均匀，排列整齐。

4.8.5　施工质量控制

敷设的电缆严禁有扭绞、压扁和保护层断裂等缺陷，电缆终端头的制作应牢固，包扎封闭严密，芯线连接紧密，相位一致，排列整齐，并留有适当的余量，电缆的排列在转弯和分支处不应有紊乱现象，全塑电缆和交联电缆的弯曲半径均不能小于该电缆外径的 15 倍，按国家建筑标准设计图集 12D101—5《110kV 及以下电缆敷设》的有关内容进行施工。

电缆敷设前必须进行以下绝缘检测或耐压试验。

① 1kV 以下的电缆，用 1kV 兆欧表检测线间及对地的绝缘电阻应不低于 10MΩ。

② 6 ～ 10kV 的电缆应做耐压试验，应符合现行国家标准 GB 50150—2016《电气装置安装工程　电气设备交接试验标准》和当地供电部门的规定。

- 根据电缆的走向编排电缆的敷设顺序，避免电缆敷设后出现交叉现象。
- 电缆敷设后，电缆外皮不应损伤。
- 电缆最小转弯半径应符合施工规范要求。
- 电缆桥架层间允许的最小距离：控制电缆为 200mm，电力电缆为 250mm。

4.9　照明、开关及插座施工技术

4.9.1　施工准备

1. 主材及辅材、工器具准备

主材及辅材：灯具、开关、插座等。

工器具：梯子、螺丝刀、铅笔、冲击钻、斜口钳、胶带等。

2. 施工条件准备

① 机房内设备设施施工完毕，地面装饰完毕，门窗安装齐全，符合设计要求。

② 施工材料等满足要求，且已完成材料检验。

4.9.2　施工内容

① 开关、插座的安装。

② 灯具的安装。

4.9.3　施工流程

灯具安装工艺流程如图 4-94 所示。

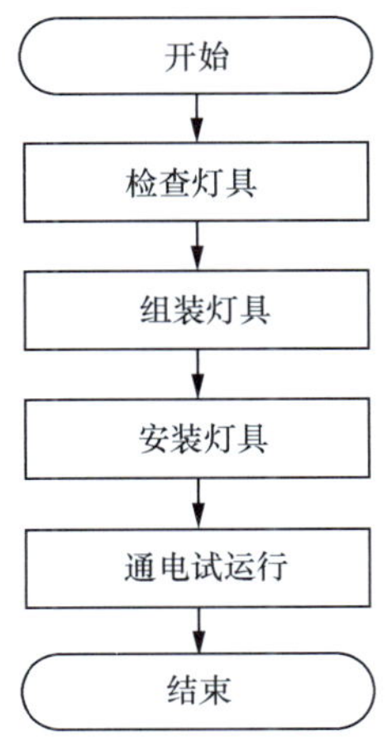

图 4-94　灯具安装工艺流程

4.9.4 施工方法

1. 开关、插座的安装

（1）清理

用錾子轻轻地将盒内残存的灰块剔掉，同时将其他杂物一并清出盒外，再用湿布将盒内的灰尘擦干净。

（2）接线

① 一般接线规定。

• 开关接线：同一场所的开关切断位置应一致，且操作灵活，接点接触可靠；电器、灯具的相线应经开关控制。

• 插座接线：单相两孔插座有横装和竖装两种。横装时，面对插座的上极接相线，下极接零线；单相三孔的接地线均应在上方，左边接零线，右边接火线。

② 安装开关、插座前的准备。

先将盒内甩出的导线留出维修长度，削出线芯，注意不要损伤线芯。将导线按顺时针方向盘绕在开关、插座对应的接线柱上，然后旋紧压头。如果是独芯导线，也可将线芯直接插入接线孔内，再用顶丝将其压紧，注意线芯严禁外露。

（3）开关、插座安装

① 一般安装规定。

开关安装规定如下。

• 拉线开关距地面的高度一般为 2 ～ 3m，距门口为 150 ～ 200mm，且拉线的出口应向下。

• 扳把开关距地面的高度为 1.4m，距门口为 150 ～ 200mm。

• 暗装开关的面板应端正、严密，并与墙面平行。

• 开关位置应与灯具位置相对应，同一室内开关的方向应一致。

• 成排安装的开关高度应一致，高低差小于 2mm，拉线开关的相邻间距一般大于 20mm。

• 多尘、潮湿场所和户外应选用防水瓷制拉线开关或加装保护箱。

• 在易燃、易爆和特别潮湿的场所，开关应分别采用防爆型、密闭型，或安装在其他处所控制。

• 明线敷设的开关应安装在厚度不低于 15mm 的木台上。

插座安装规定如下。

- 插座距地面不应低于 30cm。
- 同一室内安装的插座高低差应小于 5mm，成排安装的插座高低差应小于 2mm。
- 安装的插座应有专用盒，盖板应端正严密并与墙面平行。
- 落地插座应有保护盖板。

② 暗装开关、插座安装。

按接线要求，将盒内甩出的导线与开关、插座的面板连接好，将开关或插座推入盒内（如果盒子较深，大于 2.5cm 时，应加装套盒），对正盒眼，用螺丝固定牢固，固定时要使面板端正，并与墙面平齐。

2. 灯具的安装

照明器具应具备以下条件：妨碍照明器具的模板、脚手架应拆除，房间粉刷工作结束，安装照明器具前应清洁检查，试灯后进行灯具安装，灯具安装方式按设计要求施工，成排偏差小于 2mm，灯具的固定应符合以下设计要求。

① 重量在 1kg 以内的普通吊线灯，可采用导线自身吊装。

② 重量在 1kg 以上的吊灯应采用吊链安装，灯线不应承受力。

③ 采用钢管作为灯具吊杆时，钢管内径大于 10mm。

④ 嵌入顶棚内的灯具应固定在专用的支架上，灯具边缘应与顶棚的装修线吻合，灯线应留有余量，电源线不应贴在灯具的外壳上。

⑤ 灯具安装距地低于 2.4m 时，灯具的金属外壳必须接地。接地顶棚内的灯具安装时，灯具的灯头引线应用金属软管保护，调整灯具的边框与顶棚装修直线应平行。

⑥ 所有灯具的支架、吊架、固定点位置的确定必须符合牢固安全、整齐美观的原则，因此，所有支架、吊架、固定点的制作、选定、位置及安装方式，应依据图纸和现场具体情况会同土木建筑技术部门协商提出明确方案，报送业主监理批准后执行。荧光灯在吊顶上的安装方法如图 4-95 所示。

⑦ 灯具安装牢固端正，位置正确。所有吊顶上的灯具应排列规律，与喷淋头、风口等保持间距，整齐划一，保证有良好的视觉效果，成排安装的灯具中心线仅允许偏差 5mm。

⑧ 灯具、配电箱安装完毕后，每个回路要进行绝缘遥测，绝缘电阻大于 0.5MΩ，并做好记录后方可通电试运行。

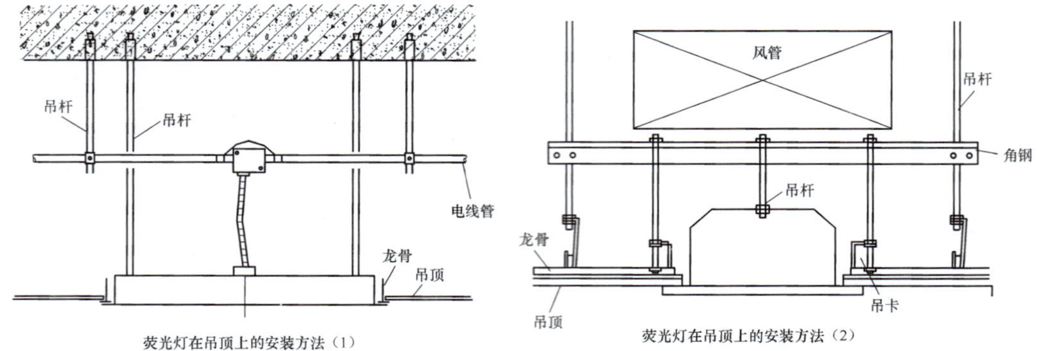

图 4-95　荧光灯在吊顶上的安装方法

4.9.5　施工质量控制

① 开关、插座的安装位置正确。盒内清洁、无杂物，表面清洁、不变形，盖板紧贴建筑物的表面。

② 开关切断相线。导线进入器具处绝缘良好，不损伤线芯。插座的接地单独敷设，不允许与工作零线混用。

检验方法：观察和通电检查。

③ 照明开关、插座的底板和暗装开关、插座的面板并列安装时，允许开关、插座的高度差为 0.5mm，同一场所的高度差为 5mm，面板的垂直允许偏差为 0.5mm。

检验方法：吊线、尺量检查。

④ 开关、插座的面板不平整，与建筑物表面之间有缝隙，应调整面板后再拧紧固定螺丝，使其紧贴建筑物表面。

⑤ 开关未断相线，插座的相线、零线及地线压接混乱，应按要求整改。

⑥ 多灯房间的开关与控制灯具顺序不对应。在接线时应仔细分清各路灯具的导线，依次压接，并保证开关方向一致。

⑦ 同一房间的开关、插座的安装高度差超出允许偏差范围，应及时更正。

⑧ 进盒护口易脱落或遗漏。安装开关、插座接线时，应注意带好护口。

⑨ 开关、插座面板已经上好，但盒子过深（大于 2.5cm），未加套盒处理，应及时补上。

⑩ 开关、插座拱头接线，应改为鸡爪接导线总头，再将导线分支接各开关或插座端头。

4.10　PDU与工业连接器施工技术

4.10.1　施工准备

1. 主材及辅材、工器具准备

主材及辅材：PDU、工业连接器及相关配件。

工器具：螺丝刀、斜口钳、电动螺丝刀、电动扳手、尖嘴钳、剥线钳等。

2. 施工条件准备

① 机柜设备等已经安装完成。

② 走线架已经安装完成。

③ 连接 PDU 及工业连接器的电缆已经布放完成。

④ 施工图纸和技术资料齐全。

⑤ 施工方案编制完毕并经过审批。

⑥ 施工前应组织施工人员熟悉图纸、方案，并进行安全、技术交底。

工业连接器与 PDU 实物如图 4-96 所示。

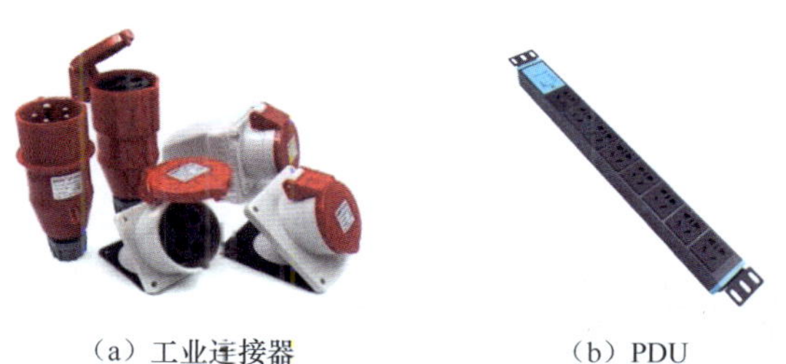

（a）工业连接器　　（b）PDU

图 4-96　工业连接器与 PDU 实物

4.10.2　施工内容

① PDU 与工业连接器的安装固定。

② PDU 与工业连接器的电缆连接。

4.10.3 施工流程

PDU 与工业连接器的施工流程如图 4-97 所示。

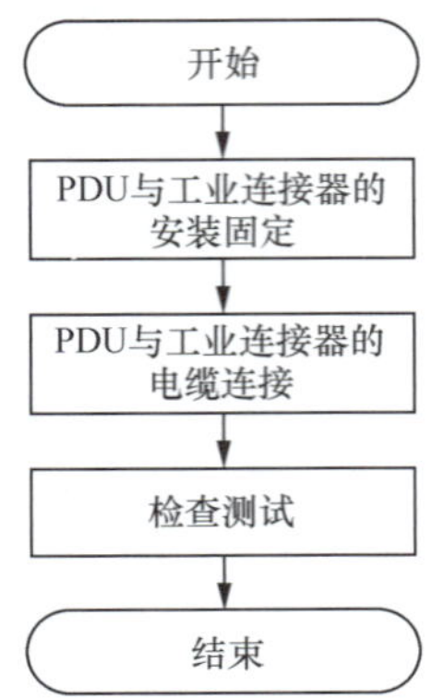

图 4-97 PDU 与工业连接器的施工流程

4.10.4 施工方法

① 安装前，检查核实 PDU 的电压、电流、交流或直流。

② 核实 PDU 或工业连接器的安装位置，PDU 在机柜内的安装一般分为横装或者竖装；工业连接器一般安装在走线架等位置。

③ 将 PDU 或工业连接器固定在机柜内，竖装 PDU 一般需要固定 PDU 上下两段，横装 PDU 一般在左侧与右侧同时固定；工业连接器一般使用专用的夹具固定在走线架上。

④ PDU 与工业连接器固定完毕后，即可将已经布放的电缆接到 PDU 与工业连接器上。安装完成后的 PDU 与工业连接器如图 4-98 所示。

图 4-98 安装完成后的 PDU 与工业连接器

4.10.5　施工质量控制

① PDU 与工业连接器的型号等符合设计要求。

② 安装 PDU 或工业连接器时，PDU 与工业连接器不能歪斜错位。

③ PDU 或工业连接器内接线正确，拧紧接线螺丝，严禁松动。

④ PDU 与工业连接器盖板等严禁缺失或者损坏。

| 4.11　机房防雷接地系统施工技术 |

4.11.1　施工准备

1. 主材及辅材、工器具准备

主材及辅材：电源防雷器（配电柜内集成）、信号防雷器（控制箱内集成）、接地线、接地扁铁等。

工器具：电工组合工具、手锤、钢锯、电锤、冲击钻、电气焊、卷尺、吊锤、铁镐、铁锹等。

2. 施工条件准备

① 地面找平、防锈等施工已经完成。

② 地板下均压环及静电带施工应与桥架、配线及防静电地板的施工相互配合，项目负责人根据工程进度，合理安排接地系统与其他施工工序衔接，避免出现交叉打架现象。

③ 预留接地端子到位。

④ 施工图纸和技术资料齐全。

⑤ 施工方案编制完毕并经过审批。

⑥ 施工前应组织施工人员熟悉图纸、方案，并进行安全、技术交底。

4.11.2　施工内容

① 接地线、接地铜带、接地扁铁、防静电铜箔施工安装。

② 等电位均压带安装，汇流排施工、接地体安装等。

4.11.3 施工流程

防雷接地施工流程如图 4-99 所示。

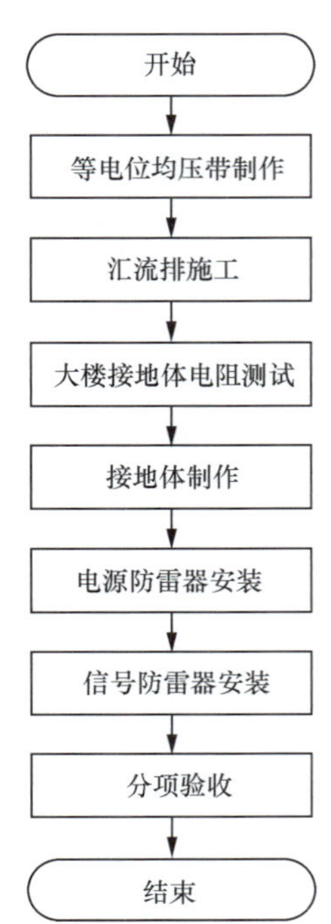

图 4-99 防雷接地施工流程

4.11.4 施工方法

1. 等电位均压带制作

主机房和辅助区的地板或地面应有静电泄放措施和接地构造，防静电地板、地面的表面电阻或体积电阻值应为 $2.5\times10^4\sim1.0\times10^9\Omega$，且应具有防火、环保、耐污、耐磨性能。

等电位连接网格应采用截面积不小于 25 mm^2 的铜带或裸铜线，并应在防静电地板下构成边长为 0.6 ～ 3m 的矩形网格。铜排之间的连接采用钻孔，螺丝拧紧，要求更高的可采用氧焊焊接。等电位材料的最小截面积标准见表 4-7。

表4-7 等电位材料的最小截面积标准

名称	材料	最小截面积 /mm^2
等电位连接带	铜	50
利用建筑物内的钢筋做接地线	铁	50
单独设置的接地线	铜	25
等电位连接导体（从等电位连接带至接地汇集排或至其他等电位连接带；各接地汇集排之间）	铜	16
等电位连接导体（从机房内各金属装置至等电位连接带或接地汇集排；从机柜至等电位连接网格）	铜	6

每台机柜应采用两根不同长度的等电位连接导体就近与等电位连接网格连接。机房 4 个角的防静电地板支撑架应采用不小于 6mm^2 的铜芯线连接到均压环上。

2. 等电位连接带应与地绝缘悬浮安装

接地引线与接地极相连之前，宜安装接地连接箱，作为接地阻值的测试点。等电位连接带与地绝缘悬浮安装如图 4-100 所示。

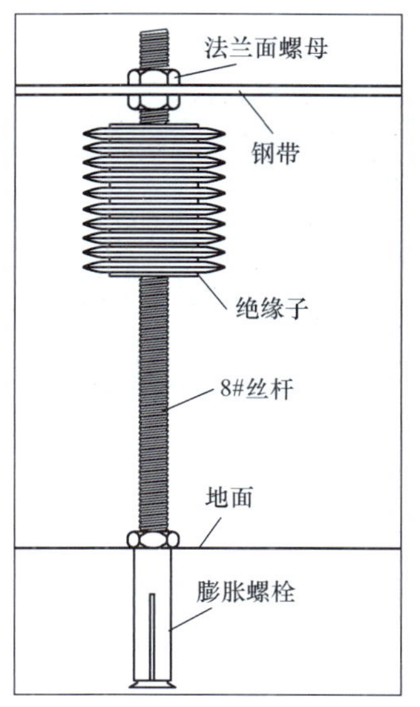

图 4-100　等电位连接带与地绝缘悬浮安装

3. 汇流排施工

在机房设置两块汇流排，长 20 ～ 30cm，把汇流排与等电位均压带连接。通过等电位连接导体将等电位连接带就近与接地汇流排、各类金属管道、金属线槽、建筑物金属结构等连接。机房汇流排如图 4-101 所示。机房接地系统如图 4-102 所示。

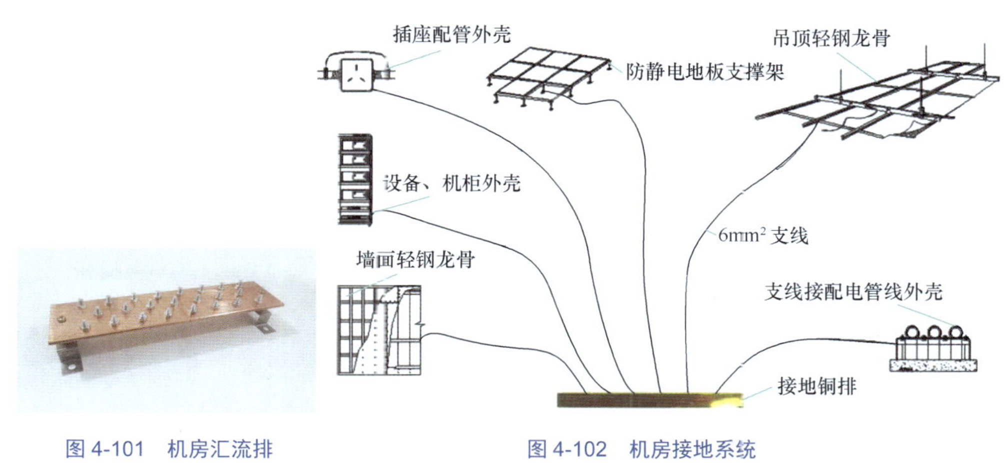

图 4-101　机房汇流排

图 4-102　机房接地系统

4. 机柜内汇流排接线连接

机柜内汇流排接线连接如图 4-103 所示。从图 4-103 中可以看出，机柜内的设备均用接地线缆（$4mm^2$）与机柜内总接地排连接，之后总接地点有一根很粗的电缆（10mm^2），直接连接到防静电地板下面的机房环流排，与机房处于等电位状态。

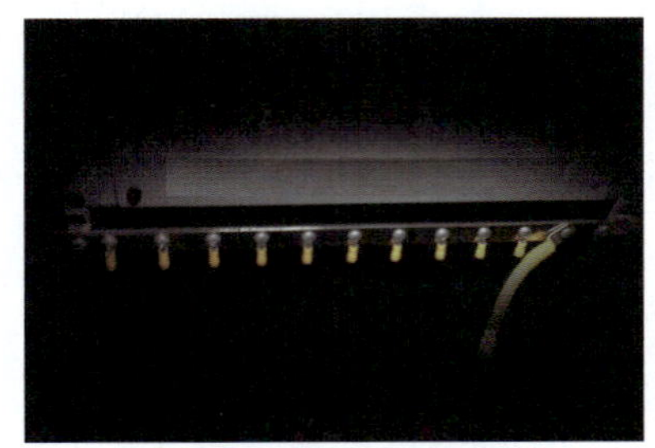

图 4-103　机柜内汇流排接线连接

5. 线管之间接地跨接

线管之间接地跨接如图 4-104 所示。从图 4-104 中可以看出，线管与线盒间用管箍紧密结合，线管与线盒、线管与线管间均用接地线缆进行跨接处理。但该处接地线缆跨接过紧，稍显不足。接地线缆的规格为 2.5mm^2。

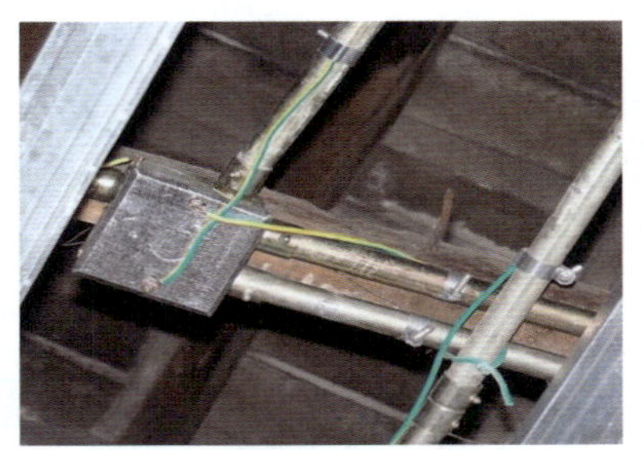

图 4-104　线管之间接地跨接

6. 防静电地板与汇流排之间的连接

防静电地板与汇流排之间的连接如图 4-105 所示。从图 4-105 中可以看出，防静电地板的支撑架与其相近的汇流排通过接地线缆（6mm^2）连接。

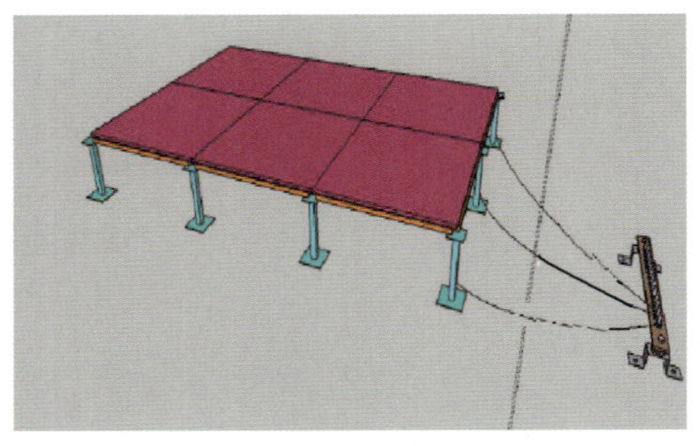

图 4-105　防静电地板与汇流排之间的连接

7. 接地铜箔安装

常规的机房接地铜箔的做法一般有两种，第一种是 600mm × 600mm 铺设方法，和防静电地板支撑架同步即可，第二种是 1200mm × 1200mm 铺设方法。接地铜箔的规格要求一般要看机房的技术建设要求，可根据设计单位的要求铺设。机房接地铜箔如图 4-106 所示。

图 4-106　机房接地铜箔

8. 建筑物接地体电阻测试

（1）测试步骤

① 检查仪表，确保仪表连线与接地极 E′、电位探棒 P′ 和电流探棒 C′ 牢固接触。

② 仪表放置水平后，调整检流计的机械零位，归零。

③ 将“倍率开关”置于最大倍率，逐渐加快摇柄转速，使其达到 150r/min。当检流计指针向某一方向偏转时，旋动刻度盘，使检流计指针恢复到“0”点，此时刻度盘上的读数乘以倍率挡即为被测电阻值。

④ 如果检流计刻度盘读数小于 1，检流计指针仍未取得平衡，可将“倍率开关”置于小一挡位的倍率，直至调节到完全平衡为止。

⑤ 如果发现检流计指针有抖动现象，可调整摇柄转速，以消除抖动现象。

接地电阻测量示意如图 4-107 所示。

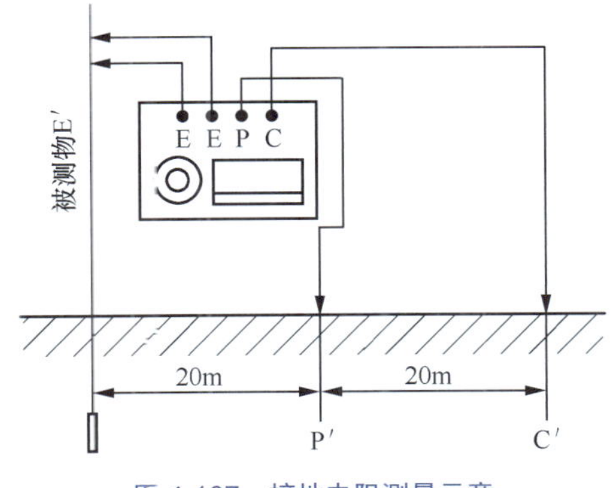

图 4-107　接地电阻测量示意

（2）接地电阻测试要求

① 交流工作接地，接地电阻不应大于 4Ω。

② 安全工作接地，接地电阻不应大于 4Ω。

③ 直流工作接地，接地电阻应按计算机系统的具体要求确定。

④ 防雷保护地的接地电阻不应大于 10Ω。

⑤ 对于屏蔽系统，如果采用联合接地，接地电阻不应大于 1Ω。

（3）汇流排与接地点连接

如果测试结果满足以上要求，则可将汇流排直接与建筑物接地体连接，采用铜质接地线时不应小于 $50mm^2$(通常采用 2 根 $25mm^2$ 的铜芯线在地网上取两个不同的接点)。

如果测试电阻不能满足以上要求，则应单独制作接地体。接地排连接方式详见接地排连接图。接地排连接如图 4-108 所示。

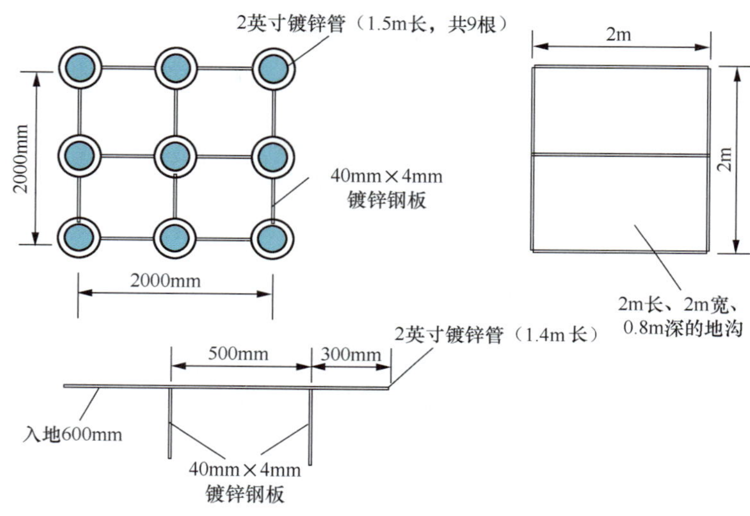

图 4-108　接地排连接

接地排铺设要求如下。

① 接地体应距离机房所在主建筑物 3 ～ 5m。

② 在地面挖深 0.8m、长 2m、宽 2m 的地沟，在如图 4-108 所示的位置均匀置入 9 根 1.5m 长 2 英寸（1 英寸≈ 2.54cm）的镀锌管 (入地沟下约 600mm)，然后在约离地面 800mm 处、300mm 处分别焊接 12 根 40mm × 4mm 镀锌钢板；各接地模块的极芯互相并联或与引下线连接时采用 40mm × 4mm 镀锌扁钢焊接。焊接工艺应符合国家相关规范要求。

③ 在镀锌钢板上焊接后引出一根 40mm × 4mm 镀锌钢板，出地面约 1m 作为接地连接测试点。

④ 在地网焊接时，焊接面积≤ 6 倍接触点，焊接处清除焊渣，且焊点做防腐蚀、防锈处理。

⑤ 土壤采用敷设降阻剂法（撒盐、然后洒水）提高导电性能，使接地电阻≤ 2Ω。

⑥ 坑槽回填采用导电状态较好的新黏土和降阻剂为填料。回填时应分层操作，回填 30cm，适量加水夯实。

⑦ 接地电阻测试：用地阻仪测量地网的工频接地电阻，以验证地网的设计和施工质量，若未达到预期指标，应及时分析原因和采取弥补措施。

（4）接地网连接到机房的接地主干线

铜质接地线不应小于 50mm^2（通常采用 2 根 25mm^2 的铜芯线在地网上取两个不同的接点）。接地网到机房的接地线应全线穿管或进入机房连接到均压环上。

4.11.5 施工质量控制

按设计施工，等电位均压环网格不宜过于稀松。

焊接、搭接倍数应满足以下要求。

① 扁钢之间的搭接不应小于扁钢宽度的 2 倍，至少需要三面施焊。

② 圆钢与角钢、扁钢的搭接距离不应小于圆钢直径的 6 倍，并且需要双面施焊。

③ 扁钢与钢管、角钢焊接时，应紧贴角钢两侧或紧贴钢管 3/4 的表面，上下两侧施焊。

接地装置的焊接应牢固，并应采取防腐措施。接地体埋设位置和深度应符合设计要求。

接地线严禁有机械损伤；穿越墙壁、楼板时应加装保护套管；在有化学腐蚀的位置应采取防腐措施；在跨越建筑物伸缩缝、沉降缝处，应弯成弧状，弧长宜为缝宽的 1.5 倍。

接地端子应做明显标记，接地线应沿长度方向用油漆刷成黄绿相间的条纹进行标记。

接地线的敷设应平直、整齐。转弯时，弯曲半径应符合规定。接地线的连接宜采用焊接，焊接应牢固、无虚焊，并应进行防腐处理。

检查接地线的规格、敷设方法及其与等电位金属带的连接方法，应符合设计要求。

4.12 机房动环监控系统施工技术

机房动环监控系统对数据机房、消防控制室、各楼层弱电机房内的UPS、精密空调、配电柜、温湿度传感器、蓄电池、消防等设备进行监控，并利用声光报警、电话语音告警等方式，统一监控与管理各机房设备，减轻机房维护人员的工作负担，保障设备稳定运行和机房安全，提高整个系统的运行可靠性、稳定性、兼容性和可扩性，实现机房的科学管理。

4.12.1 动环监控系统简介

1. 动环监控系统控制中心

动环监控系统控制中心（以下简称控制中心）由服务器、交换机、机柜、电话模块、存储设备、短信模块、声光报警系统、视频处理卡、声音采集及本地多媒体语音等组成。控制中心连接所有机房，获取机房的实时数据，并统一对所有事件做出响应。控制中心采用完全图形化的用户界面，可以有组织地管理机房内的各种设备。

控制平台软件由服务器程序和人机界面程序两部分组成。控制平台软件服务器程序包括实时数据库管理、实时数据存储、历史数据存储、报警扫描、门禁扫描、实时打印、报警发光发声、报警GSM[1]短消息、网管接口、Web服务等，在系统较小时，这些进程能运行在同一台服务器中。如果系统较大，可平均分配在多台服务器中运行，以平衡负荷。动环监控系统控制中心如图4-109所示。

图4-109　动环监控系统控制中心

1. GSM（Global System for Mobile Communications，全球移动通信系统）。

2. 动环监控系统监控对象介绍

动环监控系统由远程用户计算机、监控主机、计算机网络、智能模块、远程模块、协议转换模块、信号处理模块、多设备驱动卡等组成。动环监控系统如图 4-110 所示。动环监控系统的监控对象包括市电配电系统、油机配电系统、变压器系统、低压柜系统、UPS 系统、蓄电池系统等。

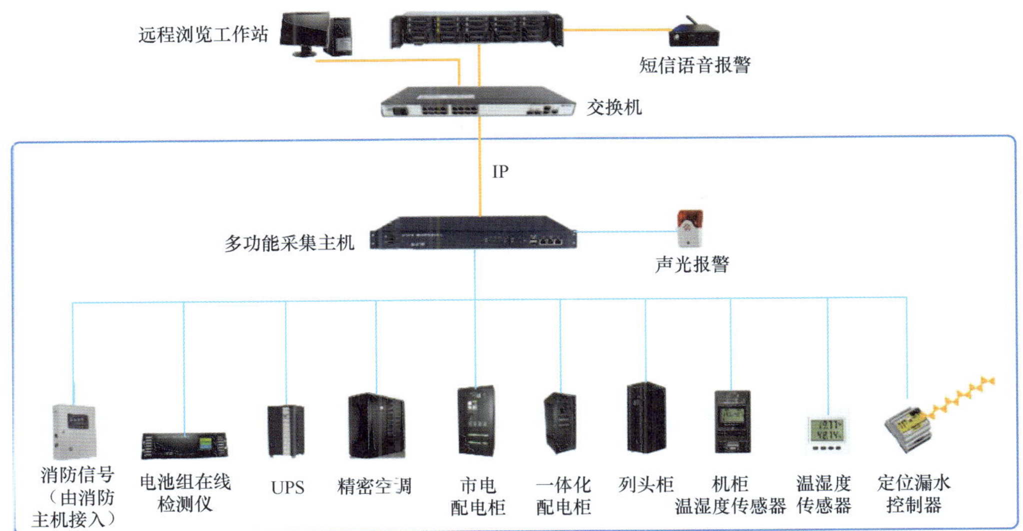

图 4-110　动环监控系统

（1）市电配电系统

监控实现：通过监控市电进线柜、计量柜、PT 柜、油机进线柜、母联柜、出线柜，对机房内的市电配电系统进行监控，实时监测各配电柜的相电压、相电流、相有功功率、相无功功率、视在频率和相功率因数等。

监控性能：实时显示并记录市电配电系统的各监测参数的数值，设定电压、电流的上限值与下限值，当监测的电压或电流超过设定的允许值时，系统诊断为有故障（报警）事件发生，监控系统发出报警。

接入方式：厂商提供串口通信方式，通过协议接入多功能采集主机串口。

市电配电系统如图 4-111 所示。

（2）油机配电系统

监控实现：通过监控油机进线柜、PT 柜、油机出线柜、假负载测试柜，对油机配电系统进行监控，实时监测各油机配电系统中各配电柜的相电压、相电流、相无功功率、相有功功率、视在频率和相功率因数等。

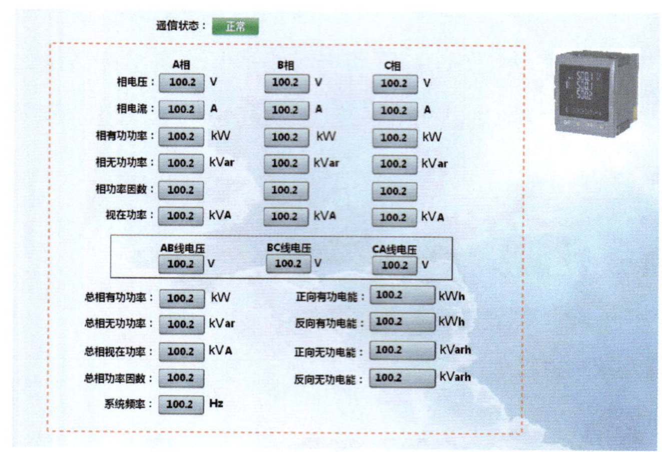

图 4-111　市电配电系统

监控性能：实时显示并记录油机配电系统的各监测参数的数值，设定电压、电流的上限值与下限值，当监测的电压或电流超过设定的允许值时，系统诊断为有故障（报警）事件发生，监控系统发出报警。

接入方式：厂商提供串口通信方式，通过协议接入多功能采集主机串口。

（3）变压器系统

监控实现：对变压器的运行状态，例如输入电压、输出电压、频率、输入功率、输出功率等进行实时监测管理，记录各种报警事件状态和处理情况。

监控性能：实时显示并记录变压器的状态参数，实时判断变压器是否发生报警，当变压器发生故障或越限时，监控系统发出报警信息。

接入方式：厂商提供串口通信方式，通过协议接入多功能采集主机串口。

（4）低压柜系统

监控实现：通过监控进线柜、联络柜、电容补偿柜、综合补偿柜、馈电柜、UPS交流输出柜等，对机房内的低压系统进行监控，实时监测各低压柜的电压、电流、功率、频率和功率因数等。

监控性能：实时显示并记录低压柜的各监测参数的数值，设定电压、电流的上限值与下限值，当监测的电压或电流超过设定的允许值时，系统诊断为有故障（报警）事件发生，监控系统发出报警。

接入方式：厂商提供串口通信方式，通过协议接入多功能采集主机串口。

（5）UPS 系统

监控实现：对机房内 UPS 的运行状态，例如输入电流、输入电压、输入频率、负载电压、负载电流、负载频率、旁路电压、旁路电流、旁路频率、变器电压、逆变器电流、逆变器频率、有功功率、视在功率等进行实时监测管理，记录各种报警事件状态和处理情况。

监控性能：实时显示并记录各 UPS 通信协议监测的运行参数和各部件状态；实时判断 UPS 部件是否发生报警，当 UPS 的某部件发生故障或越限时，监控系统发出报警。

接入方式：厂商提供串口通信方式，通过协议接入多功能采集主机串口。

UPS 系统监控如图 4-112 所示。

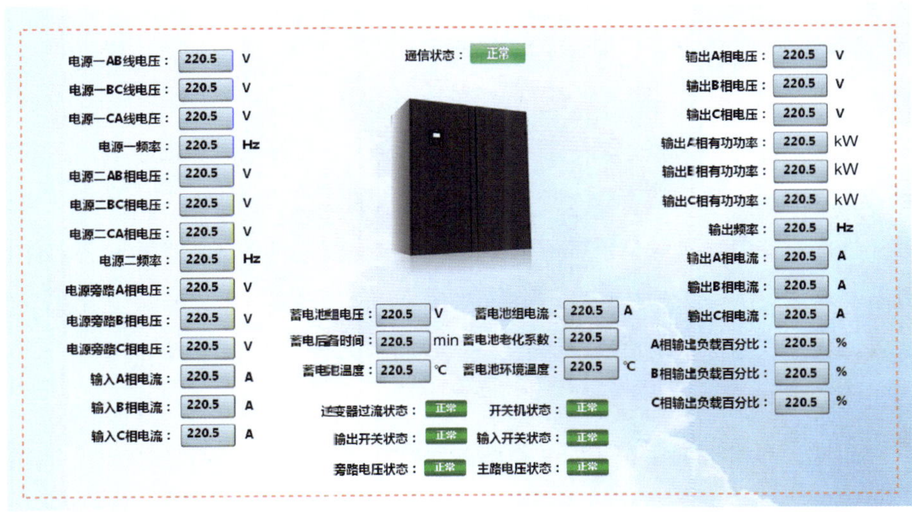

图 4-112　UPS 系统监控

（6）蓄电池系统

监控实现：通过安装电池组主机、电池温度传感器、电池电流传感器，对机房内 UPS 电池组的电流及温度进行实时监测管理，记录各种报警事件状态和处理情况。

监控性能：实时显示并记录 UPS 电池组的电流及温度，实时判断 UPS 电池组是否发生报警，当电池组发生故障或越限时，监控系统发出报警信息。

接入方式：电池组主机提供 RS485 串口通信方式，通过协议接入多功能采集主机串口。

（7）直流电源列头柜系统

监控实现：对直流电源列头柜的运行状态，例如电流、电压、频率等进行实时监测管理，记录各种报警的状态和处理情况。

监控性能：实时显示并记录直流电源列头柜通信协议监测的运行参数和各部件状态；实时判断直流电源列头柜的部件是否发生报警，当直流电源列头柜的某部件发生故障或越限时，监控系统发出报警。

接入方式：厂商提供串口通信方式，通过协议接入多功能采集主机串口。

（8）柴油发电机组系统

监控实现：对柴油发电机的运行状态，例如机组输出电压、机组输出电流、转速、机组输出的额定功率等进行实时监测管理，记录各种报警事件状态和处理情况。

监控性能：实时显示并记录柴油发电机通信协议监测的运行参数和各部件状态；实时判断柴油发电机部件是否发生报警，当柴油发电机的某部件发生故障或越限时，监控系统发出报警。

接入方式：厂商提供串口通信方式，通过协议接入多功能采集主机串口。

（9）供油系统

监控实现：对日用油箱、地下储油罐的油箱油位进行探测，实时掌握油箱的油量；通过环境变量（例如粉尘溶度等）控制机房排风机的运行情况。

监控性能：实时显示并记录各液位探测器通信协议监测的运行参数和各部件状态；实时判断油箱液位是否低于告警值，当油箱液位低于告警值时，监控系统发出报警信息。

接入方式：厂商提供串口通信方式，通过协议接入多功能采集主机串口。

（10）空调系统

监控实现：对机房内精密/列间空调的运行状态，例如各模块压缩机、风机、加湿器、去湿器、加热器的工作情况及设定温度、湿度、回风温度、回风湿度控制状态等进行实时监测管理，记录各种报警事件状态和处理情况。

监控性能：实时显示并记录精密空调的通信协议所提供的能监测的运行参数和各部件状态；实时判断精密空调的部件是否发生报警，当精密空调的某部件发生故障或越限时，监控系统发出报警。

接入方式：厂商提供串口通信方式，通过协议接入多功能采集主机串口。

空调系统监控如图 4-113 所示。

（11）加湿器系统

监控实现：对机房加湿器的运行状态，例如各模块压缩机、风机、加湿器、去湿器、加热器的工作情况及设定温度、湿度、回风温度、回风温度、控制状态等进行实时监测管理，记录各种报警事件状态和处理情况。

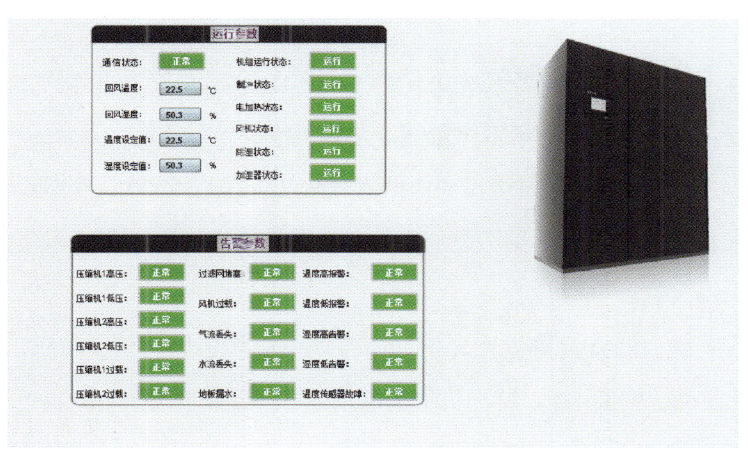

图 4-113 空调系统监控

监控性能：实时显示并记录加湿器的通信协议所提供的能监测的运行参数和各部件状态；实时判断加湿器的部件是否发生报警，当加湿器的某部件发生故障或越限时，监控系统发出报警。

接入方式：厂商提供串口通信方式，通过协议接入多功能采集主机串口。

（12）温湿度系统

监控实现：在机房内的重要区域安装温湿度传感器，监测机房内区域的温度和湿度。

监控性能：实时显示并记录每个温湿度传感器所检测到的室内温度与湿度的数值，显示短时间内的变化曲线图，并设置报警阈值，当机房的温湿度超过此阈值，监控系统发出报警。

接入方式：温湿度传感器提供串口通信方式，通过协议接入多功能采集主机串口。

温湿度系统监控如图 4-114 所示。

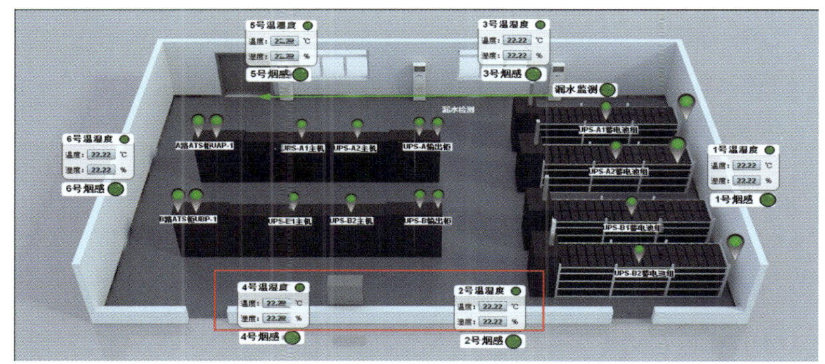

图 4-114 温湿度系统监控

（13）氢气系统

监控实现：在机房内的重要区域安装氢气传感器，监测机房内的氢气浓度。

监控性能：实时显示并记录每个氢气传感器所检测到的数值，显示短时间内的变化情况曲线图，并设置报警阈值，当机房内的氢气浓度超过此阈值时，监控系统发出报警。

接入方式：氢气传感器提供串口通信方式，通过协议接入多功能采集主机串口。

（14）漏水系统

监控实现：结合机房现场勘测，在精密空调主机和机房内易产生积水处安装定位水浸探测器，铺设定位漏水绳，监测机房的漏水情况，记录漏水报警的状态和处理情况。

监控性能：漏水系统能实时监视机房可能出现漏水的区域，显示并记录其运行数据，当发生漏水告警时，监控系统发出报警。

接入方式：漏水控制器提供串口通信方式，通过协议接入多功能采集主机串口。

4.12.2 施工准备

1. 主材及辅材、工器具准备

主材及辅材：采集器、温湿度传感器、摄像头、交换机等设备。

工器具：螺丝刀、斜口钳、电动螺丝刀、电动扳手、尖嘴钳、剥线钳、角磨机、电锤、调试计算机等。

2. 施工条件的准备

① 机柜设备等已经安装完成。

② 走线架已经安装完成。

③ 施工图纸和技术资料齐全。

④ 施工方案编制完成并经过审批。

⑤ 施工前应组织施工人员熟悉图纸、方案，并进行安全技术交底。

4.12.3 施工内容

① 一体化采集器安装、温湿度传感器安装、水浸探测器安装、电量变送器安装（配电柜成套）、门禁系统安装、监控中心设备安装等。

② 机房控制平台软件的开发与调试。

4.12.4　施工方法

1. 一体化采集器 IDU

接口数据单元（Interface Data Unit，IDU）是一种智能型采集系统。它包括工业控制及监测系统的现场采集所需功能，可满足 E1、传输控制协议（Transmission Control Protocol，TCP）/ 网际协议（Internet Protocol，IP）等多种组网方式的要求，能根据多种应用场景的具体要求进行灵活配置。

IDU 实物如图 4-115 所示。IDU 接口如图 4-116 所示。

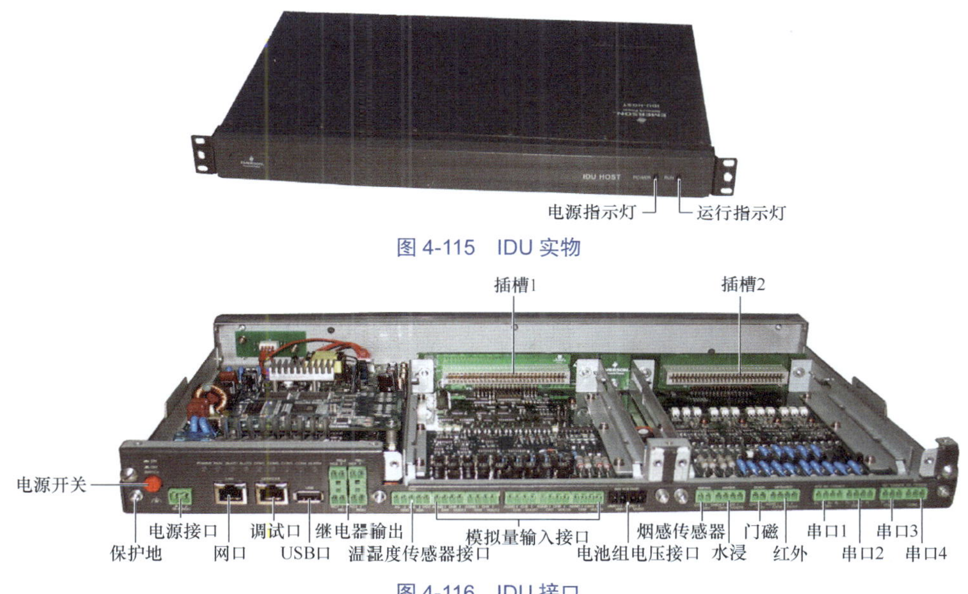

图 4-115　IDU 实物

图 4-116　IDU 接口

安装 IDU 的注意事项如下。

安装和使用 IDU 时，避免出现各种意外事故对人身及设备造成伤害，不要将 IDU 放置在有水的地方，也不要让液体进入 IDU。在安装过程中，安装人员需佩戴防静电手环。妥善布线，确保没有重物压在电源线上，不要踩踏线缆，妥善将 IDU 接地。对 IDU 的所有操作，都必须在断电的情况下进行。

安装 IDU 的环境要求如下。

① 防静电。为了将静电影响降到最低，需要采取以下措施：设备及地板良好接地；保持机房空气洁净，避免灰尘进入机房；机房内保持适当的温度和湿度；当人体接触电路板时，应佩戴防静电手环，穿防静电工作服；如果现场没有防静电手环和防静电工作服，安装人员需用水将手部冲洗干净并擦干。

② 抗干扰。IDU 工作接地最好不要与电力设备的接地装置或防雷接地装置合用，并尽可能相距远一些。IDU 应远离强功率无线电发射台、雷达发射台、高频大电流设备，必要时采取电磁屏蔽的方法。

③ 安装空间散热要求。IDU 应放置在远离热源的地方，建议将 IDU 安装在 19 英寸（48.26cm）的标准机柜上，在设备周围至少留有 10mm 的空间，确保有足够的散热空间。对于夏季较炎热的地区，建议在机房内安装空调。

④ 检查 IDU 及附件。在确认安装环境符合要求后，可以开始安装 IDU。但在正式安装前，相关人员需要仔细检查包装箱内的 IDU 及其他附件是否齐全。

2. 一体化采集器 IPLU

一体化采集器 IPLU 是一种智能型采集系统，主要应用于接入网、小模块局点、微站和户外基站等机房的环境监控。采集器结构上采用小型化设计，使产品满足狭小的安装环境。

一体化采集器 IPLU 如图 4-117 所示。

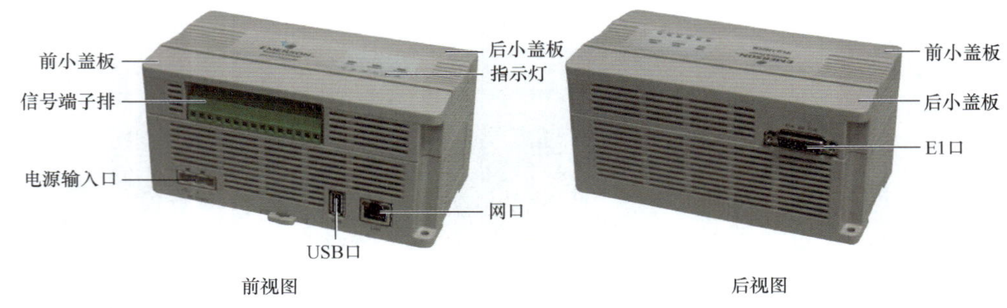

图 4-117　一体化采集器 IPLU

一体化采集器 IPLU 提供电源输入口、USB 口、网口、调试口和 E1 口。掀开采集器的前小盖板，可见调试口。

安装和使用 IPLU 时，应注意以下事项，避免出现意外事故对人身及设备造成伤害。

① 不要将 IPLU 放置在有水的地方，也不要让液体进入 IPLU。

② 在安装 IPLU 的过程中，安装人员需佩戴防静电手环。

③ 妥善布线，确保没有重物压在电源线上，不要踩踏线缆。

④ 妥善将 IPLU 接地。

⑤ 对 IPLU 的所有操作都必须在断电情况下进行。

安装 IPLU 的环境要求如下。

为了将静电影响降到最低，需要采取以下措施：机房内保持适当的温度和湿度；

当人体接触电路板前，应佩戴防静电手环，穿防静电工作服；如果现场没有防静电手环和防静电工作服，安装人员需用水将手部冲洗干净并擦干。

为了抗干扰，需要采取以下措施：避免将 IPLU 工作地和电力设备的接地装置或防雷接地装置合用，两者尽可能相距远一些；远离强功率无线电发射台、雷达发射台、高频大电流设备，必要时采取电磁屏蔽的方法。

散热要求：将 IPLU 放置在远离热源的地方。将 IPLU 安装在 MCR-7A 电气柜中，在设备周围至少留有 10mm 的空间，确保有足够的散热空间。对于夏季较炎热的地区，建议在机房内安装空调。

3. 一体化采集器 eStone II

一体化采集器 eStone II 是一种智能型采集系统，主要应用于接入网、小模块局点、微站和户外基站等机房的环境监控。一体化采集器结构上采用小型化设计，使产品满足狭小的安装环境。

采集器 eStone II-3006EM 如图 4-118 所示。

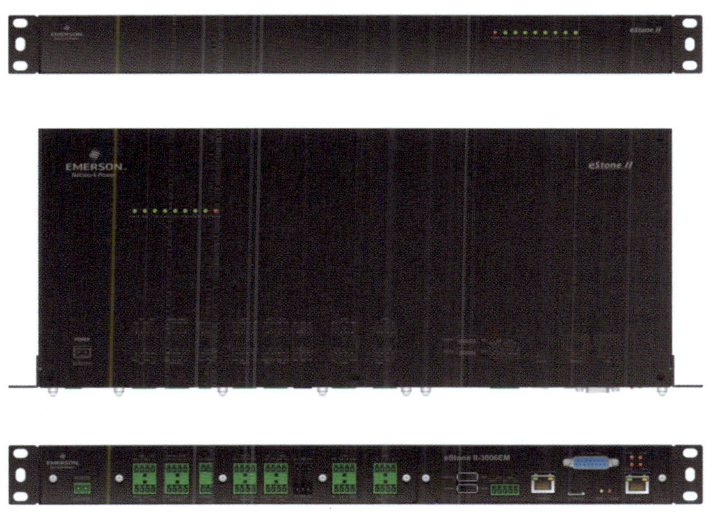

图 4-118　采集器 eStone II-3006EM

安装和使用 eStone II-3006EM 时，应注意以下事项，以避免出现意外事故造成人身伤害及设备损坏。

① 不要将 eStone II-30C6EM 放置在有水的地方，也不要让液体进入采集器。

② 安装和接线时，需要佩戴防静电手环，穿着防静电工作服。如果现场没有防静电手环和防静电工作服，安装人员需要用水将手部冲洗干净并擦干。

③ 妥善布线，确保没有重物压在电源线上，且不要随意踩踏线缆。

④ 妥善将 eStone II-3006EM 接地。

⑤ 对 eStone II-3006EM 的所有操作都必须在断电的情况下进行。

安装设备的环境要求如下。

为了抗干扰，需要采取以下措施：避免将 eStone II-3006EM 工作地、防雷地或电力设备的接地合用，两者尽可能保持较远的距离。eStone II-3006EM 应远离强功率无线电发射台、雷达发射台、高频大电流设备，必要时采取电磁屏蔽的方法。

散热要求：将 eStone II-3006EM 放置在远离热源的地方。在 eStone II-3006EM 周围至少留有 10mm 的空间，确保有足够的散热空间。但放置在工作台上时，eStone II-3006EM 周围需要留出 100mm 的散热空间。

用一根黄绿接地线将保护地端子与大地相连接，接地电阻不要大于 4Ω。如果 eStone II-3006EM 安装在机柜内，则机柜必须接地。接地方式应符合工作接地、保护接地和建筑防雷接地共用一组接地体的联合接地要求。

接地线截面积：接地线截面积根据可能通过的最大电流负荷确定。接地线应采用良导体（铜）导线，并且禁止布放裸导线。联合接地的电阻值应小于 5Ω。

注意：考虑成本、美观、操作难易程度等情况，屏蔽线接地也可以采用焊接的方式，即把很多信号线的屏蔽层在线槽内与地线焊接，并加上热缩套管，然后压接“O”形端子，接到 eStone II 外壳。

4. 温湿度传感器

（1）安装位置要求

① 温湿度传感器应安装在空气流动顺畅处。

② 温湿度传感器应避免安装在空气流动不畅的死角。

③ 温湿度传感器应避免安装在空调通风孔等温度变化较快的地方。温湿度传感器避免被冷、热风机或空调的风直吹。同时要注意温湿度传感器的安装方向，同时避免阳光直射，避免设置在空气激烈流动的位置。

④ 温湿度传感器应避开布线槽槽口。

⑤ 湿度传感器安装处的墙壁应避免形成风洞。

温湿度传感器的正确安装位置示意如图 4-119 所示。

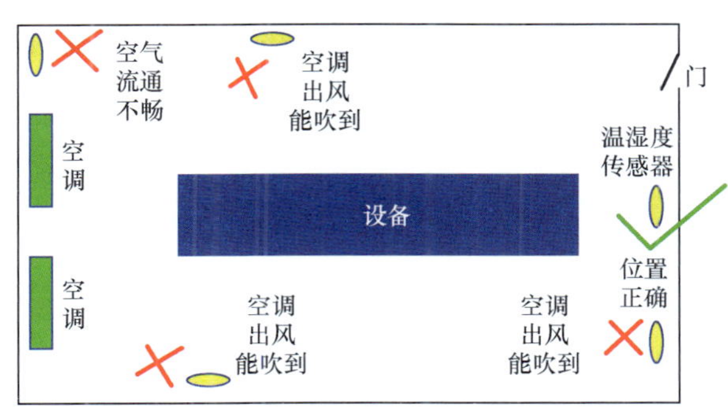

图 4-119　温湿度传感器的正确安装位置示意

⑥ 安装位置简易判断原则：首先要保证温湿度传感器应在空气流动顺畅处，同时，当人站在温湿度传感器的安装位置处时，无论空调是向上吹风还是向下吹风，都以没有明显的风感为条件。

（2）室内型温湿度传感器的使用场所限制

① 温湿度传感器主要用于有空调的房间或用于测量场所的温度和湿度。

② 不推荐用于测量无空调场所的温度和湿度。

③ 不宜用于相对湿度长期高于 90% 的场所。

④ 禁止用于有酸气、油气等腐蚀性气体或空气污染的场所。

⑤ 蓄电池房、油机房、地下室等长期高湿和污染场所禁止使用。

⑥ 华东、华南、西南等季节性高温、高湿地区无空调的场所禁止使用。

⑦ 东北、华北、西北等气温低于 -10℃的地区，空调或暖气不能保证温度在 0℃以上的场所禁止使用。

（3）安装温湿度传感器

① 在安装温湿度传感器前，应预先在墙上打好安装孔，并把墙上的灰尘擦干净后再安装传感器；安装温湿度传感器后，应避免在温湿度传感器周围打孔，以免因打孔产生的灰尘洒落在温湿度传感器上造成温湿度传感器功能失效；若不可避免，必须对温湿度传感器采取必要的防护措施。

② 取盒盖和电路板及接线时要谨慎小心，避免机械损伤。

③ 拿电路板时，应先消除人身静电（例如洗手或者触摸接地体），要拿电路板两侧边缘，不碰触元件，避免元件引脚歪曲或者静电损坏。

④ 人手上的汗渍会污染湿敏元件，造成温湿度传感器功能不正常。

⑤ 取下的电路板应放在干净清洁处，禁止放在地上或其他易受污染处。

⑥ 安装和更换温湿度传感器时，一定要关闭电源。

⑦ 如果安装面与被测环境有较大温差，建议使用支架，在距离安装面 20cm 以上安装。

⑧ 通过线槽布线进入温湿度传感器时，线槽不能堵住传感器的通风口，进线必须通过温湿度传感器进线口进入温湿度传感器，必要时安装支架用于布线。

⑨ 初次使用时，先在使用环境终适应 30min。

⑩ 温湿度传感器 T 和 RH 不能悬空。

（4）操作禁忌

① 严禁用手触摸电路板上的湿敏元件。

② 严禁调节温湿度传感器上的电位器。

③ 禁止直接用探测器做模子在墙上打孔。

5. 水浸探测器

漏水探测电极如图 4-120 所示。

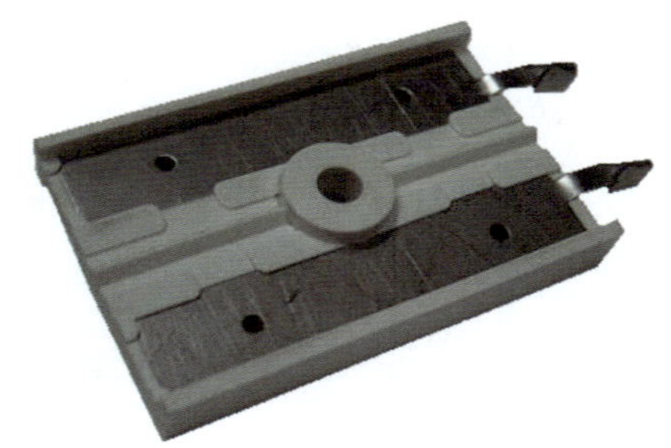

图 4-120　漏水探测电极

漏水探测电极安装示意如图 4-121 所示。

操作注意事项如下。

① 探测器对纯净水不敏感，因此对于某些空调蒸发器产生的冷凝水可能不产生报警。在这种情况下，可在水流到探测电极的周围撒上少量的无机盐。

② 水浸探测器对潮湿地板敏感。当地板潮湿时，其电阻很小，导电能力很强。因此，电极和地板接触时，水浸探测器会产生报警。水浸探测器在地板上使用时，应将电极稍微垫高，使电极不与地板直接接触，以免因地板潮湿而产生误报警。

③ 水浸探测器最多可以并联接入 5 个，总水浸电缆长度不能过长。

④ 现场施工时需要清洁安装水浸片的区域，在水浸片下面不能有异物等，现场的很多误报警与这个操作有关。

图 4-121　漏水探测电极安装示意

6. 烟雾传感器

烟雾传感器可实时监测现场烟雾的浓度，处于监控状态时，红色指示灯闪烁，工作电流小；当现场烟雾浓度超过设定的报警阈值时，烟雾传感器进入报警状态，红色指示灯常亮，回路电流迅速增大。烟雾传感器的报警信号以电流变化的形式给出，且具有报警锁定功能，报警的复位只能通过短暂断电来实现。烟雾传感器具有灰尘积累自动补偿功能，能减少灰尘对烟雾传感器灵敏度的影响。烟雾传感器示意如图 4-122 所示。安装烟雾传感器的位置如图 4-123 所示。

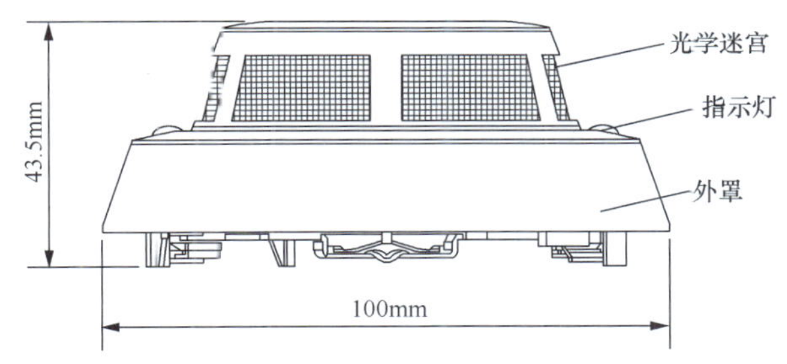

图 4-122　烟雾传感器示意

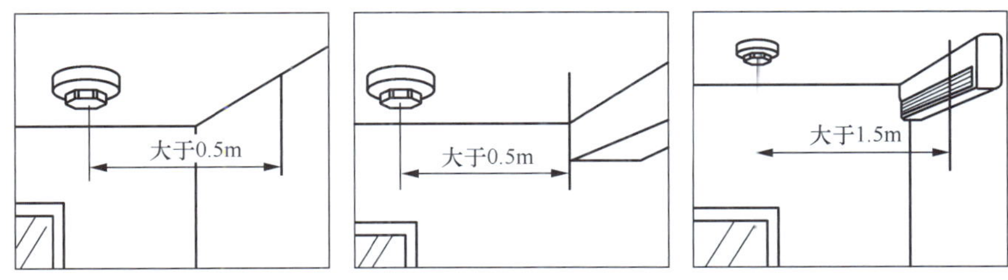

图 4-123　安装烟雾传感器的位置

安装要求如下。

① 不允许将 24V 直流电直接接入烟雾传感器，否则报警测试将导致烟雾传感器损坏。

② 确认烟雾传感器的类型是否与施工图纸上所标注的类型相匹配。

③ 计算烟雾传感器的保护面积及烟雾传感器的安装数量。

空间高度在 6 ～ 12m 时，每个烟雾传感器的保护面积约为 $60m^2$；空间高度在 6m 以下时，每个烟雾传感器的保护面积约为 $40m^2$。烟雾传感器的数量 = 探测区域面积 / 每个烟雾传感器的保护面积。

④ 在现场安装未使用前，请勿摘除烟雾传感器附带的保护罩，以免烟雾传感器受到污染。

⑤ 烟雾传感器并联使用时，要保证多个烟雾传感器在同时上电的情况下，最大上电电流不要超过主机检测的报警电流门限，建议级联数量小于 5 个。

⑥ 当烟雾传感器安装在机柜内部时，烟雾传感器距离机柜内壁应有一定的间隙，烟雾传感器周围水平距离 0.2m 内不应有遮挡物。机柜内烟雾传感器的安装示意如图 4-124 所示。

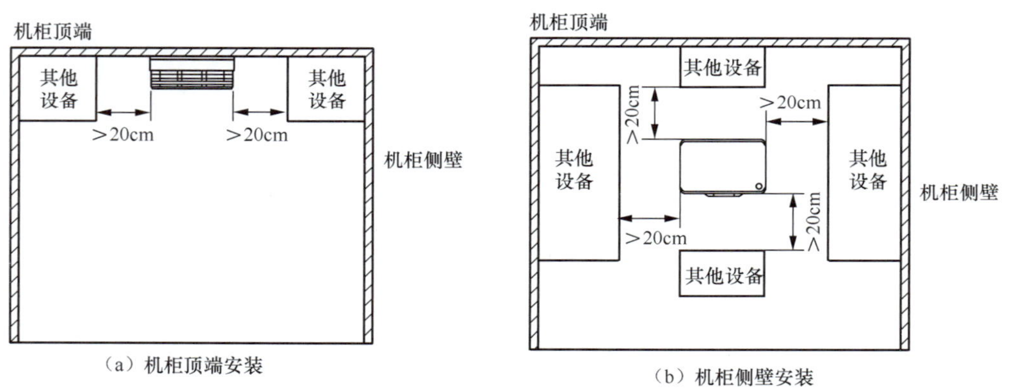

图 4-124　机柜内烟雾传感器的安装示意

⑦ 避免把烟雾传感器安装在电热水器、机器散热风扇的上方或安装在风道、风室内。这些场所容易产生粉尘颗粒和冷凝水雾，导致烟雾传感器误报。

⑧ 当烟雾传感器安装在具有送风和回风管路的房间时，烟雾传感器应该安装在流向回风口的气流流经的路径上。

⑨ 当烟雾传感器必须安装在送风口附近时，必须保持一定的距离。正确的安装位置可以使烟雾传感器迅速、准确地探测到火灾。相反，不正确的安装位置，不但使烟雾传感器报警缓慢，而且烟雾传感器还容易受到风口的高速气流的干扰而误报警。风口处烟雾传感器安装的注意事项如图 4-125 所示。

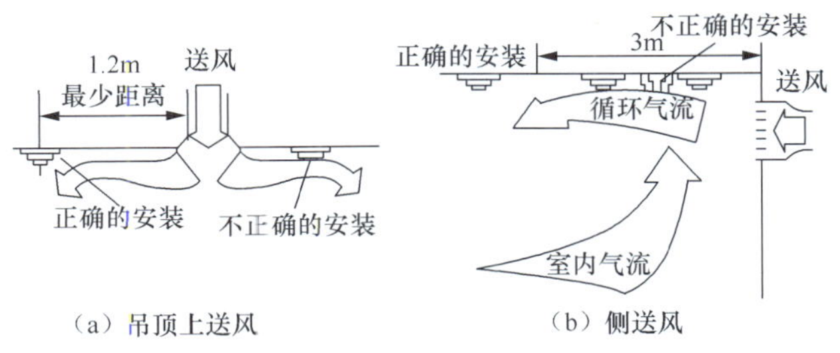

图 4-125　风口处烟雾传感器安装的注意事项

烟雾传感器的布线应符合 GB 50116—98《火灾自动报警系统设计规范》中相关的电气设计规范，例如消防控制、通信和报警线路应采取穿金属管保护，并宜暗敷在非燃烧体结构内；不同系统、不同电压、不同电流类别的线路不应穿于同一根管内或线槽的同一槽孔内；弱电线路的电缆竖井宜与强电线路的电缆竖井分别设置。如果受条件限制必须合用时，弱电线路与强电线路应分别布置在竖井两侧。

安装烟雾传感器时，应避免底座固定螺钉接触天花板内的钢筋，以免引入雷电；安装烟雾传感器时可以并联，但需要注意的是，每个端口最多只能并联 5 个传感器，而且在有报警时无法区分是单个烟雾传感器的报警，还是区域报警。

7. 门禁系统

（1）电控锁

① 确认锁体结构。

② 确认锁体安装高度。

用卷尺或皮尺从地面向上确定安装高度（一般安装高度为 1.1m），并用铅笔标记（此线为锁体上边缘的高度）。电控锁结构如图 4-126 所示。锁体标高如图 4-127 所示。

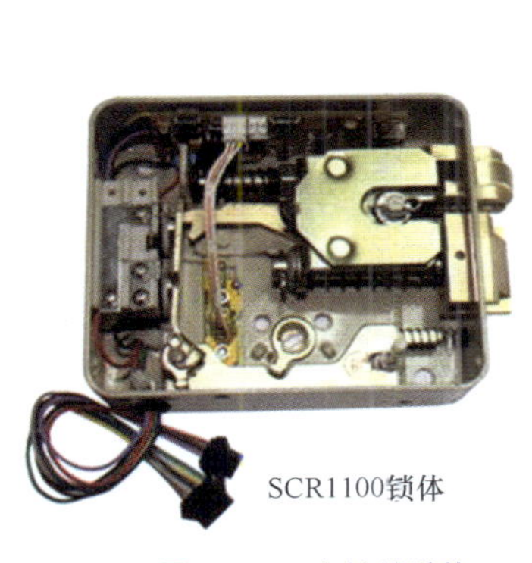

图 4-126　电控锁结构

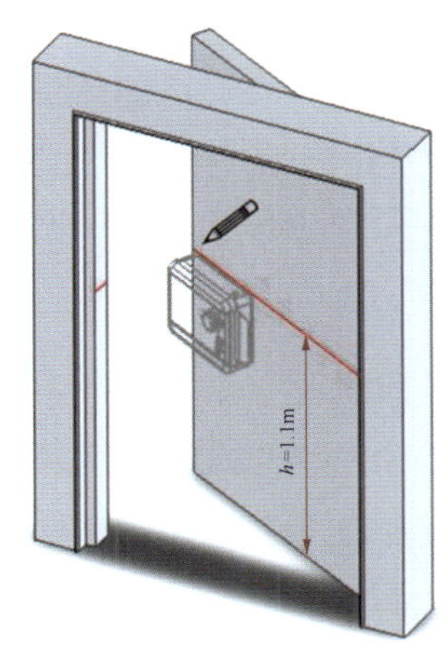

图 4-127　锁体标高

安装脉冲电控锁时要注意：统一标高，电控锁在门上的位置高度必须一致。

③ 配套示意如图 4-128 所示。

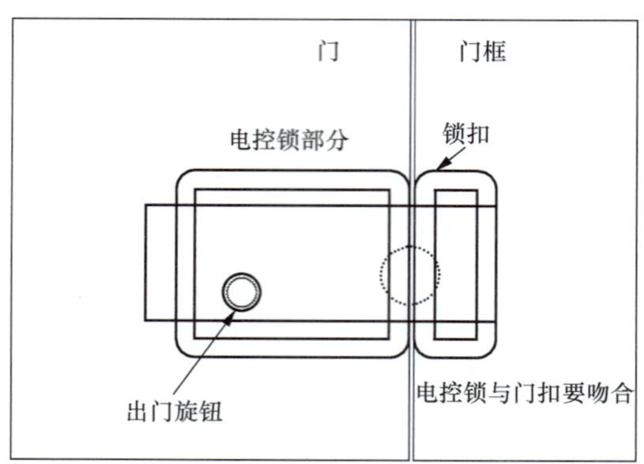

图 4-128　配套示意

④ 安装锁扣时，要按上一步骤做好的标记位置装好锁扣，内开和外开需要区别安装。锁扣安装示意如图 4-129 所示。

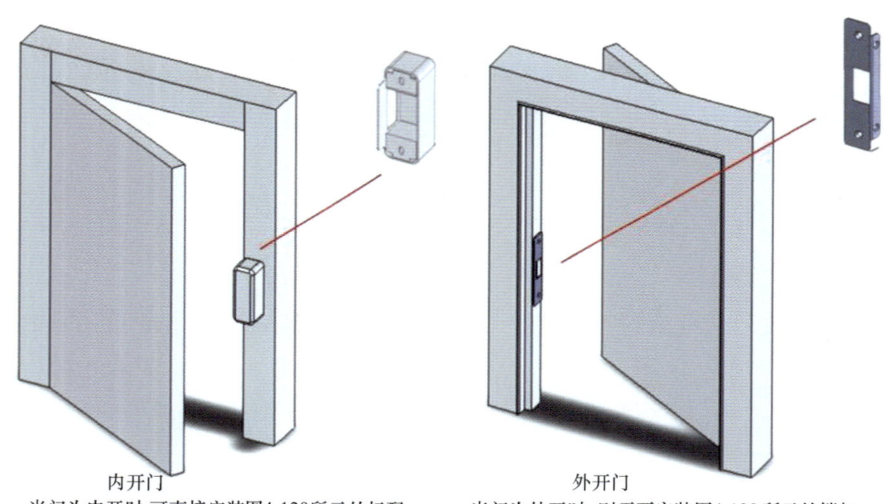

图 4-129　锁扣安装示意

⑤ 锁体安装。

• 安装孔位如图 4-130 所示，根据图 4-130 中标注所示确定打孔位。请注意图示的左/右门的“钥匙转动弹簧”的孔位置。

• 旋开面盖螺钉取下面盖，面盖被取下时不能破坏表面喷漆，不能使面盖变形。旋开面盖螺钉如图 4-131 所示。

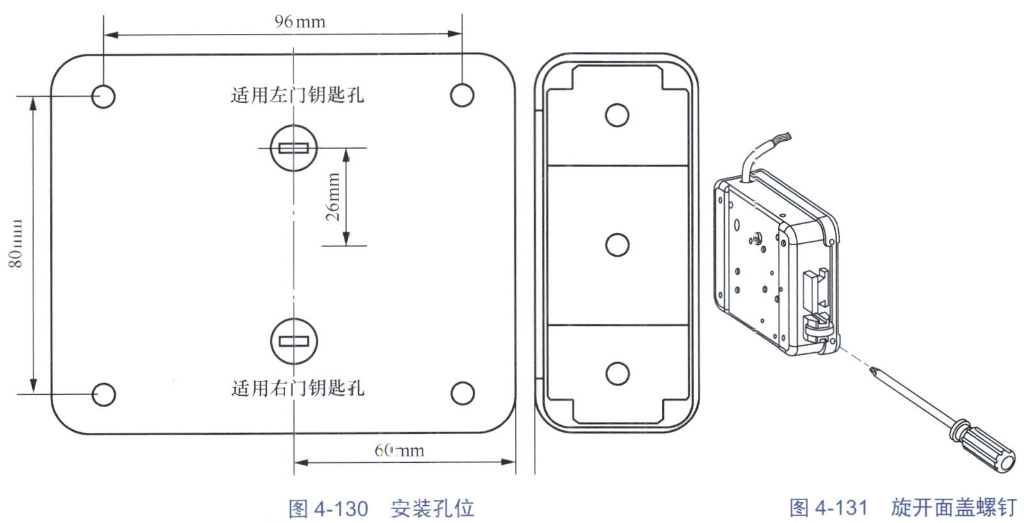

图 4-130　安装孔位　　　　图 4-131　旋开面盖螺钉

- 将锁体安装在已打好孔的位置上。大多数情况下必须电焊到有金属表面的门上，电焊操作必须由有工程施工许可的人员执行。锁体内部结构如图 4-132 所示。

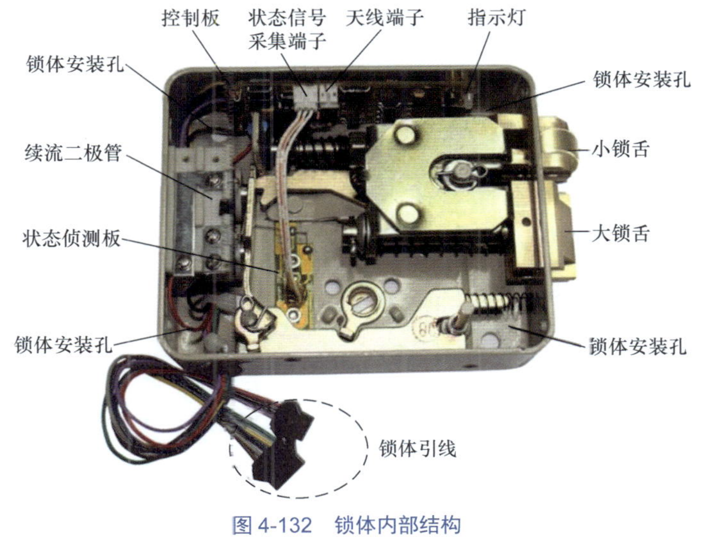

图 4-132　锁体内部结构

- 用配套螺钉安装锁体到门扇上，锁扣紧固于门框上，锁体的出舌面与锁扣的入舌面间距为 4 ～ 6mm。间距太小不易开门，间距太大则会因锁舌进入锁扣的长度过短而影响上锁强度。

- 若具备闭门器时，观察锁的安装和闭门器的配合是否理想，若发现关门时噪声大或门锁不上，可用 12 号板手或钳子拧动六角螺角，反复调节负载弹簧使“钩舌”松紧合适。这样才能使开关门松紧平衡、自然。关上门后一定要确定钩舌已推进锁体内。

⑥ 产品配件及安装示意如图 4-133、图 4-134 所示。

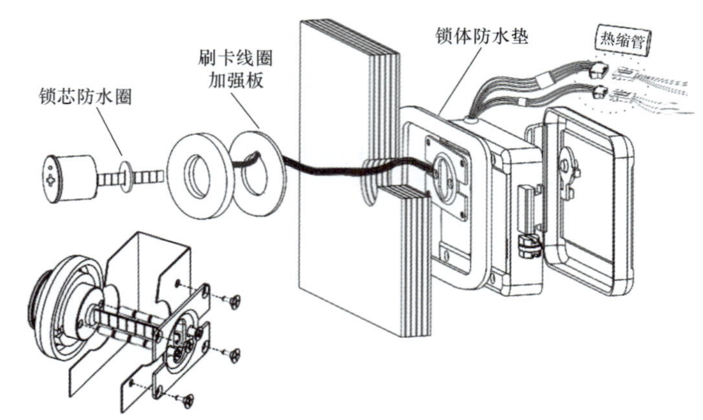

图 4-133　产品配件及安装示意 1

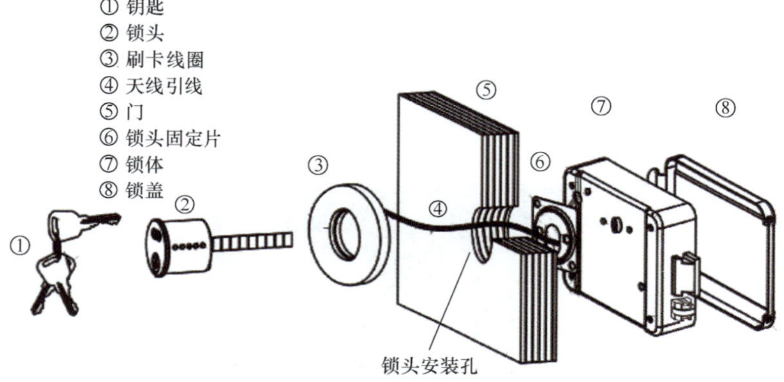

图 4-134　产品配件及安装示意 2

安装时的注意事项如下。

• 脉冲电控锁为瞬间供电开锁，除非测试性能，否则正常使用时请不要给电控锁长时间加电，以免通电时间过长导致电控锁内线圈烧坏，造成损失。

• 为了防止锁芯随意转动，必须安装三眼板来固定锁芯，且每个螺丝孔都必须打螺丝。

• 对于铁门的铁皮太薄导致铁门容易变形的情况，必须加装挂板。

（2）门禁电源 ACSP-1 或 ACSP-2

当被控门距离配电箱较远时，为了确保电控锁的可靠动作达到防雷要求，应将 ACSP-1 或 ACSP-2 门禁电源模块设置在被控门附近。

① ACSP-1 门禁电源模块的安装示意如图 4-135 所示。

图 4-135 ACSP-1 门禁电源模块的安装示意

② 模块安装。将电源模块支脚的安装方向调整为向外。模块支脚安装方向示意如图 4-136 所示。

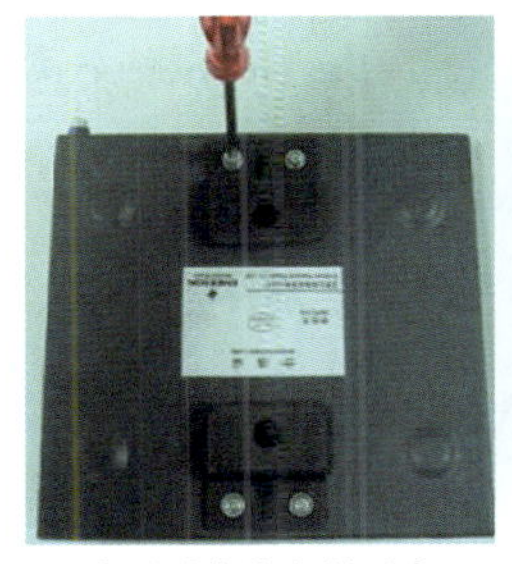
出厂时支脚安装示意

工程中支脚安装示意

图 4-136 模块支脚安装方向示意

③ 在安装电源模块的墙面上钻孔。钻孔安装示意如图 4-137 所示。

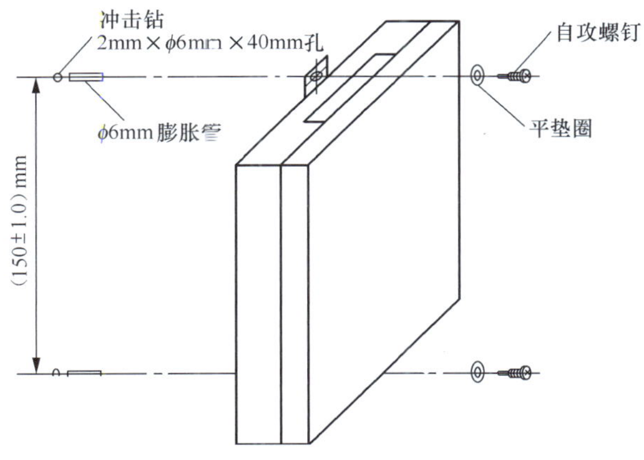

注：门禁由 ACSP-1 型电源模块单独供电时，必须紧靠门禁控制器安装，严禁超过 1.5m。ACSP 电源必须就近接地。

图 4-137 钻孔安装示意

8. 一体化门禁控制器

EDM-30ED、EDM-30EC 一体化门禁控制器集成了读卡器与控制器的功能，主要应用于电信运营商的接入网机房和基站，也可以用于无人值守的机房，以实现现场刷卡开门、实时监控门的状态、记录多条刷卡数据及通过 RS485 串口上报数据等功能。

数据中心也可以实现对门禁系统的远程控制，包括对门禁卡的授权、设置门禁卡使用者的权限、接收门禁系统上传的记录、远程开门、支持 IC 卡（EDM-30EC）和 ID 卡（EDM-30ED）、支持身份识别。该门禁控制器兼容老一代 EDM-30E 门禁控制器的功能，可以有效减少维护问题。

（1）门禁控制器的外形结构

门禁控制器由指示灯、接地端子、EE-BUS 接口（后面会取消 EE-BUS）、刷卡位置等组成。门禁控制器的外形如图 4-138 所示。

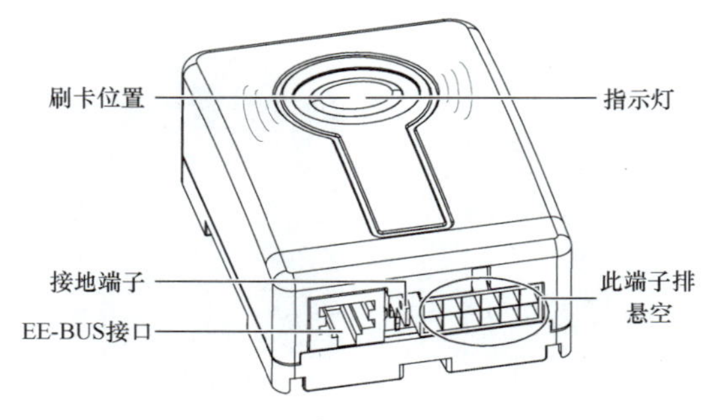

图 4-138　门禁控制器的外形

（2）门禁控制器的安装

① 安装前的准备工作。

- 门禁使用 12V 电源，如果电源超过 15V，可能会损坏门禁。
- 安装位置：靠近门的墙上，不建议直接安装在门上。
- 门禁电源需要靠近门禁控制器，最好独立使用 ACSP-1 或 ACSP-2 来供电，以防开锁电流不够。
- 使用新门禁去替换旧门禁时，必须更换刷卡线圈，去掉锁内的二极管。
- 如果锁出现损坏或变形，必须换锁。
- 不要将门禁控制器放置在有水的地方，也不要让液体进入门禁控制器。
- 安装和接线时，需要佩戴防静电手环，穿着防静电工作服。如果在现场无防静电手环和防静电工作服，安装人员需要用水将手部冲洗干净并擦干。
- 妥善布线，确保没有重物压在电源线上，且不要随意踩踏线缆。
- 妥善将门禁控制器接地。
- 对门禁控制器的所有操作都必须在断电的情况下进行。

② 运行环境。

门禁控制器必须安装在室内。室内的温度和湿度需要符合产品的规格和要求。

为了防止电磁干扰，需要采取下列措施。

- 避免将门禁控制器工作地和防雷地或电力设备的接地合用，两者尽可能远离。
- 远离强功率无线电发射台、雷达发射台、高频大电流设备。
- 必要时采取电磁屏蔽的方法。

散热要求如下。

- 将门禁控制器放置在远离热源的地方。
- 在门禁控制器周围留有 10mm 以上的空间，确保有足够的散热空间。

9. 门磁开关

门磁开关由干簧管和铁氧磁体组成。干簧管由两片相距很近的软磁性金属簧片材料构成，当磁体靠近时，簧片被磁化而吸合接触；当磁场失去时，由于弹力的作用而使接点分开。MC-58（金属门用）门磁开关的外形如图 4-139 所示。

图 4-139　MC-58（金属门用）门磁开关的外形

安装门磁开关的方法如下。

① 磁铁（即门磁无接线部分）装于活动门，干簧管（即门磁接线部分）安装于门框附近。根据说明书标明的动作距离安装，并注意磁铁部分的磁性分布。

② 木门的门磁开关用随机附件——螺钉直接固定在门上。

③ 金属门的门磁开关用钻头在金属门上钻孔（金属厚度≤ 1.5mm 时，用直径 2.5mm 的钻头；厚度＞ 2mm 时，用直径 2.8mm 的钻头），然后用随机附件——自攻螺钉直接固定在门上。现场安装实例如图 4-140 所示。单开门安装示意如图 4-141 所示。双开门安装示意如图 4-142 所示。

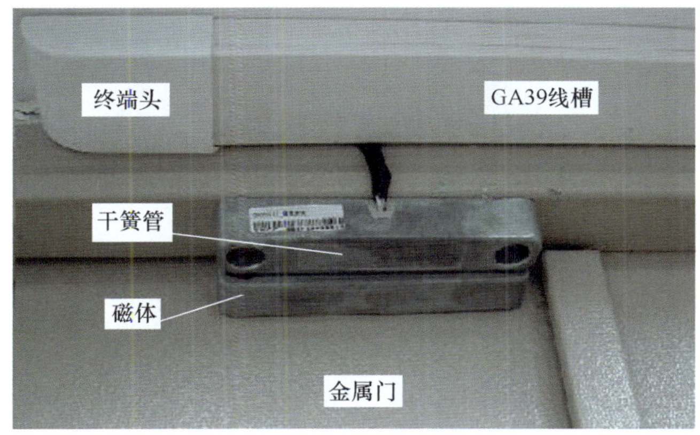

图 4-140　现场安装实例

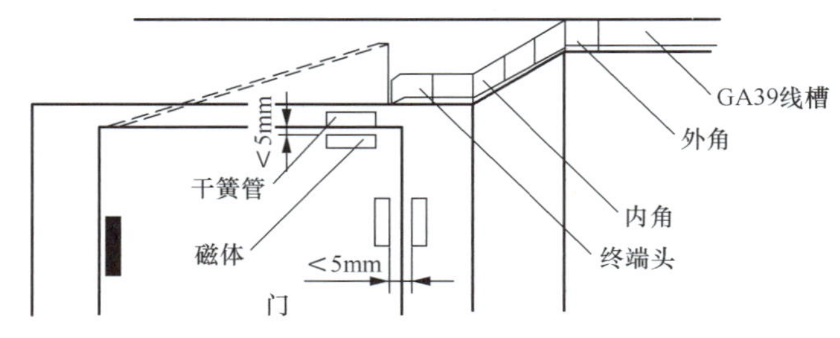

图 4-141　单开门安装示意

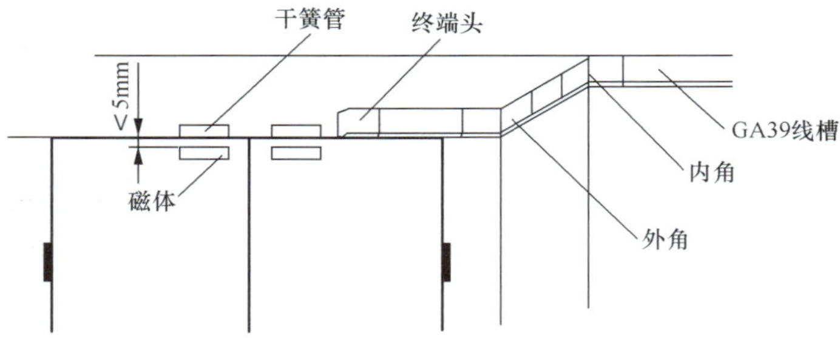

图 4-142　双开门安装示意

10. 振动传感器

振动传感器采用机械检测振动原理，感应墙面振动信号并输出告警到采集器，主要用于探测基站是否被犯罪分子攻入。振动传感器由振动分析仪和振动感应探头两部分组成。

（1）振动传感器

目前，振动传感器有 ED972EMR 和 UA200A 两种型号，两者性能指标通用。振动传感器如图 4-143 所示。

ED972EMR　　UA200A

图 4-143　振动传感器

（2）振动感应探头

目前，振动感应探头只有一种型号，即 ED702，从产品配套的角度来看，推荐使用 ED972EMR+ED702 产品组合。振动传感器安装如图 4-144 所示。

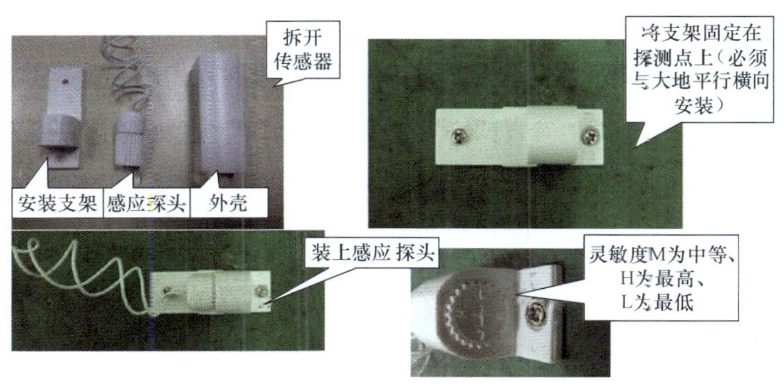

图 4-144　振动传感器安装示意

（3）安装振动传感器的要求

① 振动传感器属于面控制型探测器，室内明装、暗装均可，通过勘查现场情况安装于可能入侵的墙壁、天花板、地面或保险柜上，保证振动传感器可以探测到入侵振动源。

② 不宜用于附近有强振动干扰源的场所（例如旋转的电机、变压器、风扇、空调），以免引起误报。

③ 振动传感器必须横向水平安装与大地平行，L、H 或 M 必须正朝上，不能倾斜。

④ 不能安装在有强腐蚀性物体的附近。

⑤ 振动传感器的出线端必须剪一个“U”形孔口，否则容易压断出线。

⑥ 如果需要一对振动传感器并联使用，两个振动传感器并排装在一面墙上，两者距离为 2cm。

⑦ 根据工程现场的不同墙体的类型设置不同的灵敏度。振动传感器灵敏度见表 4-8。

表4-8　振动传感器灵敏度

字母位置	振动传感器灵敏度
H L　L M	H 位于顶部时，振动传感器具有较高灵敏度（水泥墙）
M L　L H	M 位于顶部时，振动传感器具有中等灵敏度（夹板隔离墙）

续表

字母位置	振动传感器灵敏度
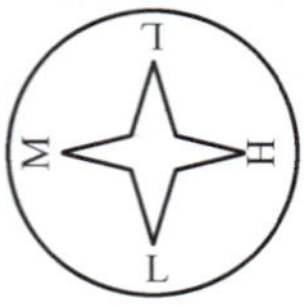	L 位于顶部时，振动传感器具有较低灵敏度（铁皮墙）

（4）调试振动传感器的要求

① 根据现场环境情况调节灵敏度。

② 在现场周围使用锤子进行敲击试验，调到现场使用的最佳灵敏度。

③ 检查设备与接线确保无误。

（5）设置灵敏度

由于振动测点的安装调试与现场环境关系很大，调整振动传感器的灵敏度设置可以将振动测点应用于不同的需求：如果将灵敏度设置得很高，就可以将振动传感器应用于开门就告警；如果将灵敏度设置到适中的位置，可以将振动传感器应用于监测墙体是否被人破坏。

第5章

材料与资料管理技术

5.1 工程材料管理

5.1.1 仓库管理

（1）流程化管理

制订仓储各作业环节的详细流程，进行流程化管理。流程化管理是实现运作高效可控的重要途径，是精细管理的重要手段之一。仓储管理包括物资从入库到出库的装卸、搬运、存储和养护。流程化管理是细化到仓储管理的每一个环节，包括从订单接收、物资入库、在库管理、盘点、数据录入、物资出库的每个作业过程。严格按照流程执行仓储作业，一方面可以明确各人员的职责，提高作业效率，同时使每一个环节都可控，保证服务质量；另一方面有利于管理人员评估和考核作业人员的工作。流程的不断优化也提升了整个项目的运作水平。

（2）关键点控制

关键点控制是精细管理的重要途径之一，通过寻找作业流程中影响运作质量最大的关键点，并组织团队对其进行控制，可以保证整个项目运作的质量。仓库管理流程如图 5-1 所示。仓库管理的关键点如图 5-2 所示。

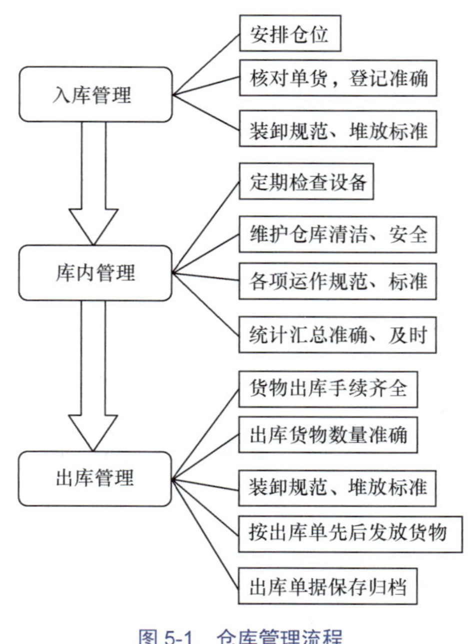

图 5-1　仓库管理流程

图 5-2　仓库管理的关键点

针对以上关键点，制订以下现场督查管理办法，成立管理小组控制关键点。

① 质量主管是专职的质量控制人员，每天监督及掌控仓储管理流程，并定期将督查结果及改进建议反馈给项目经理。

② 设计相关的跟踪表格，由仓库主管全程跟踪本项目的运作情况。

③ 建立定期汇报制度，相关人员必须每周向项目经理汇报项目的运作情况，遇到异常情况必须及时通报项目经理。

④ 设计好对仓库管理及作业人员的督查报告，通过“问题记录—问题汇总—分析问题—改进方法—改进实施—效果评估—重新督查记录”的质量管理步骤，不断提高作业的效率及质量。

⑤ 进行现场追踪考核，项目经理不定期地到现场监督作业的进度。

（3）日常安全管理

① 仓库系货物保管重地，除仓库管理人员和因业务工作需要的有关人员外，任何人未经批准严禁进入仓库。

② 因业务工作需进入仓库时，必须先办理入库前的登记手续，并要有仓库管理人员陪同，严禁独自进仓，凡进仓人员工作完毕出仓时，仓库管理人员应对其进行检查。

③ 进仓人员严禁携带火种、背包、手提袋等物品。

④ 仓库范围及仓库办公地点不准会客，更不准围聚闲聊，不准带亲友到仓库范围参观。

⑤ 仓库范围不准点火，也不准堆放易燃、易爆物品。

⑥ 仓库不准代 / 保管私人物品，也严禁擅自答应未经领导同意的其他单位或部门的物品存仓。

⑦ 仓库应定期每月检查消防设施的使用实效，并接受领导的监督检查。

⑧ 保持每天的日常安检与记录，发现异常及时处理。物资仓储根据其特性进行限层管理，保障物资仓储安全。

⑨ 码放整齐、规范，按“重不压轻、木箱不压纸箱”的原则，防止物资摔跌，损坏物资或损伤人员。

⑩ 机动 / 电动叉车在库限速 15km/h 行驶，保障物资、人身安全。

⑪ 严禁人员脚踏手动液压叉车在库行走，以免不小心碰伤脚。

⑫ 手动液压叉车放货要平稳，不宜过快，防止货物摔倒损坏物资或砸伤人员。

5.1.2　材料管理

各项目部设立项目材料部，配备专职材料员和仓库管理人员，主要职责包括负责项目工程材料的收料、检测、验收、存储、领发、回收；材料账册的建立、完善；材料日常安全的保管。材料应实行 ABC 分类管理：A 类材料为占用资金比重大、需要重点管理的材料，要按经济和安全库存量严格控制，随时盘点跟踪，及时采取相应的措施；B 类和 C 类材料可按大类控制其库存，定期检查和监控。

（1）材料的验收

① 材料员应对照计划单（包括合同）的名称、规格、型号、数量进行验收，核对材料是否与计划单相符，对于无计划单或与计划单不符的材料，材料员有权拒收。

② 材料员应根据需用计划及供方的承诺对进场材料进行验证，包括对包装、规格型号、数量、质量标准、职业健康安全和环境管理要求、合格证书等资料进行验证、验收，并填制《材料进场计量检测记录表》《材质证明书登记台账》。

③ 提供进场材料的出厂合格证明，现场材料员协助质检员或项目技术人员，对材料进行外观检验，共同填写材料外观检验记录。需要试验的材料应及时通知试验员取样检验。

④ 材料进场后，材料员应根据材料性质分别进行检尺、过磅、收方计量、清点数量，以实际数量验收，严禁弄虚作假。做到材料进场随货清单、验收记录、发票和收料凭证相符。

⑤ 业主提供的材料，材料员应会同业主代表及监理单位共同对材料的名称、规格型号、数量、计量单位、质量及环境安全要求等进行验证、验收。

⑥ 试验员负责进场材料的见证取样试验工作，执行国家相关规范及公司产品的监视和测量程序。经验证合格的质量证明书、检验合格报告应编号登记和归档保存，作为合格放行的依据。

⑦ 经验证、检验合格的材料须经质检员签字认可后，将材料的相关文件送监理单位报验（如有需要可将材料送检），监理单位验收合格后，材料员才能办理入库手续和放行使用。

⑧ 材料验收中发现问题的处理。如果材料员发现证件不齐全，数量、规格不符，质量不合格、职业健康安全和环境管理不符合要求等，材料员严禁将材料入库，应及时通知采购员或供方补换或退货。

⑨ 经验收合格的材料应及时办理入库手续，填制收料凭证，登账上卡。入库手续必须符合入账报销审批程序的规定。

（2）材料的仓储管理

① 材料入库必须经材料员和仓库管理人员双方验收签字，不合格材料绝不入库，材料员必须及时办理退货手续。

② 仓库管理人员须对材料进行清点后方能入库，然后登记进账，填写材料入库单，同时录入电子文档备查。

③ 材料账册必须有日期、入库数、出库数、领用人、存放地点等栏目。

④ 仓库内的材料应分类存入并堆放整齐、有序，还要做好标识管理，并留有足够的通道，便于搬运。

⑤ 易燃、易爆有毒物品应存入专用危险品仓库，并配备足够的消防器材，严禁用明火。

⑥ 大宗材料、设备不能入库的，要清点数量，做好遮盖工作，防止雨淋日晒，避

免造成损失。

⑦ 仓库存放的材料必须做好防火、防潮工作，仓库重地严禁闲杂人员入内。

⑧ 材料出库必须填写领料单，由项目经理指定的现场施工管理人员签字批准，领料人签名。

⑨ 对于工具设备借用，应建立借用物品账。严格履行借用手续，并及时催收入库。施行谁领用谁保管的原则，如有损坏，及时通知材料员联系维修或更换。

⑩ 仓库管理人员必须随时准确地提供现存物资材料的详细情况，库房严禁吸烟，执勤时严禁酗酒，做好防盗工作。

（3）材料的领用管理

① 材料出库应按批准的品种、规格、数量发放，并与领料人当面点清，做到数量准、手续清。填写领料单时应书写工整并记清领用班组、使用部位，领、发料人及项目经理签字才有效。

② 发放料具应按先进先出的原则，严格按限额领料单或履行批准手续后发料。外出施工现场的材料必须执有项目部的出门手续。

③ 不合格的或损坏无法修复使用的材料严禁出库使用。

④ 交旧领新、以坏换好和按规定退还包装容器的材料，须先回收后发放。

⑤ 现场大量材料的消耗，应与工程形象进度同步，并盘点实物后计算耗用量，严禁以收入量报耗或者随意乱报。

⑥ 进入施工现场的材料包括废钢材、周转材料，禁止项目部向外出售和转租，如项目部之间需要调剂，应办理内部调拨手续。如果确实需要出售，应经物供部审核并报公司总经理批准后，由物供部派专人监督出售。

⑦ 已领未用或竣工剩余材料应办理退库，用红字填写领料单做退库手续，使用过的残旧材料应单独填报盘存表并备注成色。

（4）工程余料的回收管理

① 材料使用者必须退交余料，对拒交、有意抛洒、毁坏、掩埋材料者，追究相关人员的责任。

② 工程余料应尽可能用在后续的工程项目中。

③ 在工程接近收尾阶段，严格控制现场进料，尽量减少现场余料积压。

④ 对因建设工程的变更，造成材料多余积压的，应积极做好经济损失索赔的工作。

⑤ 对于甲供材料，需要提供材料平衡表，确保领用量能与用量和余料平衡。

（5）材料的定期盘点和管理

① 项目部应定时由仓库管理人员盘点材料。

② 需要严格遵守实物盘点，及时掌握各种材料的使用状况，并报项目经理。

| 5.2 工程资料管理 |

5.2.1 资料管理的目的

① 确保工程质量。及时收集各种原材料证明文件及施工试验资料，杜绝不合格的材料用于工程，并通过各种施工试验数据及时发现施工中存在的质量问题，及时加以处理。

② 为施工生产服务。及时提供完整、准确的文件和资料，使生产指挥者和各级施工技术人员随时掌握质量动态，对前期的施工状况及下一步的施工规划做到心中有数，及时调整。

③ 提高企业的管理水平和施工质量。通过分析各单位工程施工档案资料，及时总结出先进的、切实可行的施工技术方法和质量保证措施，提高企业的管理水平和施工质量。

④ 向建设单位提供齐全的、准确的质量和安全保证资料，为竣工工程合理使用、维修、改建、扩建提供可靠的依据。

⑤ 为鉴定工程质量，特别是隐蔽工程质量提供原始凭证。

⑥ 满足城建档案要求。

5.2.2 资料管理的措施

1. 工程资料范围

（1）施工过程资料

施工过程资料包括设计图纸、图纸会审记录、施工组织设计、施工组织设计审批表、开工报告、施工方案、安全技术交底记录、施工日志、工程变更单、设计变更通

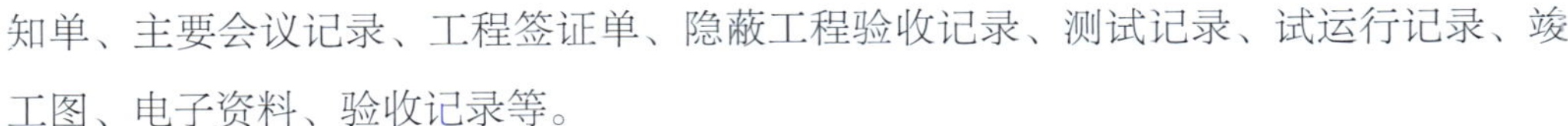

知单、主要会议记录、工程签证单、隐蔽工程验收记录、测试记录、试运行记录、竣工图、电子资料、验收记录等。

（2）设备材料质量资料

设备材料质量资料包括设备材料生产厂商的资质文件、出厂合格证、检测报告、材质证明书、试验记录、3C 证书等。

2. 工程资料管理的职责

① 实行技术负责人负责制，逐级建立、健全施工文件管理岗位责任制，配备专职档案管理员，负责施工资料的管理工作。工程项目的施工文件应安排专门的部门（专人）负责收集和整理。

② 负责收集、汇总各分包单位形成的工程档案，各分包单位应将本单位形成的工程文件整理、立卷后及时移交给总承包单位。

③ 按要求在竣工前将施工文件整理汇总完毕。

3. 管理工程资料的要求

① 对每一个新开工的工程要拟好标准统一的工程名称（要与合同上的工程名称一致），并贯穿始终。竣工资料要与业主、监理、设计、施工单位的名称保持一致，且竣工备案表中所填单位名称必须与各单位行政章名称吻合。

② 各资料的签字人员前后必须一致，即项目经理、质检员、各专业施工员等不可经常变动，且各人员都有相应的岗位证书。如果有变动，需要附上书面调动 / 任免函。

③ 同一类资料的签署意见（含评审意见）必须一致，不能随意表达。

④ 工程归档文件应为原件。

⑤ 工程文件的内容及其深度必须符合国家有关技术规范、标准和规程。

⑥ 工程文件的内容必须真实、准确，与工程实际相符。

⑦ 工程文件应打印或采用耐久性强的书写材料，例如碳素墨水。

⑧ 工程文件应字迹清楚、图样清晰、图表整洁、签字盖章手续完备。

⑨ 工程文件中文字材料幅面尺寸规格宜为 A4 幅面（297mm × 210mm）。图纸宜采用国家标准图幅。

⑩ 工程文件的纸张应采用能够长期保存的韧力大、耐久性强的纸张。图纸一般采用蓝晒图，竣工图应是新蓝图。计算机出图必须清晰，严禁使用计算机所出图纸的复印件。

⑪ 所有竣工图均应加盖竣工图章。

⑫ 利用施工图改绘竣工图，必须标明变更修改依据；凡施工图结构、工艺、平面布置等有重大改变，或变更部分超过图面 1/3 的，应当重新绘制竣工图。

⑬ 不同幅面的工程图纸应统一折叠成 A4 幅面，图标栏露在外面。

⑭ 工程文件应采用打印的形式并使用档案规定用笔签字。在不能够使用原件时，应在复印件或抄件上加盖公章并注明原件保存处。

第 6 章

动力系统综合测试技术

6.1 工程交工测试

数据中心工程施工完成后，各分部、分项工程承包商已完成自检、调试，经监理验收合格后，测试验证现场实施才能进行，现场测试验证的主要工作有电力系统预检查及单机系统（性能和功能）测试验证。

6.1.1 测试准备

1. 测试阶段划分

① 测试验证预检查。

② 单系统测试验证。

③ 综合系统测试验证。

④ 测试验证总结与报告编制。

2. 测试验证的前置条件

本项目测试验证的前置条件包括但不限于以下 4 点。

① 设备供应商、工程承包商完成所承包的设备及系统的自查自检且调试合格。

② 测试区域所含分部、分项二程的质量均应验收合格。

③ 测试前应对整个机房和空调系统进行清洁处理，空调系统运行不应少于 48h。

④ 关键设施具备在满负荷条件下运行的条件。

在测试验证前置条件满足的情况下，测试验证实施建设单位必须授权相关企业开展测试验证工作，还要确认测试验证方案。

参与现场测试验证的参建单位应满足以下 4 点要求。

① 设备供应商、工程承包商施工进度计划配合保障。

② 设备供应商和工程承包商执行相关设备、系统的测试验证配合操作，并提供技术保障。

③ 执行相关设备、系统的设备供应商、工程承包商的操作人员应具备相应的执业资格能力。

④ 执行相关设备、系统的设备供应商、工程承包商的操作人员应具备相应的风险处理及应急处理能力。

3. 测试验证实施配合

本项目测试验证工作的实施与完成，主要依赖于各方在现场的有效组织与安排。

① 业主方的配合。

② 监理方的配合。

③ 设备供应商的配合。

④ 工程承包商的配合。

4. 验证测试资料准备

① 竣工资料、图纸、设备手册等是否完整、准确。

② 审查系统架构是否存在系统性设计缺陷。

③ 外市电是否 $2N$，是否有高压母联。

④ 变压器是否 $2N$，是否有低压母联。

⑤ 是否是高压柴油发电机，是否 N+1 冗余配置，是否有埋地储油罐。

⑥ 动力配电设备（冷机、冷却水塔、水泵）满足在线维护要求。

⑦ 现场检查各子系统或设备在安装、外观、标识、线缆路由、端子连接是否存在问题或者隐患。

5. 测试前预检查

供电系统预检查的主要工作有以下 13 点。

① 配电室及电池室内所有金属外壳设备均需要接地保护。

② 检查配电室及电池室内是否设置了应急照明设施和疏散标识。

③ 检查配电室及电池室内的照明开关控制测试是否正常。

④ 检查配电室及电池室内部是否设置了视频监控摄像头。

⑤ 检查配电室及电池室门禁系统是否正常工作。

⑥ 检查配电室及电池室内烟雾传感器是否正常工作。

⑦ 检查配电室及电池室内是否配备气体灭火系统。

⑧ 检查每个配电室及电池室是否配备手持灭火器。

⑨ 检查配电室及电池室主要孔洞是否封堵完成。

⑩ 检查配电室及电池室进出口处是否配备挡鼠板。

⑪ 检查设备外观有无明显坑凹或漆面破裂损坏。

⑫ 检查设备、线缆标签是否明确。

⑬ 检查配电室及电池室内部是否配置空调，是否具备双路供电。

6.1.2　单机测试

1. 高压配电系统逻辑功能测试

高压配电系统的功能测试包括二次保护回路测试、柴油发电机测试、仪表测试、电源自动切换测试、变压器相关测试等。

逻辑测试包括但不限于单路断电、双路断电、单路恢复、双路恢复、油机自启动、油机故障无启动、电网闪断等多种场景。根据设计文件对高压配电系统各种互锁关系进行测试（例如，进线和隔离、油机和市电），对高压配电系统备自投[1]进行测试（例如，油机和市电），对单路断电、断电后恢复供电逻辑关系进行测试（例如，市电与油机投切等）。

高压配电系统的功能和性能测试验证包括以下 6 个工作内容。

① 断路器运行：执行断路器操作、执行断路器插拔、模拟故障发生与恢复。

② 高压综合保护柜运行检查：检查确认系统设计整定值。

③ 断路器整定值：根据设计院提供的整定值进行确认。

④ 联锁检查：检查联锁装置能够正常中断和传输。

⑤ 系统稳态检查：系统满载运行情况下电源接头、电缆等部件的发热实验。

⑥ 直流电源运行检查。

2. 10kV 母联的测试

① 当 A、B 两路市电当中任意一路中断时，分别测试 10kV 市电进线开关、应急电源进线开关是否动作。

② 确认 10kV 配电柜的指示灯与开关状态一致。

③ 确认开关是否正常工作。

1. 备自投是指备用电源自动投入使用。

④ 记录自动切换时间及柴油发电机启动正常供电时间。

⑤ 如果下级低压母联有自动切换功能，需要确认上下切换时间是否在合理范围内。

⑥ 当 A、B 两路市电正常时，10kV 市电进线开关、应急电源进线开关具备电气联锁，不可同时闭合。

⑦ 当市电恢复时，10kV 市电进线开关、应急电源进线开关的状态应与面板模式一致（手投手复、自投手复、自投自复）。

3. 变压器的测试

变压器按机房设计满载时，检查系统的运行状态及发热情况。通过采用热成像仪扫描变压器绕组及连接件，验证发热情况，记录噪声数据，满载测试的带载时间应不小于 2h，且发热检测应每 0.5h 记录一次数据。

（1）安装检查

检查设备型号、规格、外观、组件完整性、安装工艺、标识、所处环境位置（防水隐患），设备维护空间是否合理；检查设备工作状态、温控器。

（2）性能测试

① 对变压器进行加载性能测试、满载稳态测试，记录输出电能质量。

② 布置变压器满载测试需要的假负载（大于变压器设计负载，保证负载率大于 90%）。

③ 变压器压测期间，通过母联带载，使用红外热成像仪测量变压器相关的母线（包括母联）、线圈、连接器件等处的温度，观察链路温度升高情况。

④ 观察温度升高时，变压器风扇是否可以自启动。

⑤ 变压器压测时长不低于 2h。

（3）报警测试

模拟变压器温控仪高温报警，记录变压器测试数据。

（4）变压器测试瞬间减载测试

① 测试变压器从 100% 满载，突减 50% 的假负载，观察变压器机组工作是否正常，并检测输出电流、电压、频率的变化是否在正常范围内。

② 测试变压器从 50% 满载，突减至 0 负载，观察变压器机组工作是否正常，并检测输出电流、电压、频率的变化是否在正常范围内。

4. 柴油发电机系统测试

柴油发电机单机测试时间及并机测试时间应满足设计文件及业主提供的测试验证要求，本项目的柴油发电机组需要进行单机功能测试、切换逻辑测试、连续运行测试（负载量 0 → 25% → 50% → 75% → 100% → 110% 连续带载测试）、阶跃测试（负载量 0 → 80% → 100% → 80% → 0）。

（1）柴油发电机系统主要的检查测试项目

① 检查设备型号、规格、外观、组件完整性、安装工艺、标识、所处环境位置（防水隐患），设备维护空间是否合理。

② 对柴油发电机的功能进行测试验证，包括状态指示验证、告警验证、停机验证、发电机断路器脱扣验证等。

③ 检查柴油发电机的单机、并机功能及运行稳定性。

④ 瞬态响应测试，柴油发电机输出瞬间加载和减载实验。

柴油发电机组需要增加容性带载 100% 测试（30min），以验证柴油发电机系统的性能是否满足要求。为应对柴油发电机所带容性负载的运营工况，在测试验证中需要容性带载测试，检验高压柴油发电机容性带载能力。

（2）测试带载方式

① 功能测试。

- 通过模拟信号输入等方式验证柴油发电机的告警、断路器脱扣功能、自动供油功能及指示灯状态。
- 手动启动柴油发电机，测试柴油发电机状态及运行参数是否正常。
- 通过模拟信号输入，柴油发电机自启动，测试发电机状态及运行参数是否正常。

② 单机带载测试。

- 将假负载与被测柴油发电机进行连接，启动柴油发电机，缓慢调整假负载，使柴油发电机负载率在 25%，运行 10min，查看柴油发电机的输出功率、输出频率、输出电压、输出电流、转速、功率因数、谐波、机油液压、冷却水温度、进风与排风温度，并统计耗油量。
- 缓慢调整假负载，使柴油发电机的负载率在 50%，运行 10min，查看柴油发电机的输出功率、输出频率、输出电压、输出电流、转速、功率因数、谐波、机油液压、冷却水温度、进风与排风温度，并统计耗油量。
- 缓慢调整假负载，使柴油发电机的负载率在 75%，运行 10min，查看柴油发电机的输出功率、输出频率、输出电压、输出电流、转速、功率因数、谐波、机油液压、冷却水温度、进风与排风温度，并统计耗油量。
- 缓慢调整假负载，使柴油发电机的负载率在 100%，连续运行 3h，查看柴油发电机的输出功率、输出频率、输出电压、输出电流、转速、功率因数、谐波、机油液压、冷却水温度、进风与排风温度，并统计耗油量。

• 缓慢调整假负载，使柴油发电机的负载率在 110%，累计运行 30min，查看柴油发电机的输出功率、输出频率、输出电压、输出电流、转速、功率因数、谐波、机油液压、冷却水温度、进风与排风温度，并统计耗油量。

③ 并机带载测试。

• 将假负载与被测柴油发电机进行连接。

• 手动并机启动柴油发电机，缓慢调整假负载，使柴油发电机带一定量负载运行 10min，查看柴油发电机负载率、输出功率、输出频率、输出电压、输出电流、转速、功率因数、谐波、机油液压、冷却水温度、进风与排风温度，并统计耗油量。

• 通过模拟信号输入，自动并机启动柴油发电机，缓慢调整假负载，使柴油发电机带一定量负载运行 10min，查看柴油发电机负载率、输出功率、输出频率、输出电压、输出电流、转速、功率因数、谐波、机油液压、冷却水温度、进风与排风温度，并统计耗油量。

• 停止市电供应，自动并机启动柴油发电机，带真实负载运行 10min，测试开关动作是否正确，查看柴油发电机负载率、输出功率、输出频率、输出电压、输出电流、转速、功率因数、谐波、机油液压、冷却水温度、进风与排风温度，并统计耗油量。

④ 突加、突减负载测试。

• 将假负载与被测柴油发电机进行连接。

• 启动柴油发电机，从 0 突加至 80% 负载，查看柴油发电机输出电压的稳压精度、频率精度瞬态响应时间。

• 从 80% 突减至 0 负载，查看柴油发电机输出电压的稳压精度、频率精度瞬态响应时间。

5. 低压配电系统逻辑功能测试

低压配电系统的功能测试包括变压器的低压输出柜下端至配电系统末端的安装检查、设备测试和系统联调（不包含 400V 以上高压部分）；配电箱 / 柜的安装检查、100% 负载连续运行发热测试、启动检查、功能验证、精密列头柜的全参数测试、滤波保护器的工作参数测试、漏电保护设备的工作参数测试等。

逻辑测试包括但不限于高压断电、低压单路断电、低压双路断电等多种场景。根据设计文件对变压器互锁关系进行测试（例如变压器开门断电），对低压配电系统的各种互锁关系进行测试（例如两进线和母联等），对低压配电系统备自投进行测试（例如两进线和母联等），对单路断电、断电后恢复供电逻辑关系进行测试（例如低压侧两进线和母联备自投等）。

（1）ATS 测试

本部分的测试设备包括空调、水泵等末端的 ATS，以及低压柜的母联开关等具有开关转换功能的设备。

① 安装检查。

检查设备型号、规格、外观、组件完整性、安装工艺、标识、所处环境位置（防水隐患），以及设备维护空间是否合理。

② 性能测试。

- 在末端带载压测期间，对 ATS 进行切换测试，观察切换后的设备是否正常启动、运行；记录切换开关时的温度。
- 验证手动 / 自动功能是否正常。

（2）低压母联测试

① 在通电状态下，模拟母联单侧电源中断，验证母联的动作是否正常。

② 记录母联动作时间，检测母联动作过程中是否存在异常状况。

③ 在满负荷状态下运行 2h，通过红外热成像仪核查低压母联的运行状况，记录通电状态下的工作温度，验证 A、B 供电回路的母线主开关及母联开关联锁功能是否正常。

6. 低压配电柜测试

（1）安装检查

检查设备型号、规格、外观、组件完整性、安装工艺、标识、所处环境位置（防水隐患），以及设备维护空间是否合理。

（2）性能测试

① 在 PDU、HVDC、变压器满载期间，可同步实现低压配电柜的满载压测，因此，其满载压测时长也应不少于 2h。

② 在满载压测过程中，需要注意低压配电柜涉及线缆、母排、传感器、端子的温度上升情况。

③ 需查看低压配电柜的开关整定值与上级开关的整定值设定是否正常。

7. UPS 系统测试

（1）主要检查测试项目

① 检查设备型号、规格、外观、组件完整性、安装工艺、标识、所处环境位置（防水隐患），以及设备维护空间是否合理。

② 对 UPS 告警功能和状态进行测试验证。

③ 检查 UPS 的单机、并机功能及运行稳定性测试。

④ 不同模式的 UPS 单机满载切换测试。

⑤ 瞬态响应测试，UPS 单机输出瞬间加载和减载实验。

（2）测试方法

① 现场目视检查。

查看设计文件；查看工程质量验收报告；查看设备进场记录及设备采购清单；查看设备手册、出厂检验报告。

② 告警功能测试。

通过模拟信号输入等方式验证 UPS 的状态及告警功能。

③ 单机带载测试。

• 缓慢调整假负载，使 UPS 的负载率在 50%，运行至稳态，检测输出功率、输出频率、输出电压、输出电流、输入功率因数、输入电流谐波畸变率、输出电压畸变率。

• 缓慢调整假负载，使 UPS 的负载率在 100%，运行至稳态，检测输出功率、输出频率、输出电压、输出电流、输入功率因数、输入电流谐波畸变率、输出电压畸变率、电压调整率、电缆温度、电容温度、电感温度、接线端子温度。

④ 不同模式的 UPS 单机满负载切换测试。

缓慢调整假负载，使 UPS 达到满载状态。从主路切换到静态旁路；从静态旁路切换到维修旁路；从维修旁路切换到静态旁路；从静态旁路切换到主路；从主路切换到电池供电模式；从电池供电模式切换到主路，分别检测 UPS 切换时间、输出电压的稳压精度、输出频率精度。

⑤ 并机带载测试。

缓慢调整假负载，使 UPS 带一定量负载运行至稳态，检测并机输出电压稳压精度、并机输出频率精度、并机输出电压失真度、并机输出电流不平衡度。关闭任意一台 UPS 逆变器，检测剩余设备能否正常运行。

⑥ 突加、突减负载测试。

• 在从 0 突加至 50% 负载、从 50% 突减至 0 负载的情况下，分别检测输出电压稳压精度、频率精度瞬态响应时间。

• 在从 50% 突加至 100% 负载、从 100% 突减至 50% 负载的情况下，分别检测输出电压稳压精度、频率精度瞬态响应时间。

8. HVDC 系统测试

（1）主要检查测试项目

① 检查设备型号、规格、外观、组件完整性、安装工艺、标识、所处环境位置（防水隐患），以及设备维护空间是否合理。

② 对 HVDC 告警功能和状态进行测试验证。

③ 按要求设置 HVDC/UPS 系统时延、模块时延、软启动参数值（相关参数设置单独提供），检查是否完成设置。

④ 检查 HVDC 的满载运行稳定性测试。

⑤ 瞬态响应测试，HVDC 单机输出瞬间加载和减载实验。

（2）测试方法

与 UPS 系统测试方式类似。

9. UPS 及 HVDC 蓄电池放电测试

（1）主要检查测试项目

① 检查设备型号、规格、外观、组件完整性、安装工艺、标识、所处环境位置（防水隐患），以及设备维护空间是否合理。

② 记录 UPS 或者 HVDC 满载电池的放电时间和电池接头、电缆、断路器等部件的发热时间，以及电池充电测试。

③ 电池测试需要通过电池监控系统记录过程数据。

（2）测试方法

① 现场目视检查。

查看设计文件；查看工程质量验收报告；查看设备进场记录及设备采购清单；查看设备手册、出厂检验报告。

② 电池满载放电时间测试。

查看 UPS 及 HVDC 电池截止电压设定值；调整假负载使 UPS 及 HVDC 处于满载，断开 UPS 市电输入开关，使其转入电池供电模式。放电 15min，每 5min 记录一次电池电压，查看 15min 时电池电压是否高于截止电压。

③ 电池放电过程中温升测试。

通过电池监控系统记录电池放电过程中的温升数据，用红外热成像仪检测电池接线端子及开关的温升情况，记录热像图。

④ 电池充电测试。

恢复市电输入，查看电池充电状态是否正常。

⑤ 电池满载测试。

电池满载放电 15min 后记录 HVDC/UPS 输出侧负载电压、电流及电池充电电压、电流变化情况（仪表曲线或视频记录）。

10. 列头柜测试

（1）安装检查

检查设备型号、规格、外观、组件完整性、安装工艺、标识、所处环境位置（防水隐患），以及设备维护空间是否合理。

（2）测试方法

① 性能测试。

- 在 PDU 满载测试期间，可同步实现列头柜满载压测，压测时长不少于 2h；测试期间，需要记录电缆、开关、端子等的温升数据。
- 检查精密列头柜的开关整定值与上级输出柜开关的整定值设置是否正常。
- 检查精密列头柜的输出支路开关与机柜的对应关系。

② 告警测试。

对精密列头柜的告警功能进行测试验证，包括过电流告警、开关通断告警、避雷器脱落告警等。

11. 机柜的安装检查测试

① 检查机柜交付规格、数量与设计或需求是否一致。

② 检查机柜的平面位置布局与设计或需求是否一致。

③ 检查机柜的尺寸与设计或需求是否一致，核查传输机柜的预留机柜位置是否符合传输安装需求。

④ 检查机柜的额定功率是否符合设计或需求。

⑤ 检查机柜 PDU 规格是否符合设计或需求。

⑥ 检查列头柜空开（熔丝）的容量是否符合设计或需求。

⑦ 检查列头柜空开（熔丝）到 PDU 的线缆是否符合设计或需求。

⑧ 核查机柜额定功率与 PDU 规格、列头柜空开（熔丝）、电缆规格是否匹配。

12. 母线系统测试

① 设备检查、外观检查。

② 不超过 4h 的设计满载测试。

③ 带载测试运行试验。

④ 热成像扫描测试。

13. 防雷及等电位接地系统的安装检查

① 检查设备型号、规格、外观、组件完整性、安装工艺、标识、所处环境位置（防水隐患），以及设备维护空间是否合理。

② 记录防雷器型号，检测接地电阻大小。

6.1.3 综合测试

动力系统联调时须协调供电局进行真实外市电断电操作，在高压柜模拟断电联调确认没问题后，协调供电局进行真实市电断电操作再次验证。验证对应设定的设备运行状态，包括 ATS、单电源动力设备等是否按设定状态完成，是否满足设计逻辑。

1. 主要检查测试项目

① 验证动力系统联动逻辑是否正常，功能是否正常。

② 验证动作时间是否符合设计要求。

③ 测试期间，电气和暖通设备是否正常启动、运行。

④ 测试期间监控系统是否正常发出告警信息。

2. 测试方法

① 断开一路市电，测试高压母联开关、低压母联开关及 ATS 的动作状态和动作时间。

② 断开两路市电，测试柴油发电机动作状态及动作时间，记录并机输出至机房末端的时间。

③ 断开单台变压器输出开关，测试高压母联开关、低压母联开关、柴油发电机及 ATS 的动作状态和动作时间。

④ 并机逻辑说明：柴油发电机系统接收两路市电均失压的干接点信号时，柴油发电机组全部启动运行，最先稳定的机组先合闸，其他机组自动并机，并机完成时间约 40s。

⑤ 柴油发电机组运行 10min（10s 电动百叶窗开启时间）；10min 后依据负载大小，拆分并关闭多余的机组；当负载增加时，自动增加机组；当任何一路有压时，机组分间高压柜开关，冷却 180s 后停机。

根据业主的测试验证需求，数据中心工程测试验证实施单位规划、制订以下的综合测试验证场景流程。

3. 综合测试

（1）场景 1：单台变压器故障切换

① 场景说明。

开启测试负载，进行 2h 的数据中心单台变压器满负荷的系统承压能力测试，模拟单台变压器故障，通过低压母联切换退出故障变压器的测试验证。

② 测试目的。

通过单台变压器系统满负荷的连续运行测试，验证以下系统的承压能力。

- 高压供电系统，包括高压配电柜、变压器、母线、电缆等。
- 低压配电系统，包括低压配电柜、动力配电柜、UPS、ATS、母线、电缆等。

（2）场景 2：单路市电中断情况下的功能测试

① 场景说明。

开启一套变压器末端的测试负载，模拟数据中心市电单路中断。低压母联为手动/自动状态，每套低压系统分别进行测试。

② 测试目的。

通过模拟市电 1 或市电 2 供电中断，验证以下系统的故障切换功能及系统切换时间。

- 市电主开关满载能力。
- BA 系统控制逻辑功能。

（3）场景 3：双路市电同时中断的情况下的功能测试

① 场景说明。

在数据中心机房开启一套变压器末端的测试负载，模拟数据中心市电 1、市电 2 同时中断。

② 测试目的。

通过模拟双路市电同时供电中断，验证以下系统的故障切换功能及系统切换时间。

- 柴油发电机系统控制逻辑。
- 柴油发电机系统带载能力。

BA 系统逻辑功能。

（4）场景 4：在柴油发电机系统供电情况下，市电恢复的功能测试

① 场景说明。

在柴油发电机带载运行的情况下，模拟市电恢复供应。

② 测试目的。

通过模拟市电恢复供应，验证以下系统的故障切换功能及系统切换时间。

- 柴油发电机系统手动退出功能。
- UPS 系统运行模式切换功能。
- BA 系统逻辑功能。

6.2　第三方测试

6.2.1　测试目的

第三方测试是对数据中心基础设施进行全面检查，发现施工过程的工艺缺陷，确保各系统满足运行需求。通过模拟数据中心的真实运行状态，验证基础设施系统的承压能力、故障冗余能力、系统自动化逻辑等，判断基础设施建设是否符合国家要求及用户需求，找出数据中心建设存在的问题及潜在隐患，确保在 IT 设备上架后，整个数据中心能够正常运行。

6.2.2　测试条件

① 设备已按图纸清单安装调试完成，自检合格（测试相关区域）。

② 已引入并开通外市电，电源已送至末端 PDU。

③ 用水、电、油已准备充足，可持续使用。

④ 测试区域清洁已完成，测试期间测试区域内无施工作业。

⑤ 设备内部清洁已完成。

⑥ 设备及配电柜进、出线孔护口和封堵完成，机房孔洞封堵已完成。

⑦ 数据中心机房、配电室、辅助房间永久或临时标识已粘贴完成。

⑧ 微模块、设备、机柜、配电柜及列头柜开关编号标识已粘贴完成（可用临时编号，需要与竣工图保持统一）。

⑨ 配电柜内自检完毕，接线端子有完成自检的力矩标识，电缆牌施工完毕。

⑩ 各设备厂家已完成开机调试且结果合格，有设备调试报告和设备参数设定说明，可以进行功能测试。

⑪ 蓄电池电量已充满，电池单块单组编号标识已粘贴完毕。电池在放电测试前，应完成电池监控调试。

⑫ 每层测试验证前需要确认机房已经具备持续带载测试条件，具备正常电力供应、制冷供应等。

⑬ BA、环控系统调试完成，逻辑阈值等各参数设定完成，并有自检自查记录。

⑭ 各参与测试单位配合测试人员已到位。

6.2.3 测试范围

第三方测试范围如图 6-1 所示。

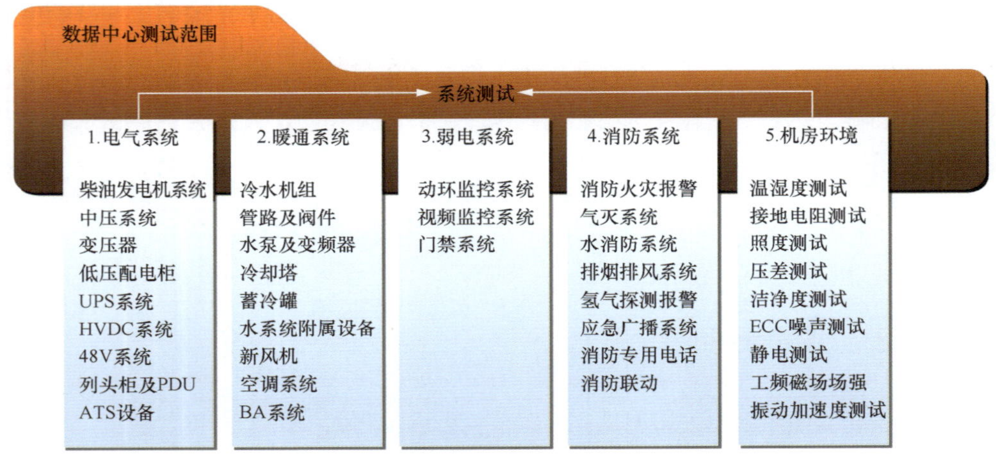

图 6-1　第三方测试范围

第三方测试步骤如图 6-2 所示。

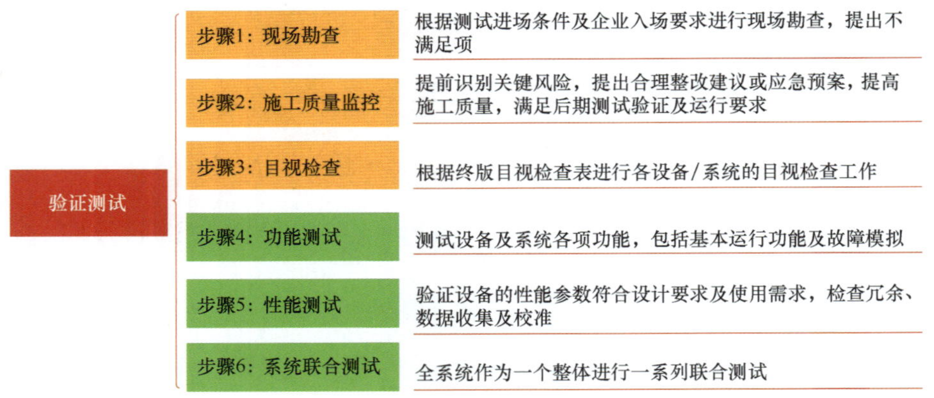

图 6-2　第三方测试步骤

6.2.4　测试方法

1. 柴油发电机系统

（1）柴油发电机系统的安装检查

技术要求：目视检查柴油发电机组的安装情况（本体、控制器、排烟管路、水洗设备、进排风设备、散热器、皮带和基座等）、供油管路管沟和油罐的安全性、电磁阀、球阀、单向阀、磁翻板液位计、远程油位数字显示等符合设计要求。

（2）柴油发电机保护功能测试

技术要求：启动测试、状态指示验证、告警验证、停机验证、稳态运行验证、发电机断路器脱扣、运行发热验证、面板操作、瞬态响应验证。

（3）柴油发电机负载突加突减测试

测试方法：在运行情况下，柴油发电机组进行突加突减负载，验证柴油发电机组是否可以保持稳定输出。

（4）柴油发电机的稳态运行测试

技术要求：柴油发电机按以下方案进行加载减载稳态性能测试并进行相应数据采集。

① 负载由 0 升至 25%，运行 5min。

② 负载由 25% 升至 50%，运行 5min。

③ 负载由 50% 升至 75%，运行 5min。

④ 负载由 75% 升至 100%，运行 60min。

⑤ 负载由 100% 升至 110%，运行 30min。

⑥ 负载由 110% 降至 100%，加容性负载至机组功率因素 0.95，运行 30min。

⑦ 负载由 100% 逐步降低至关机。

（5）柴油发电机供油系统测试

测试方法如下。

① 模拟供回油路的加油、回油，验证阀门、油泵等设备的功能是否正常、供回油路逻辑是否正确，检查是否存在漏油、渗油情况。

② 模拟柴油发电机日用油箱供油、回油，验证供油系统功能是否正常、供油逻辑是否正确。

（6）柴油发电机并机逻辑测试

① 手动并机功能。

柴油发电机组启动并调到“手动”模式，并机主控柜和分控柜上的并机模式开关也调到“手动”模式，依次手动启动柴油发电机组并逐台并机，并机成功后检查柴油发电机组带载是否正常。

② 自动并机功能。

柴油发电机组启动并调到“自动”模式，并机主控柜和分控柜上的并机模式开关都调到“自动”模式，模拟两路市电停电信号，检查柴油发电机组是否能够自动启动、自动并机，并机成功后高压配电室内两路市电与柴油发电机组切换柜是否能正常切换，柴油发电机组带载是否正常。

③ 主/从机组选择。

在并机系统控制屏选择相应备用机组，模拟失电信号，启动柴油发电机。

④ 自动加载/卸载。

- 启动全部柴油发电机组并带载 50% ~ 70%。
- 逐步减载，验证柴油发电机并机系统减机卸载。
- 逐步加载，验证柴油发电机并机系统自动并机加载功能。

⑤ 市电与发电机组切换柜功能。

- 模拟双路失电，柴油发电机组启动后，验证柴油发电机进线柜、市电进线柜的切换逻辑（柴油发电机进线柜合闸前，市电进线柜必须分闸）。
- 模拟市电恢复后，柴油发电机进线柜、市电进线柜切换逻辑（市电进线合闸前，柴油发电机进线柜必须分闸）。

⑥ 并机后带载是否正常。

测试柴油发电机并机系统带载后，能否全部正常运行，检查各台机组电气参数，保证负载均分，输出电压一致，柴油发电机组运行正常。

2. 高低压配电柜

① 中压配电柜安装检查。

② 中压综保定值核查表。

③ 低压配电柜安装检查。

④ 低压开关整定值核查表。

⑤ 低压逻辑测试。

3. 变压器

① 检查变压器安装。

② 变压器功能测试。

③ 变压器带载测试。

技术要求：模拟 IT 设备满载（设计值）状况下的压力测试，记录变压器、低压配电柜等设备的性能参数，对设备进行热成像扫描；变压器满载运行时间不小于 2h：变压器正常运行时，稳态电压偏移不超过 220V(+7% ～ −10%)，稳态频率偏移不超过 (50±0.5)Hz，输出端 THDV ≤ 5%，系统性能参数正常并符合设计及国家标准规范要求。

测试方法如下。

① 利用假负载，使变压器达到设计满载。

② 保持变压器满载状态，稳定运行 4h。

③ 运行过程中，记录变压器、低压配电柜等设备的性能参数。

④ 对变压器及配电链路进行热成像扫描，观察是否有异常发热情况。

⑤ 运行 4h 后，确认该链路各设备性能参数正常、无异常发热情况，关闭假负载，测试结束。

4. UPS 系统

（1）UPS 系统安装检查

技术要求：对 UPS 系统的所有开关、电池连线、电缆等进行目视检查、主旁路相序一致性检查，确保各部件满足系统运行要求。

（2）蓄电池安装检查

技术要求：对蓄电池的所有开关、电池连线、电缆等进行目视检查，确保各部件满足系统运行要求。

（3）UPS 功能测试

技术要求：UPS 保护功能按以下要求进行测试，验证其保护功能是否符合设计要求。UPS 功能测试见表 6-1。

表6-1　UPS功能测试

序号	测试项	测试内容	是否通过
1	参数核对	检查开机报告，核对电池均冲、浮充、充电限流等参数与电池厂家说明是否一致	
2	输入告警	检查电压超限（+5%，−10%）、频率超限（48 ～ 52Hz）等参数是否正确，是否和开机报告一致	
3		断开 PS 交流输入开关，验证以下告警：交流输入中断；电池进入放电模式，发出放电状态告警；整流器故障告警	

序号	测试项	测试内容	是否通过
4	输出告警	断开 UPS 交流输出主开关、分路开关，验证以下告警：输出告警、输出故障告警、输出分路中断告警	
5	旁路模式	关闭逆变器，UPS 切换至旁路模式，验证以下告警：UPS 运行在旁路告警、逆变器故障告警	
6	旁路故障告警	旁路开关断开或跳闸，核对相关告警信息	
7	电池开关断开	断开电池总开关，核对相关告警信息	
8	通信中断告警	断开 UPS 通信线，是否有通信中断告警	
9	UPS 操作	以上告警测试中，UPS 逆变器、电池放电、转静态旁路、转维修旁路等操作是否正常	
10		测试单台退出，并机系统是否正常	
11	紧急关机 EPO	模拟 UPS EPO，验证 UPS 本机告警	

（4）UPS 带载测试

技术要求：在 UPS 不同负载情况下（0、50%、100%）测试 UPS 性能，输入和输出电力参数（包括但不限于电压、频率、电流、不低于 25 次的谐波失真、功率因数等参数）；要求稳态电压偏移不超过 ±7%、稳态频率偏移为 ±0.5Hz、输出电压波形失真度≤ 5%。

（5）UPS 切换测试

技术要求如下。

① UPS 并机满载逆变转旁路、旁路转逆变瞬态性能测试能够测量 UPS 动态变化的电流、电压波形变动。

② 进行 UPS 逆变器与旁路断路器互锁测试，避免逆变器与旁路断路器同时工作导致故障，满足设计要求。

③ 测量 UPS 在各负载率下的内部元件发热情况和稳态参数，并机满载的运行时间根据项目要求而定。

测试方法如下。

① 在 UPS 达到设计满载时，进行各工况间的切换测试，包括逆变输出、静态旁路输出、手动维修旁路输出等工况。

② 进行 UPS 逆变器与旁路断路器互锁测试。

③ UPS 达到设计满载后，稳定运行一段时间（运行时间根据项目要求而定），对 UPS 主机、输入柜及输出柜进行热成像扫描测试，观察是否存在异常发热情况。

（6）UPS 电池放电测试

技术要求如下。

① UPS 满载市电转电池、电池转市电瞬态性能测试能够测量市电断电后的电池输出动态变化，以及温度、电流变化情况。设计满载电池放电测试，满足设计及质量要求。

② UPS 并机电池放电时间及温升测试能够测量放电时间和电池极柱温度。

测试方法如下。

① 检查动环监控系统中的电池监控，确定电池监控对应性正确，监控数据准确。

② 利用机架式假负载使 UPS 达到设计满载。

③ 保持 UPS 设计满载状态，手动断开 UPS 输入开关，使 UPS 由正常工况转为电池放电。

④ 在放电过程中，记录放电电压、放电电流等数据，1min 记录 1 次。

⑤ 在放电过程中，对电池组进行热成像扫描测试，观察电池是否有异常发热情况。

⑥ 在放电过程中，查看电池监控数据，根据电池监控数据判断电池是否有电压、内阻异常情况。

⑦ 放电满足设计时长（或电池自动脱扣）后，手动恢复 UPS 输入开关，使 UPS 恢复至正常工况；记录电池充电电流。

（7）UPS 并机均分测试

技术要求：测试 UPS 并机系统的负载均分性能是否符合相关技术规范。

测试方法如下。

① 利用机架式假负载使 UPS 并机系统带载。

② 逆变运行模式，检测并机系统中各个单机之间最大偏差小于 2%。

③ 切换至静态旁路模式，检测并机系统中各个单机的最大负荷偏差小于 10%。

④ 检查 UPS 面板显示是否正常。

⑤ 检测每台 UPS 能否均分电流。

（8）UPS 并机冗余测试

技术要求：测试 UPS 并机冗余的逻辑、负载均分性能是否符合相关技术规范。

测试方法如下。

① 利用机架式假负载使 UPS 并机系统达到半载。

② 检查 UPS 面板显示是否正常。

③ 检测每台 UPS 是否能够均分电流。

④ 模拟单个 UPS 故障，验证系统的冗余能力。

5. 列头柜及 PDU

（1）列头柜及 PDU 安装检查

技术要求：对比图纸，采用目视巡检方式检查柜体和断路器整定值，确保各部件符合系统运行要求。

（2）列头柜及 PDU 测试

技术要求：模拟 T 设备满载（设计值）状况下的压力测试，记录列头柜等设备的性能参数（列头柜零地电压应不大于 2V），对列头柜及 PDU 进行热成像扫描。列头柜及 PDU 满载运行时间不小于 4h。

测试方法如下。

① 做好热通道封闭处理。

② 利用假负载，使模块机房达到设计满载。

③ 保持模块机房设计满载状态，稳定运行 4h。

④ 运行过程中，记录列头柜等设备的性能参数，测试机柜处的零地电压。

⑤ 对配电链路进行热成像扫描测试，观察是否存在异常发热情况。

⑥ 运行 4h 后，确认该链路各设备性能参数正常、无异常发热情况，关闭假负载，测试结束。

6. ATS 测试

技术要求：ATS 切换功能正常，配电柜指示灯应与开关状态一致。

测试方法如下。

① 测试 ATS 手动状态的可操作性。

② 测试 ATS 自动状态时，A、B 两路是否可自动切换。

③ 检查 ATS 切换过程中，配电柜指示灯和开关状态是否一致。

④ 测试 ATS 自投自复模式切换是否正常，默认主路电源是否正确。

7. 防雷接地安装检查

技术要求：验证浪涌保护器、等电位连接网格、接地线等接地设施的规格与型号；检查等电位连接网格、设备等电位连接线和接地端子的安装工艺。

8. 电气系统联调

① 自投自复逻辑。

② 自投手复逻辑。